——第十四輯

——平實導師 述

ISBN 978-986-6431-25-8

以離念靈知心為眞如心者，是落入意識境界中，與常見外道合流，名為佛門常見外道；以六識之自性（見性、聞性、嗅性、嚐性、觸知性、警覺性）作為佛性者，是與自性見外道合流，名為佛門自性見外道。近代佛門錯悟大師，不外於此二類人之所墮。

以六識論而主張蘊處界緣起性空者，與斷見外道無二；彼等捨壽時若能滅盡蘊處界而入無餘涅槃，彼涅槃必成斷滅故，名為佛門斷見外道。此類人恐生斷見之譏，隨即益以「意識細心常住」之建立，則返墮常見之中；一切粗細意識皆「意、法因緣生」故，不脫常見外道範疇。此二類人，皆違聲聞、緣覺菩提之實證，亦違佛菩提之實證，即是應成派中觀之邪見也。

《楞嚴經》既說眞如心如來藏，亦同時解說佛性之內涵，並闡釋五蘊、六根、六塵、六識、六入全屬如來藏妙眞如性之所生，附屬於如來藏妙眞如性而存在及運作。如來藏心即是第八識阿賴耶識，妙眞如性即是如來藏心體流露出來之神妙功德力用，諸菩薩目之爲佛性。

此經所說法義，迥異諸經者，謂兼說如來藏與佛性義，並將蘊處界入等一切法攝歸如來藏妙心與其功德力用之中。其中法義甚深、極甚深，謂言詞古樸而極簡略，亦謂其中妙義兼含地上菩薩之所證，絕非明心後又眼見佛性之菩薩摩訶薩所能意會，何況尚未實證如來藏之阿羅漢？更何況未斷我見之應成派及自續派中觀師？其餘一切落入意識境界之當代禪宗大法師，皆無論矣！有大心之眞學佛而非學羅漢者，皆應深入熏習以求實證之。

目次

第十五輯：

自序

《楞嚴經講記》是依據公元二〇〇一年夏初開講《楞嚴經》時的錄音，陸續整理爲文字編輯所成，呈獻給讀者。期望經由此經的講經記錄，利益更多學佛人，藉以生起對大乘法教的仰信，願意景行景從而發起菩薩性；亦藉此書熏習大乘法義，漸次建立正知正見，遠離常見外道意識境界，得斷我見。同時可由深入此書中所述法義的如實理解，了知常住眞心之義，得離斷見外道邪見；進而可以明心證眞，親見萬法都由如來藏中出生，成爲位不退之實義菩薩，親自觀察所證如來藏阿賴耶識心體，絕非常見外道所墮之神我。並能現觀外道所墮神我，實由其如來藏所出生之識陰所含攝，不外於識陰範疇。乃至緣熟之時可以眼見佛性，得階十住位中，頓時圓成身心世界如幻之現觀，不由漸修而成，一時圓滿十住位功德，或能得階初行位中，頓超第一大阿僧祇劫三分有一。如是利益讀者，誠乃平實深願。

然而此經之講述與整理出版，時隔九年，歲月淹久，時空早已轉易；當時爲令學人速斷我見及速解經中如來藏妙義而作簡略快講，導致極多佛性義理略而未說，亦未對部分如來藏深妙法義加以闡釋，已不符今時印書梓行及流傳後世之考量，不符大乘法中菩薩廣教無類及顯示勝妙眞如佛性義理之原則。是故應當加以深入補述，將前人所未曾言之如來藏深妙法義中，可以梓之於文者，以語體文作了大幅度增刪，令讀者（特別是已悟如來藏者）得以前後再三閱讀思惟而深入理解經義。由此緣故，整理成文之後，於潤色之時特地作了補述及大幅度增刪，令讀者得以一再閱讀深思而理解之，藉以早日轉入菩薩位中，遠離聲聞種性；並能棄捨聲聞法義之侷限，成眞菩薩。此外，本講記是正覺同修會搬遷到承德路新講堂時所講，當時新購講堂之錄音設備尚未完善，更無錄影設備，是故錄音時亦有數次漏錄情況，只能在出版前另以語體文補寫，一併呈獻給讀者。

大乘經中所說法義，單說如來藏心體者，已經極難理解，是故每令歷代名聞諸方之大師難以理解，更何況《楞嚴經》中非唯單說如來藏心，實亦兼涉佛性之實證與內涵。如來藏心體對六塵離見聞覺知，而如來藏的妙眞如性—佛性—則對六塵不離見聞覺知，卻不起分別，亦非識陰覺知心之見聞覺知；欲證如來藏心體及眼見佛性者，修學方向與實證條件差異極大，苟非一一實證者，縱使讀懂此經文義，亦無法實證之。何況此經文句極為精鍊簡略，今時人之文言文造詣亦低，何能眞實理解此經眞義？而欲證知經中所說如來藏心與佛性義，欲求不起矛盾想者，極難、極難矣！特以佛性之實證、內涵、名義，古今佛教界中所述紛紜，類多未知佛性、或未實證眼見佛性現量之凡夫所說者；如斯等人或讀此經，必然錯會而誤認六識之見聞知覺性爲常住之佛性；以是緣故，亦應講解此經而令佛教界廣爲修正舊有之錯誤知見。

然而此經中有時亦敘述如來藏具足令人成佛之體性，如同世親菩薩所造《佛性論》之意涵，並非《大般涅槃經》中 世尊所說十住菩薩眼見佛性，亦非此經中所說佛性—妙眞如性—現量境界之實證眞義；由是緣故，凡未親證如來藏又未眼見佛性者，往往誤會此經中所說十八界六入等境界相即是佛性境界，墜入六識之見聞知覺性中。是故九年前講述此經時，已依此經所說佛性眞義而略述之，並依此經所說第二月眞義，略加旁述佛性之理；然未盡說，預留讀者將來眼見佛性之因緣，故已隱覆佛性密意而略述佛性之義。藉此覆護佛性密意之宣演佛性方式，促使讀者將來明心之後更有眼見佛性之因緣，得以漸次成熟；或於此世、或於他世，得以一念相應而於山河大地之上，親見自己的佛性，頓時成就世界身心如幻之肉眼所見現量境界，不由漸修而得，一念之間頓時圓成第十住滿心位之身心世界如幻現觀。

又，地上菩薩由無生法忍功德所成就之眼見佛性境界，能由如來藏直接與眾生心相應；雖然凡夫、賢位眾生之心仍不知已被感應，但地上菩薩往往已經於初次相見之時，即已感應其如來藏所流注之種子，由此而知彼眾生往世曾與菩薩結下善緣或惡緣。未離胎昧之已入地菩薩眼見佛性時，具有如是功德，故能由此直接之感應，作出對彼凡夫位、賢位等菩薩應有之開示與因應，此即是三地以下菩薩隨順佛性以後，在無宿命通、天眼通之情形下，仍能妥善因應眾生根性之緣由所在。如是，諸地菩薩於眼見佛性之後所得智慧，迥異十住菩薩之眼見佛性境界智慧，非十住位至十迴向位菩薩所知。一切未眼見佛性而已明心之賢位菩薩，更未能知此。

至於尚未明心而長處無明長夜中之意識境界凡夫菩薩，更無論矣！皆名凡夫隨順佛性。聲聞種性僧人及諸外道，總將識陰六識之見聞知覺性錯認為佛性，據以誣謗十住菩薩之眼見佛性境界，何況能知諸地菩薩所隨順之佛性智慧境界？唯能臆想而妄加誹謗爾。然諸佛所見佛性，又異於十地、妙覺、等覺；謂諸佛眼見佛性後，成所作智現前，能以五識各自流注而成就無量利益眾生之事，化身無量無邊，非等覺及諸地菩薩所能臆測。故知眼見佛性者，層次參差不一，各各有別，少聞寡慧者並皆不知，乃至已經眼見佛性之十住菩薩仍不能具知也！如是眼見佛性境界，則非此經之所詳述者；故我世尊已於別經再作細說，以令圓滿化緣，方得取滅而以應身方便示現進入涅槃。如斯佛道意涵，深邃難知，苟非已有深妙智慧者，難免誤會而成就大妄語，或因難信而生疑，以致施以無根誹謗，未來捨壽後果堪憂；是故平實於此序文中預爲說之，以警來茲，庶免少聞寡慧凡夫闊後惡口謗法，捨壽之後致遭重報。

此外，時值末法，每有魔子魔民身披佛教法衣演述常見、斷見外道法，轉易佛門四眾同入常見外道、斷見外道知見中；更有甚者，身披法衣而住於如來廟堂之中，實行印度教外道性力派—坦特羅「佛教」—譚崔瑜伽男女雙身合修之意識貪觸境界，夜夜乃至白晝公然宣淫於寺院中，成爲彼等眾人寺院中的公開祕密，唯獨淺學信徒不知爾。如是邪說邪行，已經廣行於末法時代之學密佛教寺院中，台灣海峽兩岸亦皆已普及，極難扭轉其勢，豈符世尊法教眞義而不違佛制戒律？身披僧衣而廣行貪淫之行，墮落識陰境界中，豈能相應於眞心如來藏離六塵貪愛之清淨境界？眼見如斯末法現象，平實不能不喟嘆末法眾生之福薄：屢遇如是宣揚外道法之邪師而不自知，更隨之暗地實修雙身法而廣違佛戒，日日損減自己每年布施眾生、供養三寶所得福德。

更有甚者，一心追隨邪師而認定邪法爲正法，不知邪師每每身現好相，佯爲實證及清淨之人；學人由無明所罩故，以護法之善心而與邪師共同造下破法之愚行，將了義勝妙之正法謗爲外道神我、外道自性見；亦將弘揚正法之賢聖謗爲外道、邪魔，坐令邪師勢力增廣，導致邪法弘傳益加普及。是則因於無明及名師崇拜，以善心而造惡業；然猶不能自知眞相，每以**壞法**及**謗賢聖**之惡行得以成就，而沾沾自喜爲**護法大功**焉，實可憐憫。今此經中，佛陀對此廣有開示，讀者若能摒棄以前追隨名師所聞之先入爲主觀念，客觀地深入此書中，一一比對佛語而能深細檢驗；然後一一加以深思，並依本經所說蘊處界功能本質及生滅性之現量加以現觀，即可遠離既有之邪見而轉入正知正見之中；若能正確了知之後，益以正確之護法善行而積功累德，何愁此世無有實證如來藏而悟入大乘菩提之機緣？乃至福厚而極精進者，亦得眼見佛性而圓滿十住位之世界身心如幻現觀。

末後，令平實不能已於言者：對於中國佛門中已存在百年及密宗已存在數百年之宗喀巴外道法因緣觀及菩提道次第，亦應由此經義而廣破之。謂百年來常有大法師遵循日本學術界中少數人的錯誤觀點，一心想要以學術研究所得取代佛法特重實證的經中教義；而日本近代此類所謂佛學學術研究者，本質仍屬基督教信仰者急於**脫亞入歐**而提升日本在國際上之學術地位，想要與歐美學術界分庭抗禮；於是出之以嘩眾取寵方式而極力批判佛教，冀離中國佛教而且上於中國佛教，於是乃有批判中國傳統佛教如來藏教義之舉——三十年前日本「批判佛教」學派於焉誕生。於是專取四阿含文字表相法義，並扭曲四阿含法義，宣演外道六識論爲基調之因緣觀，取代佛教四阿含所載八識論之因緣觀，自謂彼之謬論方屬眞正佛法，主張一切法**因緣生**故無常，誣指中國傳統佛教如來藏教義爲外道神我。然而，如來藏屬第八識，能出生外道神我，而法界中亦無一法可破壞之，此是一切親證如來藏者皆可現觀而證實之現量；外道神我則屬第六意識或識陰六識，被如來藏所生，乃生滅法；一主一從，二者天差地別，焉可等視齊觀？由此證知日本袴谷憲昭、松本史朗創立批判佛教之學說，純屬無明所言戲論，並無實義。

六十年來台灣佛教則由印順及其派下門人，奉行印順源自天竺密宗之宗喀巴六識論應成派中觀，採用基督教信仰者反對實證之西洋神學研究方法，曲解四阿含中所演八識論因緣觀正理，刻意否定中國禪宗法教之如來藏妙義，貶爲野狐禪及外道神我；藉此表相建立其不落「俗套」而異於傳統佛教之「超然、不迷信」假象，然後佛光山、法鼓山、慈濟追隨印順而奉行之。

然而印順派之思想本質，乃外道六識論之因緣觀，近承日本不事修證之學術研究學說，遠紹宗喀巴、阿底峽、寂天、月稱、佛護等六識論諸凡夫論師；謂彼等因緣觀外道如是主張：**純由根、塵作為因緣，即能出生六識**：**不必有本識如來藏持種，只藉六根六塵作為因緣即能出生六識**。又主張意識常住不壞，公然違背聖教。如是外道因緣觀，全違法界現量—違背現象界中可以現見之事實—諸法不自生、不他生、不共生、不無因生之事實，全違龍樹中觀之教示。

而印順派所闡釋之因緣觀、應成派中觀，正屬龍樹所破之**他生**與**共生**之外道因緣觀；復又違背四阿含中處處隱說、顯說之八識論因緣觀——由第八識如來藏藉所生根塵為因緣，出生識陰六識（詳見拙著《阿含正義》七輯之舉述），本質正屬外道六識論邪見之因緣觀。今此《楞嚴經》中更出之以**五蘊**、**六入**、**六界**、**十二處**、**十八界皆屬如來藏妙真如性所出生**之深入辨正，以九處徵心八還辨見之細膩法義，令知「**識陰六識不能自生**，**根不能獨生識**，**塵不能獨生識**，**根塵不能共生識**，**虛空不能無因生識**」等正理，完全符契四阿含諸經所說義理，而更深入闡述正義。如是深入辨正已，阿含聲聞道所述佛門因緣觀正理即得以彰顯，突顯佛門八識論因緣觀異於印順及宗喀巴之外道六識論因緣觀所在，則佛門學人即可遠離外道因緣觀邪見，疾證聲聞菩提乃至佛菩提，終不唐捐諸人一世之勤修也！

佛法特重智慧，是故成賢證聖而入實義菩薩位中，世世悅意而修菩薩道；或者捨壽後速入三塗永爲凡夫而受苦難，多劫之中常與眞實菩提絕緣，世世苦修仍不得入門，茫然無措；如是二類迴異之修學果報緣因，端在當前一念之中：是否願意客觀分辨，及實地理解諸方名師與平實所說法義之異同所在，不依道聽塗說而盲從之，實即憑以入道或下墮之樞紐及因由也！願我佛門四眾弟子皆能冷靜客觀而深入比較及理解，然後理智而不盲從地作出抉擇。審能如是，則此世即已建立修學佛道之正確方向；從此一世開始，佛道即能快速而悅意地修學及實證，非唯永離名義菩薩位，亦得永斷三塗諸惡因緣，眞成實義菩薩，何樂不爲？

此書既然即將開始潤色而準備梓行，於潤色前不免發抒感想、書以爲文；由是而造此序，以述平實心中感慨，即爲此書印行之緣起。

佛弟子 平實 敬序於竹桂山居

時值公元二〇〇八年 春分

第十四輯：

《大佛頂如來密因修證了義諸菩薩萬行首楞嚴經》卷九

【「阿難！如是地獄餓鬼畜生人及神仙、天洎修羅，精研七趣，皆是昏沈諸有為想，妄想受生，妄想隨業。於妙圓明無作本心，皆如空花，元無所有；但一虛妄，更無根緒。阿難！此等眾生不識本心，受此輪迴，經無量劫不得真淨，皆由隨順殺盜婬故；反此三種，又則出生無殺盜婬。有名鬼倫，無名天趣；有無相傾，起輪迴性。若得妙發三摩提者，則妙常寂；有無二無，無二亦滅；尚無不殺不偷不婬，云何更隨殺盜婬事？阿難！不斷三業，各各有私；因各各私，眾私同分非無定處；自妄發生，生妄無因，無可尋究。汝勗修行欲得菩提，要除三惑；不盡三惑，縱得神通，皆是世間有為功用。習氣不滅，落於魔道；雖欲除妄，倍加虛偽，如來說為可哀憐者。汝妄自造，非菩提咎。作是說者名為正說，若他說者即魔王說。」】

講記：「阿難！如我所說這些地獄、餓鬼、畜生、人及神仙、天以及阿修羅，精細研究這七趣的由來，全都是昏闇沈墮的種種有爲法中的了知心，在虛妄想中盲目受生，也在妄想中隨著業行領受果報。對於微妙圓滿光明無作的本心如來藏而言，這七趣眾生的受生與輪轉，都如同虛空中妄見的幻花一樣，元本就不是眞實有；全都是同一類的虛妄法，再也沒有能夠外於本心如來藏的根由與頭緒。阿難！這一類眾生不認識本心，不停地遭受這七趣的轉換輪迴，經過無量劫以來依舊不能證得眞實的清淨心，都是由於隨順殺盜婬等惡法的緣故；假使有人能夠與這三種有殺盜婬的人相反，卻又出生為無殺盜婬的色界、無色界有情。有殺盜婬惡業的眾生名為鬼道一類，沒有殺盜婬惡業的眾生就名之為天等一類；眾生們就在有殺盜婬與無殺盜婬等二邊互相來去受生，於是生起輪迴不止的體性。如果已經微妙地發起如來藏金剛三昧境界的人，便住於微妙常住的寂靜境界中；有殺盜婬與無殺盜婬等二邊都不存在，而這個有或沒有殺盜婬等二邊也同時滅除了；這時尚且沒有不殺不偷不婬，如何還會再隨順殺盜婬等事相呢？阿難！由於不能斷除殺盜婬等三業，於是所有眾生各各都有私自所造的種種異業；因為各各私自所造的異業，各種不同的私同分並非沒有一定的生處；然而若由常住的清淨本心來看，都是從各自的虛妄想中發動而出生的，所出生的這些虛妄想卻是沒有眞實原因，凡是外於如來藏本心時都是無從尋覓及追究的。你們這些人修行想要獲得佛法的覺悟，必須斷除這三種貪瞋癡迷惑；假使不能斷盡這三種迷惑，縱使修得神通了，全都是三界世間的有爲法功用；殺盜婬的習氣不能滅除，將來就會因爲有爲法的神通功用而墮落於魔道之中；雖然想要藉神通來斷除虛妄想，卻只能加倍地虛僞而不能取證眞實常住的法性，我釋迦如來說這種人是可被哀憐的人。然而推究這些虛妄不實的生死，其實都是你們生起虛妄想而自己造作的，並非如來藏眞覺的過咎。假使有人像我這樣子解說，名爲正確的說法；若是另作其他不同的說法，即是魔王所說。」

「阿難！如是地獄餓鬼畜生人及神仙、天洎修羅，精研七趣，皆是昏沈諸有為想，妄想受生，妄想隨業。於妙圓明無作本心，皆如空花，元無所有；但一虛妄，更無根緒。」佛開示說，這一些地獄道、餓鬼道、畜生道、人道及神仙、天道和阿修羅等有情，總共七趣眾生；精細深入研尋探究這七趣眾生以後，可以了知這七趣眾生，都是落入昏闇沈墮的種種有爲虛妄想中；因爲虛妄想而誤會了不生不死的境界，不能了知涅槃的眞義，所以造作了種種善業、惡業以及落入有爲法中的淨業，因此而在虛妄想中持續地受生不斷，都是由於虛妄想而妄造各種污染心地的惡業，或造作了不被貪瞋染污的清淨業而產生執著，於是不斷地受生於這七趣三界之中。譬如因爲貪財貪色，於是造作一些姦偷擄掠殺人放火等惡事，就會出生為無間地獄中的眾生；如果出家受戒以後，不能了知三界六道的虛妄，誤以為三界六道中的境界都是眞實有，所以貪色而淫人妻女、常常師徒亂倫而修雙身法，或者貪名貪財而毀破正法、誣謗賢聖，死後都會出生在阿鼻地獄中。一般人如果亂倫邪淫、偷斤減兩、不知禮義廉恥，死後就會出生在畜生道中。如果一生慳貪、一毛不拔，雖不害人，死後還是會出生在餓鬼道中；出家以後守戒清淨，卻是貪得供養，成為守財奴，一心只想聚財而不肯用在眾生身上，也會生在餓鬼道中；毫無實證的出家人，一生喜歡裝神弄鬼、籠罩徒眾，廣求名聞，死後也得受生於鬼道之中。若是愛修神通有為境界而樂於修福的人，修得福德與神通而無德行，死後就成為阿修羅。修習欲界定而持戒廣修十善業，死後便成為欲界天人。進斷婬貪而證得初禪以上禪定的人，死後就生在色界天乃至無色界天中。若是想要當神仙，那就修學羽化成仙之法，所謂練精化氣、練氣化神、練神還虛，可以羽化而成為神仙，仍在七趣之中。但是現代已經很少人能教授世人修學神仙之法，大多是盲修瞎練。

這些有情，之所以會成為七趣眾生，探究其根本原因，都是由於愛樂昏闇沉墮的有為法，所以才無法出離七趣眾生的境界。為什麼是昏沉呢？是因爲被無明所籠罩而昏闇愚昧，所以心中的所思以及身口的行爲，都是在造作將來會下沉的惡業，故名昏沈；或者有昏而無沈，也就是想多情少或純想無情的人，雖不下沈而能生天，卻是昏闇而不知眞實常住本心，所以導致生天輪迴。如果能夠有明性（當然這不是指密宗所講的明性，密宗講的明性是識陰六識覺知分明，正是佛法中講的我見所攝無明），有明心就是沒有昏闇下沉的虛妄之想，才能叫作明性。所謂明性就是說，或是對於法界實相，或是對於解脫道，已經有眞實的了知；所知都是如理作意，才是佛法中說的明性。如果是有明性的人，對解脫道的理論與實際行門，對佛菩提道的理論與行門都能夠如實理解，才能遠離「諸有爲想」；這時所修的全都是出世間法或世出世間法，因此而離開了昏闇下沉的種種有爲想。

眾生會落到這七趣之中，全都是由於虛妄想而受生，這就是受生之因；既然已經因爲虛妄想而受生了，在還沒有斷除虛妄想以前，當然就會有「妄想隨業」的現象，一定是有虛妄想跟隨著所受業報而繼續妄造虛妄的行爲；捨報時結算一生的善惡業以後，又繼續「妄想受生，妄想隨業」，終而復始，永無了期。如果是證悟聲聞菩提了，了知三界十方一切眾生的五陰、十八界法，以及三界中的一切有情境界全都虛妄無常，不能久住，於是便不再有昏沈妄想，不再落入「諸有為想」之中，便能出離三界生死。

如果能證得本心如來藏，現觀十方三世一切有情以及三界世間、一切萬法，全都是由本心如來藏中出生的，就是離開「昏沈諸有為想」的菩薩了！菩薩悟後再深入現觀本心如來藏的妙眞如性，現觀如來藏以妙眞如性來出生三界世間及五陰眾生，但是「妙圓明」的「無作本心」如來藏自己，卻是不生任何虛妄想，也不造作任何三界世間業。當菩薩從如來藏的境界來看待三界世間一切法時，唯有本心如來藏是常住眞實而又從來都無所得，於三界世間一切法也從來都無所失，一向不落入三界世間法的得失之中；所以菩薩所見的世界諸法，「於妙圓明無作本心，皆如空花，元無所有；但一虛妄，更無根緒」。

從微妙圓滿卻又有無量光明而從來不墮入無明的無作本心，來看待三界一切世間的七趣眾生所思所想，全都是「昏沈諸有為想」；依常住本心如來藏的境界來看，三界中的七趣眾生境界確實「皆如空花」，實際上全都是無得亦無失的本心如來藏；可是一切人天等七趣眾生都不知道，誤以為三界世間眞實有，於是「妄想受生，妄想隨業」。依二乘道而言，說一切法性都是有為，有為就是無常，無常所以是苦，無常所以是空，空所以無我；既然無我，還要貪求什麼呢？但菩薩所見卻又不同，菩薩進而觀察一切眾生所接觸的六塵，全都是自心所現，既非因緣亦非自然，本來都是自己的如來藏所現，只是藉外境而顯現內相分六塵來讓覺知心領受苦樂，事實上都是藉著外境而領受自己的本心所變現的相分，所以事實上是以如來藏自己所生的見分六識心，來遊戲如來藏自己所生的六塵相分。菩薩現見六塵萬法莫非如是，所以佛說「於妙圓明無作本心，皆如空花，元無所有」。

所以悟得萬法功能差別背後的實相以後，了知萬法其實是只有一心，就是常住的眞實本心如來藏；除此而外都是虛妄法，所以說「元無所有」。確實也是本來就沒有任何一法存在，都是因爲妄想熏習而使常住本心如來藏出生了七趣眾生，所以才有七趣眾生所住的三界世間。眾生都不能如此證知法界的實相，錯認虛妄法以爲眞實法，所以看見美麗景色時心中很歡喜；然而實際上心中所歡喜的景色，其實並沒有被覺知心自己所看到，覺知心所看到的美麗景色只是如來藏變現出來的內相分美景。猶如戰車駕駛從車中的三稜鏡，透過三稜鏡的反射而看到車外的景象，所見並不是直接的，只是鏡子反射的影像。

同理，當你看見風景很美，覺得很喜歡；其實你所看到的只是如來藏所變現的內相分影像，並不是眞的看見了身外的風景；然而眾生都不知這個眞相，所以一心追逐外境六塵而產生種種虛妄想，於是「妄想受生，妄想隨業」而流轉生死，永遠在三界中輪轉於七趣。若眞要探究三界世間及一切有情的眞相，其實都是本心如來藏；外於如來藏而有的三界世間及七趣有情，「元無所有」，本來就只是一心如來藏而已。所以一切世間種種有爲法都是由如來藏變生變滅，正是由如來藏以「心生滅門」的功德力用，才能流注蘊處界等種子出來，成就三界世間，這正是《大乘起信論》中 馬鳴菩薩所講的「心生滅門」，如來藏心阿賴耶識本來就有這種功能。但如來藏心這個「心生滅門」的功德，卻是依於如來藏心的「心眞如門」的功德才能運作的，不能稍離「心眞如門」而運作。但是想要證得「心眞如門」的實相智慧，卻必須有「心生滅門」的功德持續運作，使三界世間及蘊處界繼續存在，才能有世間及五陰讓我們修習佛菩提道，次第邁向佛地；才能使三乘人修習三乘菩提，實證出三界的無漏法。所以如來藏阿賴耶識的「一心二門」是不可分割的，是一向完整存在的；如果強行分割以後，「一心有二門」的聖教就不可能成立與存在，也不可能實證，就不可能產生實相智慧。（編案：當時因爲想要攝受退轉的楊先生等二百人，平實導師特地說明不該分割而單取心眞如門，應該具足一心二門，應該同時具足心眞如門與心生滅門，才是眞正的佛法實證道理。）

所以深入實相探究以後，了知三界世間及一切有情都是虛妄的，所以 佛說**「但一虛妄」**。事實上是由本心如來藏產生了三界世間及七趣有情身心等虛妄法，如果離開本心如來藏而想要探究三界世間及七趣有情身心的由來，可就全無可能了；所以假使有人愚癡，不信佛語聖教，偏要外於本心如來藏而探究三界世間及七趣眾生的由來，不論如何深入探究，都將會是同樣的結果，就是**「更無根緒」**，永遠無從尋覓三界世間及七趣眾生的根源。既然三界世間及七趣有情的身心都是由本心如來藏所生，外於本心如來藏時，要到哪裡去找出根源來呢？所以外於本心如來藏而想要找到宇宙萬法的根源時，當然不可能找出一絲絲頭緒來；所以不論如何尋找，乃至上窮碧落下黃泉，也是無法找到一絲絲的根源與頭緒，所以 佛說**「更無根緒」**。

「阿難！此等眾生不識本心，受此輪迴，經無量劫不得真淨，皆由隨順殺盜婬故；反此三種，又則出生無殺盜婬。有名鬼倫，無名天趣；有無相傾，起輪迴性。」接下來，佛陀又向阿難等人開示，三界世間的七趣眾生（當然七趣眾生不函蓋聲聞、緣覺、菩薩、諸佛）由於不認識本心如來藏的妙眞如性，才會虛妄地生生世世接受輪迴生死；經過無量劫以後，依舊無法眞正清淨自己的心。因為三界世間的天與人類，不論如何清淨自心，始終都無法永遠離開殺盜婬三件事；所以將來還是會下墜於人間或三惡道中，再造殺盜婬等三業，不能出離三界。這是因為不明白本心的眞實性與清淨性，誤認殺盜婬境界是眞實有，所以隨順了殺盜婬三業。如果能夠識得本心，現前觀察本心如來藏的本來清淨自性，發覺自己生氣時本心並不生氣，自己生起煩惱時本心並不起煩惱，在我們不斷生死之中本心卻從來沒有生死；又因為本心的從來沒有生死，才會有我們世世不斷的五陰生死；本心在常住而無生死之中出生了我們五陰而有五陰的生死，但祂卻是依舊常住而無生死，也無染污，所以本心如來藏又名本來自性清淨涅槃。這樣現前觀察明白以後，了知法界實相就是如此，於是轉依本心如來藏，卻發覺五陰的一切所得全都不實「皆如空花」；而本心如來藏在三界世間一切境界中，也從來都無所得亦無所失；既然轉依了本心如來藏，就沒有必要再隨順殺盜婬了。所以看見別人的配偶多麼英俊、美麗，都跟自己無關，因為都不必貪求了，所以就不「隨順殺盜婬」，不必經歷無量劫就可以得到眞淨了。

如果不能識得本心，又不修學眞正的解脫道，猶如當代所有大法師們所教導的表相佛法，怎麼可能獲得解脫呢？他們都認為只要覺知心中一念不生，放下我所煩惱了，就是得解脫了。其實都是假的解脫道，也是假的佛法；因爲這都無法斷除我見，連聲聞初果都證不到，何況能夠明心親證如來藏而證得菩薩果？所以大法師們常常開示說：「要清楚了然，沒有妄想地活在當下。」然而不論什麼情況下的當下，乃至進入四禪八定中的當下，都還是意識境界呀！像這樣我見具足存在，哪裡能得解脫？這些當代大法師們連意根都還弄不清楚，無法觀察意根，又不承認意根第七識的存在，怎麼能斷除我見與我執而解脫生死？所以他們所說的都是錯誤的解脫道、錯誤的佛法，像他們這樣的人，假使不勤求斷除我見，縱使再經歷很多劫以後，仍然會與今天一樣繼續在三界六道中輪迴，這就是不斷癡的愚人。

無明眾生都是只求生天享樂的，然而生天享樂以後終究無法免除生死痛苦。以欲界眾生來說，四王天的天壽，如果不中夭，他的一生等於我們人間多久呢？是九百一十二萬五千年。如果生到他化自在天中而不中夭，一世的壽命是九十三億四千四百萬年，全都在享受天界的生活。然而，這些時間如果都能在正覺同修會中修習，在人間一世又一世持續修下去，已經進步到很高的菩薩階位了，那些生天的人卻還在天上享樂，而且還是退步的。所以，就算是他們一世持戒行善，而且也有一念不生的功夫，成就欲界定了，最多只是出生到他化自在天中；一世的壽命相當於人間九十三億四千四百萬年，於道業上是全無增長的，那有什麼意思呢？而一念不生修得很好時就只是欲界定，假使能在睜眼靜坐時達到「不見頭手床敷」的境界，也只是未到地定，只能生到他化自在天中，享樂一世而無法幫助道業進步。

我還要引用古時智顗法師的話來說（雖然他還沒有開悟，但他有一句話，我是很認同的），他說：「魔是未到地定果。」（編案：《摩訶止觀》卷五）如果想要當天魔，就把未到地定修好，而且努力行善。譬如像慈濟人那樣努力行善，然後依照證嚴法師的教導修除妄念、一念不生，如果眞的有努力修行而證入未到地定，捨報後就生在他化自在天中，成爲天魔波旬的眷屬了，連初禪天都上不去。未到地定正好是在初禪與欲界定中間，未發起初禪而只有未到地定的人，當然上不去初禪天中，而他化自在天與初禪天中間又沒有處所可以安住，當然只能往下生在他化自在天中，那就成爲天魔波旬的眷屬啦！所以智顗法師說：「魔是未到地定果。」

如果不想當天魔的眷屬，所修善業一定要全部迴向佛菩提或解脫道的實證；千萬別迴向生天，除非已得初禪，否則就會生在他化自在天中。生在他化自在天中的時候，如果善業不如天魔波旬，就去當他的徒子徒孫、魔子魔民。所以有智慧的人絕對不會求生天上，寧可在人間受人辱罵都沒有關係；因為三世、五世、十世、百世以後，那時咱們再來瞧一瞧，看誰修行比較好。比如有人把未到地定修得很好，一上座就是三天才出定，大家崇拜得很，卻沒有解脫與般若的智慧；但是你只要有大乘見道的明心智慧就夠了，不論他的口才如何辯給，他都沒有與你對話的份兒。那你要選擇哪一個法呢？當然要選擇明心的法，才不要徒受世人崇拜呢！入定坐三天不動，於佛菩提道及解脫道，並沒有增上；出定以後還是阿呆，既沒有解脫慧，也不懂佛菩提，卻反而會引生慢心而輕視一切賢聖。

靜坐修定是世間有漏有為法，那是我曾經走過的路；因為我這一世沒有明師指導而自己摸索，才會在初始學佛那幾年走上靜坐修定的路子。我以前是每天早上打坐，坐到中午下樓來吃過飯，動一動身子，大約半個鐘頭或一個鐘頭，又上樓去靜坐，這一坐就是天暗才下座。我就這樣過了一、二年靜坐的日子，卻沒有什麼作用，只是修得一念不生的功夫，智慧都不能生出來。我今天的智慧，還是依靠一九九〇年一念相應而證悟如來藏才出生的。所以，以定為禪並不好，這個道理要讓大家理解。大家都應該理解：智慧的實證才是重要的，修定是應該在成佛過程中，到了應該修的時候再修，才是最好的時節因緣。所以在經典中，不論是《華嚴經》或是《解深密經》，都是教導我們應該在三地心才具足修證四禪八定。若是沒有解脫慧與般若慧的配合，四禪八定只是世間有爲法，不能使人得解脫與成佛，所以不要欣樂有爲法。若是欣樂有爲法，縱使這一世具足修得四禪八定、五神通，廣受世人崇拜；但是從整個佛道的進程來看，未來世將會落後別人很多。

接下來說，前面所說的三界七趣有情，是由於有了殺盜婬三業，所以輪轉於七趣有情之中；但是如果反過來改修清淨行，「又則出生無殺盜婬」。「無殺盜婬」從表面看起來是好的，但是深究的結果其實並不好；因爲必須要依附於證悟本心如來藏的前提下，「無殺盜婬」才是好的。如果沒有依附於證悟佛菩提的大前提，成爲「無殺盜婬」的清淨眾生，就會落入「長壽天難」。因爲這樣的人會不斷修定而在最後證得無想定，乃至證得非想非非想定，才會覺得自己確實已經清淨到徹底了。然後捨報就會生到長壽天去，結果眞的是一場災難。也就是說，眞正「無殺盜婬」的人，最後一定會修成四禪中的無想定，或者不入無想定中而繼續進修到非想非非想定；捨報後生在無想天中，壽命五百大劫；若是生在非非想天中，壽命八萬大劫；在這二個天上，整整一世都是一念不生的；換句話說，就是整整五百大劫之中，或是整整八萬大劫之中，都在定中無所事事，一事無成。所以從佛菩提道來說，菩薩都說這是「長壽天難」，佛菩提道根本就沒有一絲一毫進步，徒然浪費光陰。

無想天與非想非非想天的境界，是世間人所追求的，但在佛法中卻說這是「長壽天難」；因爲生到那裡去，其實是使佛菩提的道業蒙難了。可是世間愚癡人卻還誤以爲自己很行，心中洋洋自得，還向別人炫耀，其實是正在準備接受「長壽天難」。所以世俗人是沈墮於殺盜婬中，一般修行人則是反過來「無殺盜婬」，卻因爲不曾證得解脫果，或者因爲沒有證得本心如來藏而沒有般若智慧，於是就向禪定方面進修，結果就是未來世獲得長壽天的果報，誤以爲就是證得涅槃，虛耗很多劫在天界中，終究還是下墮於人間或三惡道中，這就是「無殺盜婬」卻生天繼續輪迴的世間凡夫；所以 佛說：「反此三種，又則出生無殺盜婬。」

所以在三界中，「有名鬼倫，無名天趣」；也就是說，有一般性殺盜婬的眾生，而不是嚴重殺盜婬的極重惡業眾生，將會下墜鬼道中受苦：或者成爲餓鬼，或者成爲被驅使的鬼神。若是沒有殺盜婬的人，就會修定而生到色界與無色界中。鬼類有情都是有殺盜婬的，只是沒有嚴重到必須下墜地獄中；所以有的鬼神瞋心很重，喜歡看見人間有戰爭殺害眾生，譬如羅刹與惡鬼一類。又如有的鬼神貪欲很重，譬如夜叉那一類，密宗喇嘛們喜歡的雙身明王、空行母，其實本質就是鬼神類，都屬於「鬼倫」所攝，都是有殺盜婬；只是這三業不是犯得很嚴重，所以不下墜地獄中，成爲鬼類有情。若是沒有殺盜婬，心中已經離欲的人，死後就生在色界天、無色界天中；在色界天中若是有好因緣，遇見佛菩薩說法，才能悟得本心如來藏而成爲初入道的賢位菩薩；否則盲修瞎練的結果，就無法避免「長壽天難」了。

三界世間的一切有情，都是因爲不能證得本心如來藏，所以菩提不生，也就是不生起覺悟的智慧，於是「**有無相傾，起輪迴性**」：總是在有殺盜婬與無殺盜婬兩邊傾來傾去，生起了無止盡的輪迴性。於是當眾生傾入有殺盜婬一邊時，就成爲鬼倫眾生；未來又因爲傾入無殺盜婬一邊，於是又出生在天上。就這樣子，有時落入三惡道中，有時又向上出生於天界中，在三惡道與天界之間來回往復，永遠在三界世間輪迴不止。所以有實相般若智慧的人一定會避開有與無二邊，永遠不會落入「有殺盜婬」一邊，也不會落入「無殺盜婬」一邊，因爲本心如來藏是永離二邊的。

「**若得妙發三摩提者，則妙常寂；有無二無，無二亦滅；尚無不殺不偷不婬，云何更隨殺盜婬事？**」如果能夠發起妙三摩提，也就是發起微妙的如來藏金剛三昧境界，這個金剛三昧當然是指禪宗的明心——證得金剛心如來藏；如果能夠發起明心的微妙功德，轉依常住本心如來藏而住於寂滅境界中，對於實相法界有深入了知而生起微妙智慧了，無妨七轉識在六塵喧鬧當中生活，但是所轉依的本來寂靜金剛心如來藏，卻是本來無念而恆常處於寂靜境界中，又微妙地不斷運作而成就三界世間及五陰身心。而金剛心如來藏自己的境界中，其實並無「有殺盜婬」或「無殺盜婬」等事情，所以「有」與「無」二邊都不存在，這就是「『有、無』二無」。接著再觀察如來藏金剛心的自住境界中，其實也沒有「無二」可說；這是說，如來藏的境界中沒有「無二」這個觀念或所知；菩薩這樣子現觀時，「無二亦滅」。這時從金剛心的自住境界中來看，「尚無不殺不偷不婬，云何更隨殺盜婬事？」

一般人都會追求世間的五欲之樂，都因爲認爲五欲之樂實有嘛！所以有人每日三餐都把廚房放在館子中，因爲他家有的是錢，所以每一餐都是上館子解決。甚至很有錢的人會請名廚當他的廚師，寧可一個月付十幾萬元薪水，在家裡輕鬆享受名廚的料理，因爲他認爲食味是眞實有。可是當你從如來藏來看，根本就沒有食物的味道可說。可是如來藏是否遠離食物的味道而知道自己遠離了嗎？其實如來藏從來不落在「我已遠離食物味道」的所知所見之中，所以如來藏是「遠離亦離」的。菩薩在人間就是這樣享用食物而維持色身，用來爲增長眾生的道業而努力做事；所以如果有人問菩薩說：「好吃嗎？」菩薩會說很好吃；但是你如果再問說：「您不是證悟了嗎？怎會覺得好吃呢？」他卻大聲告訴你說：「很好吃！」而他這句話的意思其實是在說：「雖然是很好吃的，但也是無味道的，同時也沒有無味道。」只是這得要家裡人才聽得懂，悟錯的人都是聽不出言外之意的。所以究竟菩薩飲食時，是有味道呢？或是沒有味道呢？實際上是「非有亦非無」。這樣的金剛心如來藏境界，不是聲聞、緣覺所知道的；實際上，當你轉依如來藏時，「尚無不殺不偷不婬，云何更隨殺盜婬事？」

「阿難！不斷三業，各各有私；因各各私，眾私同分非無定處；自妄發生，生妄無因，無可尋究。」《楞嚴經》中世尊這麼說：「如果佛法不是依照我釋迦牟尼佛的說法來爲人解說，就是魔王所說的邪法。」其實就是直截了當告訴大眾：凡是說法與世尊不同時，那個說法人就是魔王。必須完全遵照世尊所說的道理爲人講解，那個說法人才不是魔王、魔子。

話說回來，佛開示說：如果殺盜婬等三種惡業（在家人是不邪婬，出家人則是不婬。因爲這部經典是以阿難等出家人爲對象而說的，所以說「不婬」）不能斷除，當然是「各各有私」，是每一個有情都是各自造作了輕重不同的三業。在這三業的造作中，各人的業互有出入、各不相同；譬如有人殺業比較多，幾乎沒有邪婬業；有人邪婬業很多，卻幾乎沒有殺業；有人則是盜業做得非常多，卻是不曾犯殺業，也不曾犯邪婬業。這裡面總是有或多或寡的差別，不可能每一個人的三惡業都相同，因此說「不斷三業，各各有私」；也就是說，各人所做的三業，是各不相同的；然而卻都是各各有其私造的不同三業，當然是要受報的，所以「因各各私，眾私同分非無定處」：各種私自所造的殺盜婬等三業應該酬報的各人自己的同分，都有決定受報的處所。

眾同分中又細分爲私同分。所謂眾同分，譬如人類是一個頭、一個身體、有四肢、直立行走、可以思想，這就是人類的眾同分；凡是人類都具足這樣的特性，所以具有同樣特性的有情就稱爲人，這就是人的眾同分。如果有人業報現前而使他出生時是三隻腳或一隻腳，這就是別業所造成的眾同分中的「私同分」；表示他與別人比較時是異常的，但是他的本質仍然是人；而他異於正常人的狀況就是他自己的「眾私同分」，是在眾同分中有別於其他人。在同樣的眾同分中，一定會顯示出各人獨有的「私同分」；譬如往世常常用鮮花供佛，便會很多世都長得很英俊或者很漂亮；往世常常幫助眾生醫病，也會很多世身體健康。就在同樣是人類的眾同分之中，顯示出每一個人的色身同分有異；這類使人可以分辨出來的差異，就是眾同分中的「私同分」。很多人的「私同分」，就稱爲「眾私同分」。只要造了「有殺盜婬」等染污業，或是造了「無殺盜婬」等清淨業，全都會有受報的一定處所，因此說「眾私同分非無定處」。

這就是回答前面阿難菩薩所問：三界世間中的地獄世間、鬼道世間乃至諸天世間，究竟是有定處或是沒有定處？世尊說明：只要是造了殺盜婬等三惡道業，或是造了「無殺盜婬」等天業，都一定會有受報之處，所以說明到這裡時，總結說「非無定處」。意思是說，三界世間之所以形成，是因爲眾生造了殺盜婬等三業，或是造了「無殺盜婬」等三業，於是就會感應形成地獄世間、鬼道世間、畜生世間、人道世間、欲界天世間、色界天及無色界世間，所以也會感應生成欲界天的天宮、色界天的天宮、人間的住居，都是感應形成的，於是眾生便隨業往生於三界不同世間裡。但是眾生往生到各種不同世間時，每一眾生的面貌與色身都不會完全相同，一定都是同中有異的；所以說在眾同分中一定會有「私同分」，就各各都以此微差異的私同分而各自領受苦樂報。既然如此，「眾私同分」當然「非無定處」，是一定有受報處所的。

三界有情的眾同分中，都是會有一些差異性的；譬如人同分中就會有很多種，甚至也有侏儒族。再看天同分，初禪天中的三天天人身量莊嚴與果報各不相同，二禪三天也是一樣各不相同，乃至到達色究竟天中也一樣會有不同，這是天同分。人同分與天同分如此，畜生同分何嘗不然呢？所以同樣是狗，有的狗長得很健壯，有的狗體弱多病，老是會被欺負；所以畜生同分中的狗同分之內，就已經有很多差異了，這些全都稱爲「眾私同分」。如果再從法同分來說，法同分又分爲心同分與色同分。色同分，是純粹從色身上的相似性來講，也就是剛才所講的眾同分。至於心同分，則是依心性的屬性來說，是以現在來看未來世的同分；凡是屬於畜生的心性，死後就往生於畜生同分之中；屬於人的心性，死後會往生於人類之中；屬於天道的心性或是屬於修羅的心性，死後將會出生於天界或修羅道中；這是以當下的心性來觀察，而判定眾生各不相同的心同分。乃至再細分心同分時，還可以分判爲聲聞同分、緣覺同分、菩薩同分；所以在眾同分中還有許多的私同分，就是指各人的人同分上面會有一些微小的差別。

無量有情造了善惡業，一定都各有「眾私同分」，不能避免；因爲一切有情造作善惡業時都是在自心如來藏中所造，當然不可能遺失善惡業種，異熟果報當然也是無法逃避的。只有不知實相的人，才會想要逃避因果，才會不信因果律的昭昭不爽。譬如有人想要逃避死亡，使異熟果不現前，他想用神通逃避而沒有成功。有人使用神通土遁，也是死了，死後若是該下地獄，還是得要接受地獄的異熟果報。又有水遁，還有人躲入虛空，全都一樣無法逃避死亡，異熟果隨即開始實行果報。因爲一切有情都有法同分，即使是無色界有情沒有色同分，也還有法同分，而所有的法同分或色同分都同樣不離如來藏，當然都逃不掉異熟果報，那就無法遠離「眾私同分」的實現，所以都是受生有處，感果無差。因此說生有定處，「非無定處」。因爲有情從來不曾離開於如來藏之外，當往世七轉識造了業，也是在如來藏中造業，只是凡夫有情們不知道這個事實。既然業種都儲藏在如來藏中，有情也是活在如來藏中；未來世全新的五陰也是出生在如來藏中，依舊是在如來藏心中造業，當然無法逃避業種的執行與受報。所以正在輪迴生死的當下，如來藏並沒有生死，而是有情五陰有生死，所以：所謂出離生死者，即非出離生死，是名出離生死。如果你證得如來藏，《金剛經》就通了，永遠都是這一個公式。因此：所謂解脫，即非解脫，是名解脫。因爲解脫就是五陰的你滅掉，當五陰十八界都滅掉了還有你自己嗎？所以解脫即非解脫，而這個非解脫才是眞的解脫。同樣的公式：所謂佛法，即非佛法，是名佛法。因爲佛法是世間五陰所知的法，當你滅了五陰十八界以後，就沒有五陰能知佛法了，哪裡還有佛法？而如來藏是佛法開悟所證的標的，但如來藏實存而不了知佛法，這樣的非佛法才是眞正的佛法，所以佛法即非佛法，這個非佛法才是眞正的佛法。當你證得如來藏時，這個公式套到哪裡都通，而《金剛經》從頭到尾就是這一個公式。演藝界曾經說過「一曲唱遍天下」，江湖上也有人說「一招半式走江湖」；而佛菩提道中的賢位實相般若，卻同樣也是這一個公式；在三界六道中的一切佛法，這個公式都可以通。不過，這只是總相智跟別相智，還沒有牽涉到種智；假使遇到了有種智的菩薩，你悟了還是開不了口。

這就是說，雖然說眾生於「眾私同分」中都是「非無定處」——生有定處，卻也都是從自己的虛妄想、虛妄造業中自己發揚出來的，然後產生了投胎、受生的緣由。但是受生緣由以及業果的出生，其實本來都沒有自身實有的根本因可說；假使有人想要外於如來藏而探究受生的緣由或業果，想要找出眞實因，其實是不可能的；因爲所謂的因就是眾生造業，造業的原因則是因爲被無明籠罩，所以妄想造業而妄想受生，事實上都是「生妄無因，無可尋究」。唯有找到如來藏心以後，現觀五陰與業行都是在如來藏心中所造的，當然業種落謝以後還是在如來藏心中，這樣才能說是生妄有因，定可尋究；凡是外於如來藏心而想要尋究受生的妄因，必然無法逃脫於世尊所說的「生妄無因，無可尋究」的範疇。

這一段經文是答覆前面阿難尊者的發問：「此諸地獄，爲有定處？爲復自然彼彼發業、各各私受？」世尊作了以上的開示，也就清楚分明地答覆完了。由此可知，地獄、鬼道、畜生、人、仙人、修羅及天，七趣都確實存在，而存在的原因是由眾生的心性所成就。當眾生心性如此時，自然就會往至某一境界中受生，於是那種世間便隨之成就了，所以三界世間都同樣在這種情況下一一成就；而三界世間本來無有，都因爲眾生心性各各差異，所以「眾私同分非無定處」，於是七趣世間的境界便產生了，當然可愛或不可愛的種種異熟果報世間便出生與存在了。而三界世間如果要深入推究，其實本就沒有什麼可推究的，唯是一心如來藏而已。

所以地獄中的苦難眾生，下了地獄去受苦，其實還是由他們自己造了地獄業，使自己受生於地獄的境界中，於是地獄就跟著出現了；所以事實上是惡人自己打造了心中的地獄，供自己未來世去受苦；也是謗法、謗賢聖的法師們，自己打造了心中的地獄，讓未來世的自己去受生痛苦：捨報以後「**眾私同分非無定處**」。唯有證得如來藏心而作實相懺，並且公開懺悔以前謗法、謗賢聖的大惡業，自己如來藏心中的惡業種子才有可能滅除。十方世界中的所有地獄，道理都是一樣的；兩個人造了同樣的地獄業，就感生出這兩個人共用的地獄世間；一萬人造了同樣的地獄業，就感生了可以住一萬人的共用地獄。地獄世間正是這樣來的，其餘的六趣眾生世間也都是這樣生出來的，所以都是七趣眾生自己創造的。

大陸有個上平居士不是寫了兩萬多字來毀謗我們嗎？我們今年五月底就要出書答覆他了（編案：已經出版了，書名爲《護法與毀法》）。大陸有一些有智慧的人，他們說上平居士寫的那些文字，其實就是一份〈入住地獄申請書〉。至於有沒有現報呢？也有：人家快快樂樂等著過年，他是粒米不進，一吃就吐，整整五天，不曉得正月一號以後有沒有改善？希望他趕快懺悔改過，免除惡受。大陸有幾位認識他的人，曾說這是現世報。如果現世報可以免掉地獄業，我倒是要爲他慶幸；就怕這病是別的業引生的，不是他這一世謗法及謗賢聖的現世業，就只能爲他哀憫了。這意思是說，地獄是人心所造的，不是由誰去創造出來的；當然更不是上帝創造的，因為一神教的上帝並沒有能力創造地獄；而且他若不造惡業，怎麼可能創造出地獄來？

「汝勗修行欲得菩提，要除三惑；不盡三惑，縱得神通，皆是世間有為功用。」這就是說，假使眞的想要獲得佛菩提的實證，一定要除掉三惑，也就是貪瞋癡；貪瞋癡如果不除，不免犯殺盜婬等惡業。心中有貪瞋癡，身口意行就會有殺盜婬；若能修除三毒迷惑，便能斷絕殺盜婬引生的身口意業，即能免除三惡道中的流轉。如果不修除貪瞋癡三種迷惑，縱使修得廣大的神通，都與解脫的實證無關，也跟佛菩提的實證無關。因為神通都是「**世間有為功用**」，與三乘菩提的證悟無關，所以世間許多眞正有神通的人，仍然都無知於三乘菩提。

神通再怎麼好，依舊無法發起禪定，也不能因為神通而生在色界天中。如果有四禪的定境，也有無想定的實證，再加上五神通，最多也只能生到無想天中，依舊到不了五不還天。如果依初禪而修得五神通，最多只是用神足通去初禪天觀光，依舊到不了二禪天。如果沒有四空定的定力，而是由四禪修得大神通（因為四禪定力所得神通是三界凡夫中最殊勝的神通），但仍不能與出世間聖人的神通相比。以世間凡夫而言，四禪定境所修神通是三界中最殊勝的神通，卻依舊進不了四空天境界，更別說是悟得三乘菩提了，那對道業是沒有幫助的。但他們遇到了三明六通大阿羅漢的神通，又不能相比了，因爲依無漏智與八背捨而生的神通更廣大。然而大阿羅漢的神通遇到了三地滿心菩薩的神通，又相差很遠了，因爲阿羅漢沒有大乘無生法忍。所以 世尊說：凡夫修得神通，如果三惑不除，「**皆是世間有爲功用**」，與佛菩提的實證無關。

「**習氣不滅，落於魔道；雖欲除妄，倍加虛僞，如來說為可哀憐者。**」

世尊又說：那些有神通的人，貪瞋癡等三惑的習氣如果不能修除，「**習氣不滅**」，死後不免「**落於魔道**」，死後將會往生去魔天，當天魔的魔子魔民。像這樣不證菩提，又不知神通虛妄有爲而修得神通的人，雖然心中想要除掉虛妄法，不論他們如何修除，其實都是「**倍加虛僞**」。因爲神通完全是意識境界，不肯滅除意識常住的邪見，而想要用意識修除虛妄，永遠都只能在我所上面除妄，然後就以意識自尊，自稱是已證菩提的聖者，當然「**倍加虛僞**」。既然不知道意識自己虛妄，卻想要除掉種種虛僞，當然會依意識的有爲性而炫耀自高，結果是更加虛僞；因爲這種人永遠會把能夠跟神通相應的意識心認作眞實心，而意識心是有我、執我的，所以一定會產生「**倍加虛僞**」的表現。只有先遠離貪瞋癡，特別是不再認定意識常住，因此而滅除了聲聞見道時所斷的愚癡，才有可能獲得佛菩提的見道功德；在佛菩提中見道而證悟佛菩提，滅除了法界實相的愚癡，並且也滅除了貪欲與瞋恚等現行，再進修諸地無生法忍，才是佛菩提道的正修行。

有一位祖師曾經這麼講：「修禪不持戒，是即魔羅業。」這就是說，只修行禪定的法門，卻不肯依照清淨戒來行持—清淨戒當然是指佛戒中的聲聞戒及菩薩戒—若不肯受持清淨戒，縱使修得禪定並且修得神通，所作所為都會變成魔業，因為都會在意識境界中打轉，無法與三乘菩提相應。以妄修於妄，真實可憐愍，因為都是以虛妄的意識心，在修證三界有為的虛妄法。所以，如果還沒有證悟般若而每天想要修得神通，或者智慧不足以簡魔辨異，卻想要修神通，真的很危險！如果想要修神通，最好是修到我這個層次來，那時再修神通就絕對不會有問題了。若還沒到我這個層次而想要修神通，何時會出問題，可就很難說了。到時候可別想要請我去長青樓為他開示，我可不想去了，已經受夠了！以前連續七天去開示，只是為了救一個人；現在可沒有那麼多的時間，可以每天為了同一個人而去開示。因此說，這種人每天只想要修得有為法的神通境界，都不觀察修證神通的因緣時節是否到了，這種人正是以虛妄的神通而想要除掉虛妄的有爲法，正是以妄除妄，所以「倍加虛僞」，「如來說爲可哀憐者」。

「**汝妄自造，非菩提咎。作是說者名為正說，若他說者即魔王說。**」然後 佛陀作了結論：你阿難被摩登伽女以先梵天咒所攝受的這件虛妄事情，其實是你阿難自己所造作出來的；是因爲你阿難過去世沒有把貪婬之心斷除，才會跟摩登伽女相應，幾乎毀破了戒體。然而，這不是你的菩提心—妙覺明心—的過咎，而是你阿難自己的七轉識不曾修除婬愛習氣，所以不是你的菩提妙明眞性的過失。這只能怪你阿難自己，你的菩提妙明眞心依舊是清淨而無過失的。接著 世尊吩咐說：如果所有人都像我這樣說法，就是正確的說法；如果不依照我這樣說法，而作另外一種說法，那麼他的說法即是魔王所說，不可信受。

【即時如來將罷法座，於師子床攬七寶机，迴紫金山再來憑倚，普告大衆及阿難言：「汝等有學緣覺聲聞，今日迴心，趣大菩提無上妙覺，吾今已說眞修行法，汝猶未識修奢摩他毘婆舍那微細魔事。魔境現前，汝不能識；洗心非正，落於邪見；或汝陰魔、或復天魔、或著鬼神、或遭魑魅，心中不明，

認賊為子；又復於中得少為足，如第四禪無聞比丘妄言證聖，天報已畢衰相現前，謗阿羅漢身遭後有，墮阿鼻獄。汝應諦聽，吾今為汝仔細分別。」**阿難起立，并其會中同有學者，歡喜頂禮，伏聽慈誨。】**

講記：說到這個地方，釋迦如來準備圓滿結束這一場法會了，所以「於師子床攬七寶机，迴紫金山再來憑倚」，就是從祂所坐的禪床上，把七寶鑲嵌的小凳子拉過來，將紫金色的莊嚴身體憑倚在七寶凳上，又向大眾及阿難等人作了開示。佛陀說法時當然會有一個稍微高一些的法床，坐高一些才能讓大多數來聞法的人都可以看得見。若是佛陀所坐的法床，不管是什麼樣的形式與材質，即使是麻繩編出來的繩床，也都稱為「師子床」，就是人中獅子所坐的法床。所以不要想像「師子床」一定是什麼樣子，其實沒有一定的模樣。因為印度天氣很熱，有時往往只是繩床；是用繩子在四根木頭中間編出網子，成為可供人坐的椅子。然後再把尼師檀鋪上去，佛陀就坐在上面說法，那就比較透氣涼快。

印度現在鄉間都還有繩床，我在一九八九年去印度朝禮聖地時，就曾看見很多鄉間都還在使用繩床，所以繩床在民間是很普遍都有的。凡是如來所坐的法座都稱為「師子床」。「攬七寶机」，「机」就是几，是小凳子；「攬」，是把旁邊伸手可及的小凳子拉過來。佛陀將七寶机拉過來，可以用手肘靠著它，背部就比較不會吃力；而那隻小凳子是用七寶鑲嵌而成的，所以叫作「七寶机」。世尊把七寶机攬過來，「迴紫金山再來憑倚」。弟子們尊稱 世尊的色身爲紫金山，「迴紫金山」就是 佛陀動轉身體，「再來憑倚」是用手肘把身體靠在七寶机上面，讓背部不需很用力。這並不是 世尊有慢心，而是 世尊晚年背痛；人身到了年老時總是會有背痛，這就是顯示人身的無常。佛陀晚年患背痛，所以坐著說法久了，有時不得不靠一靠七寶机，減輕背部疼痛。

釋迦牟尼佛常常加持弟子們，減輕或消除弟子們的病痛；但 世尊卻示現常人一樣的背痛。也就是說，凡是三界中的有情都有業果，凡是人身到了年老時都會有病痛。有一些人不瞭解，就說：「佛經亂寫，說釋迦牟尼佛有神通可以幫人家治好病，都是騙人啦！祂自己背痛都治不好。」那要看是什麼樣的人，神通也是有侷限的——不能對治定業。而且諸佛都會示現人身的無常，警惕大眾要用功精進。譬如大部分所謂有神通的人，大約是騙人的多；到目前爲止，我所遇過所謂有神通的人都是騙人的，至今還沒遇過一位眞正有神通的人。也許眞的有，但我還沒遇到。

然而縱使眞的有神通，也還是有侷限的；譬如沒有證得未到地定的人，只是依人間境界修得神通，就算眞的有了神足通，也上不了四王天。如果有欲界定，就看他的欲界定深淺，能夠分別去到四王天乃至他化自在天，還是無法上得了初禪天，所以都是有侷限的。又如宿命通，有的人能夠知道上一世，卻不知道上兩世是什麼身分；如果能夠知道前十世，他的宿命通就算是很好的了。神通有時能爲別人治病，但卻沒有辦法治好他自己的病；因爲那是有神通者自己的異熟果，再怎麼治都治不好的，然而他卻能夠治好別人的某一些病。

而諸佛都會示現人身無常，所以都會示現年老病生的狀況。釋迦世尊晚年雖然一直都患背痛，但祂依舊可以加持弟子們病癒。乃至最後一餐，接受淳陀以最珍貴的栴檀耳供養，還是有腹痛的問題出現。聽說栴檀耳很難找到，有人養豬訓練牠們的嗅覺，叫牠們尋找；因爲栴檀耳是生長在地面下的，由豬用鼻子嗅出來，然後主人就把它挖出來。淳陀是用這種很珍貴的栴檀耳來供養世尊在人間的最後一餐。世尊明知這個珍貴的食物對自己的色身並不好，但是爲了圓成淳陀的大功德，還是接受了。後來下痢乃至便血，就這樣示現，讓眾生瞭解神通不是萬能的。譬如有人宣稱他有很強大的神通，然而一錢砒霜毒不死他，一斤總毒得死他吧！用砒霜毒不死，用鶴頂紅總能把他毒死吧！所以說神通都有侷限，而且神通無法使人見道，無法使人生起解脫慧與般若慧，因此不要太迷信神通。

禪定也一樣，有很多人對禪定誤解。曾經有人開示說：「如果證得初禪，他以後就不必吃飯了。都不吃飯也不會死，因爲他以禪悅爲食。」眞是亂講！他說禪悅爲食是正確的，但禪悅爲食只能維持色界天身在自己的身中不會消失，因爲初禪天的天身是離團食的；所以如果不保持定力，你身中的色界初禪天身就漸漸消失不見了，所以色界天人以禪悅作爲色界天身的食物。然而在人間證得禪定時，是同時還有人間的色身存在的；爲了維持人身，還是要吃人間的團食，所以跟凡夫眾生一樣要吃喝拉撒。所謂「佛無生臟、熟臟」，是講報身佛的身根；若是示現在人間的應身佛，都與人類一樣有生臟、熟臟，否則如何能長大成人而示現修行成佛？所以在理上與事上都要分開來看，再加以仔細會通，可別隨便混淆了。

有人根本不曾證得初禪，在電視上亂講初禪，我一聽就知道他想要籠罩徒眾；這是南部的一位法師，暫時不想談他的名號。有人隨便亂講：「你如果證得初禪，入定時腳就不痛了。」其實照痛不誤，因爲初禪是有覺有觀三昧，還有觸塵與身識在，怎麼可能不痛？入了二禪的等至位才不知道痛，否則就只能往下退住，進入初禪前的未到地定中，進入極深定中，眼睛張開卻視而不見，那時眼睛張著卻「不見頭手床敷」，才有可能不知道痛覺。如果有誰自稱禪定證量多高，得要先告訴我：有沒有這種證量？這是我破參前一一經歷過的，但是都無法激出般若智慧；禪定的視而不見、聽而不聞、痛而不覺，都與實相般若智慧無關，不論是在定外或定中，都只是沒有智慧的世俗人；只能用來炫耀籠罩別人，無助於實證解脫及佛菩提道。所以應該要以般若慧及解脫慧，作爲所修學的目標與證量，別在世間境界上用心，誤以爲那就是佛法中的證量。

言歸正傳，世尊「**迴紫金山再來憑倚**」，以手肘靠著七寶机，普告大眾及阿難說：「**汝等有學緣覺聲聞，今日迴心，趣大菩提無上妙覺，吾今已說真修行法，汝猶未識修奢摩他毘婆舍那微細魔事。**」佛陀說「**汝等有學緣覺聲聞**」，是說還在有學位的緣覺與聲聞人，也就是指還沒有成爲阿羅漢或緣覺的人。世尊在世時應該沒有緣覺，爲什麼還指稱緣覺弟子呢？這是有原因的：凡是因爲聽聞佛陀說法的音聲而聞知解脫之道，所以證得阿羅漢果的人都是聲聞；然而一切聲聞羅漢也都同時依止 佛陀受學緣覺法而成就因緣觀，所以也都具有辟支佛的因緣觀，都有緣覺的實質，所以佛世的所有阿羅漢們也都同時是辟支佛；但並不是每一個人都已修到無學位，所以還有很多人尚未修到無學位，還在三果以下，也都懂得緣覺法，只是還沒有具足無學位的阿羅漢與辟支佛證量，因此世尊才會這樣說：「汝等有學緣覺聲聞。」

如果是佛陀在人間解說因緣法，聽聞以後才成爲辟支佛，那只能稱爲緣覺而不是獨覺，因此都不被稱爲辟支佛。因爲聲聞人也是常常聽聞世尊宣說因緣法的，並不是只有聽聞四諦八正等法。世尊接著說：「你們這一些有學位中的緣覺與聲聞，今天聽我解說這一些法以後，迴心走進大菩提的路上來，想要證得無上妙覺。我釋迦牟尼如今已經說明了眞正的修行方法，但是你們終究還沒有認識修止和修觀的過程中，將會發生的許多微細魔事。」這些魔事之中，確實是有五陰魔與鬼神魔等，都是我們在修學佛道的過程中應該預先知道的事，免得不愼受害。

「魔境現前，汝不能識；洗心非正，落於邪見；或汝陰魔、或復天魔、或著鬼神、或遭魑魅，心中不明，認賊為子；」世尊說：如果將來魔境現前時，不知道那就是魔境，還當作是實證佛菩提的聖境，就會出差錯，被魔引入邪道去了。這樣一來，想要把自己的覺知心清洗乾淨，卻是落入錯誤的知見中，使用不正確的方法，往偏差的方向進行，想要洗淨自己的心，根本就不可能，原因都是因為遇魔而落在邪見中。凡是落在邪見中，或者是被自己的五陰魔誤導，或者是被天魔所引誘。而五陰魔是生死果，天魔是生死緣，因為天魔會造作許多順心境來引誘，或以錯誤知見來誤導眾生。煩惱魔，其實就是見惑、思惑沒辦法斷，也可以攝歸五陰魔中，正是有情流轉生死之因。有時是著了鬼神，或者遭魑魅所惑，這都屬於鬼神魔；也是由外而生的生死緣，是由外緣導致眾生的生死。

如果沒有悟得佛菩提，就是「心中不明」，是對實相不能明白，於是「認賊為子」，使家中的法財不斷被賊子偷盜出去；法財若壞散不存時，佛菩提道當然無法成就。所以那些喜歡跟鬼神親近，企圖藉鬼神修得神通的人，未來都會繼續輪轉生死，因為漸漸會錯認能夠運用神通的覺知心即是眞實法，成為「認賊為子」的愚癡人。因為他已經落入意識心中，以意識心為眞實我，我見永遠無法斷除，一定會在六塵當中以神通不斷地攀緣。如果意識心能夠轉依如來藏，就不會在六塵中不斷攀緣意識境界，才是眞正的出世間法。可是沒有悟得本心的人，並不知道意識心自己虛妄，因此認定意識心—特別是錯認能與神通相應的意識心—當作是眞實心，錯認為最親密的眞正兒子。愚癡人總是每天寵愛意識覺知心，都沒想到這個親兒子是每天把家中法財往外偷出去的家賊。

「又復於中得少為足，如第四禪無聞比丘妄言證聖，天報已畢衰相現前，謗阿羅漢身遭後有，墮阿鼻獄。汝應諦聽，吾今為汝仔細分別。」「認賊爲子」之後，又會有另一種情況，就是在意識心相應的禪定或神通境界中「得少爲足」：只是證得禪定，都還沒有發起解脫道與佛菩提道的智慧，就覺得自己的修證已經圓滿了；於是自我膨脹，就以自己所證的第四禪定境，虛妄地自稱已經證得阿羅漢果了。當他自稱成就阿羅漢無學果時，他的天報立時報畢，不需再往生色界天了，因爲當他大妄語自稱親證阿羅漢果時，天人的衰相就現前了。又因爲大妄語而促使「天報已畢」，卻不知道自己所證只是四禪定境，依舊認定第四禪定境就是阿羅漢的智慧境界，於是就在「天報已畢衰相現前」時，開口毀謗說：「所有阿羅漢死後一定還會再遭受後有，不可能出離三界生死，世尊說法錯誤。」於是因爲這樣的無根誣謗而隨即下墮於阿鼻地獄中。

在正覺同修會外，有很多人說他們開悟了，又說開悟的人就是初地菩薩，也有人說開悟就是成佛了。他們意思就是告訴大眾：「我是初地菩薩。」或者是暗示大眾：「我已經成爲究竟佛了。」可是他們所謂的開悟是悟得什麼呢？都是意識覺知心。只不過是有念或離念的各種差別罷了，同樣都落在覺知心自我之中，我見具足存在，連聲聞初果都沒有實證，何況是證悟佛菩提果？這種人根本就還沒有進入佛門，甚至都還沒有進入二乘法中，同樣都是大妄語人。至於 佛陀住世的年代，有一部分人是「得少爲足」，所以世尊所說「如第四禪無聞比丘妄言證聖」，是指斥證得第四禪的無聞比丘不懂開悟與禪定的差異，自以爲修得第四禪就是證得阿羅漢果，是大妄語人。因爲在佛法中修證俱解脫，前提是先斷我見之後再斷我執，然後加修四禪八定而證滅盡定，才能成爲俱解脫。不是證得四禪就成爲俱解脫大阿羅漢的。

可是有一些「無聞比丘」，這就是講善星比丘，他就是無聞比丘。善星比丘常常自以爲是，諸比丘們爲他解說正法，他總是不信不受；甚至連世尊所說，他也不信（這在阿含中也有明載他的其餘事件，於阿含中譯作善宿比丘。宿是星宿之意，所以善星即是善宿）。善星比丘證得初禪時宣稱：「我是初果人。」舍利子對他說：「你這樣不是初果。」他不信，又繼續修定，證得二禪時又說：「我證得二果。」舍利子尊者向他說：「你這個不是二果，是二禪。」他一樣不信，堅稱是證得二果。乃至證得四禪時，自稱證得第四果。舍利子尊者見他不聽勸誡，於是向 佛陀稟告。佛陀請人把他喚來，問他說：

「你有沒有說你是四果人？」他說：「有。」佛就告訴他：「你是愚癡人，這只是得四禪，不是證四果。」可是善星比丘還是向佛陀爭論：「我這個是四果，不是四禪。」佛三說不是，他三稱自己是。

後來捨報時驚覺說：「我怎麼會有四禪天的中陰身出現？」因爲他證得的是第四禪，死後當然就會有四禪的中陰身出現。他在中陰境界中就說：「我明明是證得阿羅漢果，阿羅漢不受後有，怎麼還會有中陰身出生？顯然佛陀說法錯了，原來阿羅漢還是會受後有。」他這樣毀謗的結果，四禪天的果報就立即報完了，於是四禪中陰開始衰微，然後四禪中陰就開始消失了；那時他看見大地裂開了，於是一頭栽下去，神魂就往生到阿鼻地獄中，這就是生身陷入地獄的事。他本來可以往生到四禪天去，那倒也沒事；偏偏因爲邪見而無根毀謗 佛陀說法錯誤，於是在大妄語業中又加上謗佛及謗法，於是就下阿鼻地獄了。謗佛、謗法、謗賢聖的口業一向都是很嚴重的，遠比大妄語業還要嚴重；但是很多人不瞭解，他們都是因爲還看不見因果而不信因果，也因爲果報是幾十年後的事，他們都只看眼前的名聞與利養，所以不信因果。然而謗佛、謗法、謗賢聖的果報，都是捨報時在中陰境界中立即會兌現的，所以善星比丘就在四禪天的中陰身中，生身下地獄去了。

……（講經前的當場答問，移轉到《正覺電子報》〈般若信箱〉，以廣利學人，此處容略。2003.03.11）我們繼續講《楞嚴經》一百八十頁，上週講到第二段，「如第四禪無聞比丘」，是講善星比丘，他「妄言證聖」，又在中陰階段時謗佛謗法，所以「天報已畢衰相現前，謗阿羅漢身遭後有，墮阿鼻獄」。讀經解經時一定要很謹慎，「知之為知之，不知為不知，是知也。」不知道的不要勉強解說，也不要自己創新及發明；已經知道的內容，可以依證量加以解說；還不知道的內容，就依文解義，以免犯過。依文解義總是比自己創造發明的更好，至少不會偏離原意太多。那善星比丘本來是應該往生四禪天中的，但是他誤將四禪定境當作阿羅漢的解脫智慧境界，所以當他捨報以後，四禪天的中陰現前時，由於認為自己是阿羅漢，不該還有四禪天的中陰身再受後有，所以就毀謗佛陀說法錯誤。就因為這樣謗佛謗法，所以他的天報就隨即結束了，於是四禪天的中陰身就衰微了，隨即落入阿鼻地獄中，長劫親受極重尤苦。都只為了這麼一句話無根毀謗，所以講話真的要很小心。

前幾天有人問我說：「老師！你為什麼要讚歎龍樹？」我說：「他既然真的有開悟，所以我應該讚歎。」有人覺得龍樹菩薩的說法也不是完全正確（註），我為什麼要讚歎他？我認為：只要他有證悟，我就該讚歎；假使他所說的法義確實有不正確的地方，等到有人提出來，我們再來辨正、就法論法。但是已經證悟的人，我們不可以誹謗，就如同廣欽老和尚，他在未來世也有可能道種智比我好一些，雖然他這一世還沒有道種智，但我絕對不敢有絲毫輕視；所以我去寶來妙通寺參訪時，一樣是對他的舍利頂禮。就像當年的六祖大師，我也一樣讚歎，雖然他當年還沒有道種智。我的想法，會外人士是不知道的，或者說，你悟了以後還沒有道種智，也沒有具足的能力加以判斷的。（註：這是因爲楊先生等人以「龍樹」所造的《釋摩訶衍論》中的錯誤說法，指責平實導師說法錯誤。正覺的同修們因此而加以檢閱，發現「龍樹」在該論中的說法錯誤，所以才有此說。後來平實導師不信證悟的龍樹會錯說佛法，乃加以考證，證明該論是高麗僧人假藉龍樹名義僞造的，不是龍樹親造的論，如此還龍樹清白。詳見《燈影》書中的附錄：〈關於《釋摩訶衍論》作者之考證〉一文。）

所以，自古以來玄奘與窺基師徒的證量很少人知道，因此我們佛龕中供了玄奘菩薩。有許多人誤會玄奘師資是只作佛法研究的人，其實他們都是實證的人；單作佛學研究的人，不可能眞正悟解經中的眞義，造論時當然也無法寫得那麼好。龍樹菩薩所寫的所有論典，想要跟玄奘菩薩的論相比，還眞的是天地之別；因爲龍樹只講實相般若的總相智與別相智，不涉及道種智；

但玄奘師資所造的論中，卻是已經在講道種智了。雖然如此，玄奘師資也絕對不會對龍樹有所評論；因此應該說：凡是證悟者，我們就加以讚歎，絕不加以任何抵制或毀謗。但是如果法義上的錯誤已經有人提出來了，我們就應該加以「判、斷」。菩薩所說如果與 佛陀所說有所牴觸，都應該依經說爲主，不依論說爲主，這是我的原則；因爲法從 佛來，佛是法主、法根、法本。

所以，菩薩所造的論，不一定全部正確，而且龍樹菩薩的證量，從他的論著所說法義來看，只介於初地的入地心和住地心之間，還沒有完全進入住地心中，所以滿地心猶如鏡像的現觀，他是還沒有親證的。我敢這麼說，是因爲從他的論中就可以判斷出來；除非他捨報之前另外有進修，但還來不及造論寫出來。而我今天的判、斷，是依照他所寫的論來作判別與斷定，不一定就是龍樹捨壽時的眞實證量，請不要誤會我的意思。因爲，也許他捨報之前，有修到初地滿心或者二地心中，這也是不一定的。但是依現存的《中論》《大智度論》來看，最多就是住地心，才剛進入住地心中，還不到滿地心。所以同樣是初地，這裡面有很多的層次差別不同，不能一概而論，因此我從來不毀謗他、評論他，這是我的立場。

即使是一個剛明心的人，我也絕對不會批評他的身口意；除非他後來成爲否定第八識阿賴耶識的人，導致他所講的法義有過失與錯誤，我才會加以辨正。因爲，凡是衝著我來，特地否定第八識的人，他所說的法義一定是在無根毀謗正法，我當然要加以評論；否則我都不會加以辨正，我總是聽過就丟開了，我的習慣就是這樣。往往有人當面向我炫耀，說他的證量多麼好；我總是聽過就丟開了，即使他講錯了許多法義，我也不想當面指正，這就是我的習慣。但是往往有人因爲在我面前講了錯誤的所謂證量，我沒有表示意見，他就認爲自己是一定正確的，於是誤以爲我沒有能力評判他，就大膽否定我所說的正法，那麼他一定會倒楣。我的習慣是不當面戳破人家，除非有事情發生，譬如無根毀謗正法或無根毀謗我，我爲了正法的久住弘傳，可就被逼要辨正他的錯誤了；否則我不會當場指正別人的錯誤，這是我一向的習慣。

還有，假使在法上有問題時，請儘管問我；我從來不訶責人，只會委婉詳細解答，你們有誰看過我訶責別人？從來也沒有。有時候，某些人向我問法時，簡直就像是在質問；但我還是很歡喜地解答，從來沒有不耐煩過，這已經是我的習慣。我只曾訶斥過一次，你們大家都見過，是在講經前當眾訶責，只有那一次，但也沒有大聲責罵，也只是在說明事實眞相，不曾疾言厲色（編案：詳見《明心與初地》36~89頁）。我也沒有像佛陀那樣當面說：「汝愚癡人。」我的意思是說，當你越往上修，就會越發注意自己的口業；絕對要很小心口業，千萬別像善星比丘這樣。但是善星比丘這種例子，並不是只有他一個人會這樣，在阿含部經典中還有別的比丘也是一樣。但是眾生往往信根不足，當佛陀說某人死後已經下地獄了，有些眾生往往認爲那只是世尊方便施教而說有地獄，心中認爲地獄並不是眞實有。意思是說：世尊施設地獄恐嚇大眾，目的只是要大眾尊重正法。連地獄的實有都不相信了，何況我今天說出深妙法時，當然也會有人不信。但是等你們漸漸到達某一個層次時，自然就會相信。這就像我剛出來弘法時說：大家都可以明心，佛性也可以眼見。可是當時沒有人願意信受，這也都是正常的。然而不論心中信或不信，謹慎口業總是正確的。

當佛陀講完善星比丘的事實以後，隨即吩咐說：你們應該詳細而正確地聽清楚，我將會爲你們大家仔細演說以及詳加分別。世尊既然這麼慈悲，不問自說（因爲接下來的內容都是不請自說的，當然是很慈悲而照顧大眾，才會不辭辛勞而不請自說）。因此阿難菩薩聽到佛陀這麼吩咐時，就趕快起立；於是法會中的有學聖人全都站起身來，以歡喜心頂禮世尊；隨後就低身恭敬，準備聽受　世尊慈悲的教誨。

【佛告阿難及諸大眾：「汝等當知：有漏世界十二類生，本覺妙明覺圓心體，與十方佛無二無別。由汝妄想迷理為咎，癡愛發生。生發遍迷，故有空性；化迷不息，有世界生；則此十方微塵國土非無漏者，皆是迷頑妄想安立。當知虛空生汝心內，猶如片雲點太清裡，況諸世界在虛空耶？汝等一人發真歸元，此十方空皆悉銷殞，云何空中所有國土而不振裂？汝輩修禪，飾三摩地；十方菩薩及諸無漏大阿羅漢，心精通溜，當處湛然；一切魔王及與鬼神、諸凡夫天，見其宮殿無故崩裂，大地振坼，水陸飛騰無不驚慴，凡夫昏暗不覺遷訛。彼等咸得五種神通，唯除漏盡；戀此塵勞，如何令汝摧裂其處？是故神鬼及諸天魔魍魎妖精，於三昧時僉來惱汝；然彼諸魔雖有大怒，彼塵勞內，汝妙覺中，如風吹光、如刀斷水，了不相觸；汝如沸浪，彼如堅冰，煖氣漸鄰，不日銷殞。徒恃神力，但為其客；成就破亂，由汝心中五陰主人；主人若迷，客得其便；當處禪那覺悟無惑，則彼魔事無奈汝何！陰銷入明，則彼群邪咸受幽氣，明能破暗，近自銷殞，如何敢留、擾亂禪定？若不明悟，被陰所迷，則汝阿難必為魔子，成就魔人；如摩登伽，殊為眇劣，彼雖咒汝

破佛律儀，八萬行中祇毀一戒，心清淨故尚未淪溺；此乃隳汝寶覺全身，如宰臣家忽逢籍沒，宛轉零落，無可哀救。」】

講記：佛陀告訴阿難以及大眾說：「你們應當瞭解：有漏世界的十二類眾生，各自的本覺微妙光明而且恆常覺了圓滿無缺的如來藏心體，與十方諸佛並不是有二個種類，也都是同樣而沒有差別的。由於你們的虛妄之想而迷惑於正理，所以產生了過咎，愚癡與貪愛便發生了。由於愚癡貪愛的生起發動而普遍迷惑於三世與方界，所以有虛空的法性出現；法界中無數如來藏就這樣化現出各種迷惑於三世與方界的眾生而不停息，於是便有世界出生；那麼這一類十方微塵數國土中並非實證無漏的有情，都是迷惑愚頑的虛妄想所安立的。你們都應當知道虛空出生於你自己的心中，就好像一小片白雲點在無垠的太虛空中，何況所有世界又都在虛空中呢？你們之中假使有一個人發明眞實心而回歸五陰與世界的元本時，他所知的這個十方虛空也就全部都銷殞了，爲什麼虛空中的所有國土還不會振裂呢？

你們這些人修習禪觀，莊嚴三昧境界；十方菩薩以及所有證得無漏位的大阿羅漢們，當他們到達心地精妙而通於大清明境界時，當時當處便立即住於澄清而如如不動的境界中；這時一切魔王以及鬼神、諸凡夫天，都同時看見他們的宮殿無緣無故崩裂了，大地也振動而裂開了，那時天法界中的水中、陸地以及飛騰於空中的靈敏有情，沒有不驚恐懼怕的，然而人間的凡夫們依舊昏沈暗昧而不曾覺察世界有什麼變遷或不正常。

那些魔王、鬼神等有情全都獲得五種神通，只是不曾證得漏盡通；他們都是愛戀這世間六塵中的煩勞事務，如何可能靜默地看著你們成就漏盡通而摧裂他們的住處？由於這個緣故，神鬼以及所有天魔、魍魎、妖精，於你們正修如來藏金剛三昧的時候都會來惱亂你們；然而他們諸魔雖然也有大怒之心，都還只是住在六塵的各種勞累之中，而你們已經悟入微妙的覺悟智慧中，不在六塵範圍中，所以他們縱使想要擾亂你們，卻是猶如微風在吹光明，又如同以刀劃斷清水一般，完全不能和你們的悟境互相接觸。你們證悟的智慧猶如滾沸的大浪，他們猶如堅硬的冰塊，當煖熱之氣漸漸靠近以後，堅冰不必一天就銷殞而不存在了。

徒然仗恃世間法的神通力量，都只能成爲來去不住的客人；會成就破壞與迷亂的原因，都是由於你心中這個五陰主人；五陰主人如果迷惑無智時，神通客人就得到方便來擾亂了；正當安住於靜慮之中覺悟實相而沒有迷惑時，那些魔事便不能奈何你們！色受想行識等五種陰蓋已經銷滅而進入智慧光明中，那麼那些不同種類的邪魔都是承受幽暗之氣，而智慧光明能破除幽暗，當他們靠近你們時自然就會銷滅殞沒，如何還敢停留下來擾亂你們悟後修習禪定呢？如果不能明了而正確地開悟，被五陰所迷惑，那麼你阿難必定會成為天魔之子，成就魔人的心性。譬如摩登伽女的心性，非常地眇小而陋劣，她雖然用先梵天咒施加於你的身上，來破壞佛法中的律儀戒，然而你在八萬細行中只是毀了一戒，心地還算清淨的緣故而尚未淪墜陷溺。摩登伽這個行為乃是在毀壞你的寶覺全體法身，當她的先梵天咒被破壞以後，猶如宰相或大臣的家中忽然逢遇國王造籍收錄一般，宛然轉易而飄零散落，罪業重大而沒有別人可以哀憐及拯救她。」

「**汝等當知：有漏世界十二類生，本覺妙明覺圓心體，與十方佛無二無別。**」詳細講解這段經文之前，要先向大家辨正一件法義。因為我寫了〈略說第九識與第八識並存…等之過失〉那篇文章，於是那些退轉者最近又在流傳一個新的說法：「我們講的並不是八、九識並存，我們講的眞如與阿賴耶識是同一個識，是同一個第八識，不過是由眞如體而產生第八識阿賴耶識。我們又沒有說第九識與第八識並存，蕭老師寫那篇文章作什麼？」他們近來有這種說法，所以我還要再為大家作一個法義上的辨正。其實第八識阿賴耶識是一個心體，是萬法的主體識，祂本身就是心，不許說祂不是心。在《阿含經》中這麼說，第三轉法輪的許多經典中也這麼說：阿賴耶識是主體識，祂能出生我們的色身，而祂的種子由於共業而與其他有情的如來藏共造有情的器世間，也能出生各自的七轉識，並且能生七識心相應的種種心所有法。

阿賴耶識心體有眞如性，同時也有阿賴耶性。是一心而有兩性：第一是眞如性，第二是阿賴耶性。諸經中通常不會叫祂作佛果的眞如，假使特別叫祂作眞如，那就是《解深密經》講的流轉眞如、邪行眞如、相眞如、正行眞如……等七眞如；但阿賴耶識畢竟不是只有眞如法性，而是一個眞如心，因爲祂出生了名色等萬法，當然是心。而且所有正在流轉生死中的凡夫的阿賴耶識心，仍然持續顯露出眞如法性，所以眞如是附屬於阿賴耶識心的眞實法性，不能獨立於阿賴耶識心體而存在。因此說，阿賴耶識心體是主，祂顯示出來的眞如法性是從，不該由從屬的眞如法性反過來出生主位的阿賴耶識心體。所以從因地的流轉生死現象而說祂是流轉眞如，從祂顯現眞如法相上面則說祂是相眞如……等。但第八識心體同時具有眞如性，從來不染而且無漏；同時祂也有阿賴耶性，所以不斷地流注出生死法種，也不斷地收集生死法種，所以名爲阿賴耶識。

阿賴耶識心體表現於外的眞如性，屬於純無漏性，純無漏性的心當然是清輕之心而不是沉重之心。可是第八識心又有阿賴耶性，由於阿賴耶性能夠導致眾生輪迴於三界中，持續出現分段生死，這又是最粗重的。由於第八識阿賴耶識有眞如性，也有阿賴耶性，爲區分賢聖與凡夫第八識的差別而從重立名，所以把祂叫作阿賴耶識。可是阿賴耶識的眞如性是在指稱第八識心體自身，而祂所出生的七轉識和色身五根、六塵等十一法，全都是世間有爲法，具足了貪愛與雜染；可是卻也由色身、六塵、心所有法等有爲法的交互運作，才能使同時同處的阿賴耶識在三界中顯現出祂的眞如無爲——顯現出祂的純無漏性，也就是顯現祂自身的眞如性；所以眞如性是由阿賴耶心體自身顯現出來的眞如性，不是外於第八識心體而另外有眞如性。但是阿賴耶所出生的色身、六塵和七轉識卻是雜染的，而阿賴耶識在色身與六塵中運作的過程，卻可以由所有證悟的菩薩們現前觀察出祂自身的體性是眞實而如如的法性，所以眞如性是由阿賴耶識心體所顯現出來的一種體性，所以應該說眞如法性只是阿賴耶識心體運作過程中顯示出來的相分，眞如是阿賴耶識心的許多行相中的一部分。

在《成唯識論》卷二中有這麼說：「眞如是心眞實性故。」卷十也有這麼說：「眞如亦是識之實性。」所以眞如是在阿賴耶識心體的運作過程中顯現出來的眞實與如如的體性，眞如當然不可能反過來出生阿賴耶識心。就比如說，花是會染汙、會腐爛的，但它也有自己的有爲功用，譬如可以煮來吃，以及繁殖更多的花苗；但是花體卻也顯現出美麗，而這個美麗是依附於花的自體而存在的所顯法，所以美麗不可能出生花體。換句話說，美麗是花體所顯示的法性，不是花體產生出來的作用；因爲花體所顯示出來的美麗，不能被拿來產生別的功能作用；所以美麗不是所生法，而是所顯法——所顯法的美麗是由花體顯示出來的。現在竟然有人主張說，花體是由美麗作爲主體而出生，意思是由花的美麗來出生了花朵自體。諸位想一想，這樣的主張講得通嗎？以美麗爲體，由美麗出生了花，那麼花體就應該成爲美麗的性用而附屬於美麗了！這樣的說法眞是顛倒。所以應該說，美麗是花體所顯示出來的法性，而且不是所生法故沒有作用，所以就不可能出生花體；因此應該說，美麗是花體的所顯法，歸屬於花體，不可能反過來出生花體。

同樣的道理，阿賴耶自體顯示出自己的無爲性，顯示出自己的眞如性，所以眞如是依附於阿賴耶心體而有，不可能反過來出生阿賴耶識心。這樣瞭解我的意思嗎？阿賴耶識心體有眞如性，但祂也有阿賴耶性；阿賴耶性就是所藏、能藏、執藏分段生死種子的染汙性，所以名爲阿賴耶。你們已經明心的人當下體驗一下，看我說的對不對？第八識有阿賴耶性，但祂也有眞如性；但這兩個部分同屬於第八識自體，不能外於阿賴耶識心體而存在，更不可能上於阿賴耶識心體，所以眞如性不可能出生阿賴耶識。第八識心體的阿賴耶性，能夠收藏分段生死種子，所以使眾生繼續輪迴生死；可是在眾生輪迴生死當中，阿賴耶識心體本身卻顯示出本來自性清淨涅槃，就是阿賴耶識心的眞如性。這個眞如性是由阿賴耶識心體所顯示出來，所以眞如附屬於阿賴耶識心體——眞如是以阿賴耶識心爲體。如果有人說：「由於阿賴耶識的眞如性爲體，所以出生了阿賴耶識。」那當然是顚倒見。

楊先生他們主張說，眞如爲體出生了阿賴耶識。針對這一點，他們說：「眞如跟阿賴耶同樣是第八識，以眞如爲體而出生了阿賴耶，阿賴耶是眞如的性用。」針對這一點，我在這個禮拜天的下午大概三、四點鐘爲止，再補寫了四十點過失。我在昨天又繼續寫，總共寫出了六十種過失，延續在原來〈略說第九識與第八識並存…等之過失〉一文中；光是他這一點主張，就有六十種過失。所以法如果有一點點偏差，就會產生無量無邊的過失；如果我繼續寫下去，還會有許多過失，無量無邊。但是我不想再寫下去了，我想：

六十點也足夠了。但我在這裡得要補充一點：眞如假使有能力出生阿賴耶識，而阿賴耶識已經被所有親證者（包括楊先生他們）證明是獨立的心，不可能被合併，也無法被毀壞，是常住不壞心；那麼能出生阿賴耶識心體的眞如，就一定也是心，才有可能出生阿賴耶識心體。因爲只有心才能出生心，物與虛空都不可能出生心；譬如阿賴耶識心出生了七識心：眼、耳、鼻、舌、身、意、末那識，不可以說阿賴耶識不是心而能出生七轉識。同理，眞如既能出生阿賴耶識，就一定是心，那祂必然是在所謂的「出生」阿賴耶識以前就已經獨自存在了，所以能獨立於阿賴耶識而且能出生阿賴耶識的眞如，不可能不是心；當眞如出生阿賴耶識以後，當然是與阿賴耶識並存而共同都在運作的心，當然就成爲八、九識並存的現象了，怎能主張所謂能「出生」阿賴耶識的眞如不是心呢？怎能說他們的主張不是八、九識並存呢？於是就有一大堆的過失不斷衍生出來，若是眞要繼續寫下去，一定寫不盡的。

所以，在法上應該要如實依照 佛所開示去修、去行、去說、去教、去著作，不應該在想要突破時就自己直接創新、發明。一定要遵照 佛陀聖教，在 佛所開示的次第與內涵中向上升進或突破，這樣才是正確的修證，才不會產生偏差。在學術研究上才允許有創見，是因爲學術研究的境界還沒有達到最究竟的境界；如果學術研究已經達到最究竟境界時，就不允許再有創見出現了，因爲已經完成眞善美的絕對究竟境界了，不應該也不可能再有創新了。同理，佛陀所說法已經是法界實相及解脫的最究竟地步了，當然不可能超越佛陀所說聖教，當然要完全遵循諸佛聖教而不許創新。如果有人學佛時不遵循佛的教導而想要創新，他一定會產生極多過失而被證悟的菩薩們評破；因爲他的論點一定會有許多自相矛盾之處，不論口才如何辯給，遇到眞悟菩薩時，他終究不可能自圓其說。

不但如此，即使證悟了，也不一定就能平安順利直修到佛地，除非已經到了通達位初地。這是因爲明心之前有許多岐路，而明心之後進修到成佛的過程中，也有許多岐路。所以老實人是比較佔便宜的，老實人只單純地依靠佛的加持，一路順遂地修證。我從來不敢自作聰明，全部仰賴於世尊。世尊爲什麼加持我？原因很簡單：我眞的沒有私心，我眞的爲正法拚了命去做；而別人不敢做的，我願意確實去做。當然，這個習性不是一世、兩世就能夠培養成功，而我一直都是這樣的個性，一世一世延續下來。世尊就好像優秀的父親，當祂看見兒子爲自己的弘法事業盡力拚鬥，雖然能力不太夠，父親當然要幫助及教導兒子，使兒子具足承擔重任的能力。

當我已經把如來家業挑起來，眞的努力在做了，世尊看我似乎是可以把這個工作完成，於是就加持我，使我的能力更圓滿。我就只是這樣，從來沒有想過自己能修什麼、證什麼。我心中想的全部都是「佛加持」，從來不曾在心中起一個念頭說：「我還是蠻行的！」我從破參到現在，不曾生起過這樣的念頭。我也一直都這樣想：大眾都會跟我一樣，你們破參明心以後應該都會跟我一樣爲正法久住而努力。我不曾覺得自己特別行，從來都沒有想過，而今天竟然會講解以及寫作一些勝妙的佛法解析書籍出來，也是出乎自己意料之外。

所以我還是奉勸那些退轉者：老老實實眞修實證是比較好的，不要自己發明或者創造。對於經與論中的意旨也應該如實理解、如實貫通，不可以故意或無意之間忽略大前提，單取其中一段文字來說，否則不免產生很大的偏差。諸菩薩與諸阿羅漢所說，我們應該有智慧判斷（當然，在破參以前，一定沒辦法正確判斷）；依我的立場，如果阿羅漢所說與菩薩所說有所牴觸，那我就要先判斷寫論的菩薩有沒有證悟？如果他確實證悟了，就該以菩薩的論爲準，阿羅漢的論就只能拿來作參考。如果諸菩薩所說互相不同，就要先看他們修證層次的高下，要比對誰說的才是正確的。另一方面，如果諸菩薩所說與經中佛陀所說有衝突，那就要依經爲主，不能依菩薩的論；除非那部經典是僞經，而且有充分證據舉證它是僞經。這是我一貫的立場，我想諸位也應該依照這個立場來修學佛法，尋求見道以及悟後的修道，才不會走偏。

接著回到經文來，佛說：你們大眾應該要知道，有漏世界中的十二個種類眾生，每一個有情各自都有本覺微妙光明的心，而這個微妙光明心的本覺是圓滿具足的。這是在說大家都有的第八識，這個第八識雖然不在六塵中起見聞覺知，可是祂另外有自己的了別性。祂的了別性，簡單地說，就是七種性自性、五法、三自性中的運作與了別功能；我在《楞伽經詳解》中已經有說過了，這裡就不再細說。這些都是祂的了別性，所以祂一樣被稱爲識，識即是了別的意思。但因爲第八識的識別性，並不是六塵中的了別性；所以眾生想要幹什麼，祂都知道；然而眾生對於六塵的了知，祂卻不知道，所以從六塵中的了別性來說，祂是無分別性的。但是，如果祂眞的全無分別，爲什麼眾生想要幹什麼，祂都會知道呢？所以祂不是完全的無分別，只是祂的識別功能不是在六塵中應用，不在貪染與厭惡中運作；因此祂有自己獨有的識別性，所以這個眞如心即使到達究竟佛地時，都還是被稱爲識——無垢識。總不該成佛了反而失去因地時的功能，所以成佛以後祂還是被叫作無垢識，又名佛地眞如，但卻仍然是因地凡夫位中的同一個第八識心體——只改其名不改其體，表示祂所含藏的一切種子都已究竟清淨了，已經不同於諸地菩薩及阿羅漢了。

但是由於祂有自己獨有的、不通於七轉識的了別性，是六塵之外的了別性；而這種了別性是無始以來就一直存在，不曾中斷過一刹那，所以叫祂作本覺。當你證得第八識的本覺之後，了知祂確實有獨有的、異於七轉識妄心的六塵外的了別性，那麼你就成爲始覺位的菩薩了。因爲你是剛剛覺悟到第八識的本覺，眞的覺悟了，卻還只是剛才覺悟不久，所以是始覺位的菩薩，也就是依本覺的證悟才有始覺。這個本覺心恆常都有微妙的光明性，這個光明性是指祂的功能恆常分明顯現著，任何人都不能遮止祂。即使有人敲你一記悶棍，讓你悶絕，導致意識不能現行而沒有六塵中的覺知了，但如來藏的了別性還是繼續存在；所以當祂的了別過程完成以後，如果確定這個色身眞的壞了，不可能再使用了，祂就離開了；於是另外製造一個中陰身給你使用，讓你可以藉中陰身再去投胎。這就是如來藏的了別功能，所以祂並不是完全沒有明性。

經中常常說祂「無分別、離見聞覺知、不知是菩提」，這是爲了使凡夫或迴心的阿羅漢們有個證悟的入處，是在指導大眾別落入六識心中，要外於六識心來尋覓祂。然而如來藏若是完全沒有覺知，又怎能稱呼祂是阿賴耶識、異熟識、無垢識？既然是識，當然就有識別的功能；既能識別，當然就有分別性；只是祂的分別性不運用於六塵諸法中，而是在六塵以外廣作識別，圓滿具足而不欠缺一絲一毫，所以這個「本覺妙明」眞心被世尊形容爲「覺圓心體」。而一切凡夫眾生的「本覺妙明覺圓心體」都一樣是本來具足圓滿無缺的，只是眾生還沒有找到祂而不知道祂的存在，或者如同菩薩們雖然找到祂了，卻還是無法具足發起祂原有的各種功能；然而祂原有的各項功能卻是已經具足存在的，所以世尊說：一切凡夫有漏眾生的「本覺妙明覺圓心體，與十方佛無二無別」。

大部分人讀經時並不是甚解，而是不解，於是誤會了，就說：「我們的實相心既然與佛無二，那就是同一個，所以是大家都與諸佛共有一個如來藏。」如果是共有一個，成爲大我，這問題可就很嚴重了！如果是一切有情共同擁有同一個實相心如來藏，那麼諸佛就不應該是佛，因爲祂們將永遠不可能有成佛的時候，必須將所有眾生的染污性都幫忙修除了，才有可能成佛；然而這是不符法界實相的，也是不符諸佛已經究竟一切種智的事實。所以，「無二」是說諸佛的第八識心所具有的一切功德，與一切凡夫眾生各自的第八識心所具有的一切功德，以及本來自性性、本來清淨性、本來涅槃性、本來恆住性，都沒有差別，所以才說是「無二」，是各種自性完全沒有差別而說是「無二」，不是說諸佛與眾生共有同一個大如來藏心。大我的說法是外道與哲學界的說法，佛法中沒有大我的說法；而哲學界與外道們所說的大我也都是不可能證實的，永遠都只是理論，而且是有很多過失的理論。

「無別」是說體性都沒有差別，都同樣具有眞如性、不生不滅性、不來不去性、不增不減性、不垢不淨性、不一不異性，都同樣具有無量的中道性，也都同樣具足了能夠成就一切有漏世間法與無漏出世間法的圓滿自性。所以將來成佛時祂有眞如性，但是現在因地凡夫位中，乃至下賤如螻蟻，牠們的第八識如來藏還是有同樣的眞如性。凡夫眾生和究竟佛地的第八識都同樣具有這種體性，並沒有差別，所以才說是「無別」。但不該誤會說，凡夫第八識心體中的種子染淨，也與諸佛「無別」，而是講祂的自體性以及所含藏的各類功能都「無別」。

譬如工廠以模具製造出無數瓷瓶，每一個瓷瓶的形狀、大小、厚薄、顏色都一樣，質地也都一樣。你去買了很多個瓷瓶回來，把這些同樣的瓷瓶，分別盛裝金沙、銀沙、清水、果汁、醬油等等，五支瓶子中盛裝的內容各不相同，但是所有瓷瓶的功能與外表都是無二無別的。可是誤會經意的人會說：「經中既說無二亦無別，那就是大家共同擁有一個大瓷瓶。」或者誤會而說：「經中說無二亦無別，因此所有瓷瓶以及瓶中的內涵都一樣。」凡夫學佛時常常這樣誤會，而且也常常有大法師這樣誤會。然而，事實上是瓶體與功能都一樣，內涵的種子卻是有所不同。同理，每一個有情也都各自擁有自己的瓷瓶第八識如來藏，都是各自「唯我獨尊」的；但是同樣清淨而且有同樣功能的如來藏心中，所含藏的種子內容卻是不相同的。

所以上從諸佛往下推究與現觀，包含菩薩、辟支佛、阿羅漢、六道凡夫，一切有情的如來藏心體都一樣具有眞如性與各種功能性，但是所含的染淨種子各各不同；於是修習實相般若的人就導致實相智慧種子生起而成爲菩薩，修習因緣觀的人就生起因緣法的智慧種子而成爲辟支佛，乃至成爲阿羅漢與六道凡夫眾生；甚至於造作謗法、破法大惡業的人，收集惡業種子在如來藏心中就會成爲地獄眾生。然而即使下墜地獄之中領受尤重純苦果報的人，他的第八識心體功能一樣是清淨無染而與賢聖一樣「無二無別」；只是各人的熏習差異使得所受熏的第八識—持種的第八識—心中含藏的種子內涵有所差別，所以世尊在這裡講的是體無差別，不要引申解釋而變成甚解，然後附帶把所含藏的染淨種子也說成都是一樣，那就大錯了。

「由汝妄想迷理為咎，癡愛發生。生發遍迷，故有空性；化迷不息，有世界生；則此十方微塵國土非無漏者，皆是迷頑妄想安立。當知虛空生汝心內，猶如片雲點太清裡，況諸世界在虛空耶？」世尊把如來藏心體的自性**「與十方佛無二無別」**開示過了以後，接下來講解內涵種子與世間的互相關聯。如來藏心中內含的種子有所差異，於是產生了種種不同的世間，以及同一個世間裡的有情五陰與果報互有差異。由於眾生有種種虛妄想，對眞如理—阿賴耶識的眞如性與種子差異性—迷惑而產生的過咎，導致愚癡與貪愛的發動而出生。「癡」就是迷理，是對眞如正理迷惑不明；「愛」是由於不明眞實理而導致對五陰自己以及種種我所產生了貪愛，於是有我執與我所的執著。因爲有癡有愛，接著我瞋與我慢就跟著出現了。因此，**「癡愛發生」**以後就會跟著產生瞋慢。

由於如來藏中集藏的愚癡貪愛種子生起發動，普遍迷惑於三世與方界，不能理解世界的形成原因，都是植因於自心種子的染淨變異，所以誤計三世與方界，所以便有虛空的法性被認知而出現於覺知心中了。當虛空被認知爲眞實有，各種世界的境界眞實有的虛妄想也會跟著持續建立及生起，於是眾生的如來藏便開始化現各種世間的眾生；當各各有情的如來藏不斷化現眾生的五陰而且都不停息時，就有世界不斷地形成而出現了，這就是三界各種世間的由來，世界就這樣子形成。還沒有實證無漏法的有情眾生，遍滿十方微塵數國土中，其實都是由於迷惑眞實理而愚癡冥頑，被心中的種種虛妄想所安立而出生的。然而，說老實話，虛空其實只是出生於人們自己的心中，這個虛空的觀念存在於眾生心中的時候，猶如一小片高空中的白雲，妝點在無垠的太虛空中一般，而十方三世所有世界卻都存在虛空中。

眾生都是因爲迷理無明，不知道宇宙萬法的眞實相，所以普遍迷惑三世與方界，於是就需要有世間供眾生繼續妄生妄死、承受苦樂。然而世間其實都是來自眾生的如來藏心，迷於這個眞實理，於是依五陰而不斷求生於六塵境界中，所以如來藏不斷地「化迷不息」；也就是持續變化出迷惑的眾生五陰，於是不斷地受生而世世出生五陰，於是誤會自己確實生存在世界中；從來都不知道有如來藏，誤以爲五陰外於如來藏而眞實有，卻不知道五陰從來都在如來藏心中。然後再由對世界的誤計而認爲虛空眞實有，其實虛空並非眞實有，虛空只是眾生心中的一個想法與認知。由於這個緣故，世界就不斷地出生在空無之中，也就是眾生所誤會的「世界出生在虛空中」。其實都是迷理而有的無明，才導致有虛空、有世界。這就是說，當眾生心性被如來藏感應而發生了應該出生五陰的動力時，眾生當然必須要在三界六道中流轉，那時就一定要有流轉及接受因緣果報所需要的器世間，所以眾生所需要的那一分器世間，就跟著在空無之中出生了。這個器世間、世界以外的處所，就被眾生指稱為虛空。所以追究器世間與虛空出生的緣由，當然都是從眾生的迷理無明而來的，而眾生的迷理其實源於不知不證如來藏。

虛空到底有邊？無邊？這是一個值得探討的問題。有人說虛空有邊，請問：當你有了大神通而到了虛空的邊，這個邊是不是被水泥牆圍起來？如果不是，請問這個邊的外面又是什麼？還是虛空呀！如果再到外面那個虛空的邊，請問那個邊的外面又是什麼？還是虛空。其實虛空是無，就只是空無；由於空無，所以無窮無盡，當然無邊。但是若依一般眾生的心量來說，虛空並不是無窮無盡的；因為有物之處就是虛空的邊際，而眾生都執著於種種有，所以眾生心中的虛空並非無邊。但因為眾生的心量越來越大，業越造越多，世界就需要變得更大，於是所知的虛空就越來越大；隨著眾生的心量擴大，所知的虛空就跟著擴大。所以不能說虛空有邊，但也不能說虛空無邊；

而是眾生的心量大到哪裡，虛空就大到哪裡。當眾生的業造到很廣大時，將需要在這個虛空之外的另一處空中再形成新的世界，那個新世界一旦形成時就會伴隨著眾生所知的新虛空的出生。

換句話說，虛空是依物的邊際—依世界的邊際—來施設虛空。不僅在大乘法中如此說，在小乘法中也一樣是如此說的。所以在阿羅漢造的論中也是這麼說：虛空是色邊色。換句話說，虛空無法，全是依於物質的邊際來施設虛空。也就是依於物質以外沒有物質之處，立名爲虛空；所以虛空其實屬於物質色法，是依附於色法的邊際而假名施設的，所以虛空又名爲「色邊色」——色法邊際的色法。所以，虛空從哪裡來的？其實是從眾生的心想而來的，若沒有眾生的心想來施設物質的邊際爲虛空，就不會有虛空這個法，所以虛空稱爲色邊色——物質邊際的虛空。

虛空會有多大呢？都是因爲眾生的心量擴大了，需要更大的銀河系、更大的世界；或者需要有更多的三千大千世界，需要有更多的星球世間，於是就在這個三千大千世界以外的某一處空無之處，再另外產生一個全新的世界；然後漸漸有眾生往生到新世界來，這些眾生心中於是又了知這個新世界以外還有虛空，其實只是在這些眾生心中額外建立全新的虛空，所以虛空其實是出生在眾生的心想之中，虛空並不是實有法。而虛空這個法其實只是眾生心想中的一個很小的知見，所以 世尊說：「當知虛空生汝心內，猶如片雲點太清裡。」

虛空其實是無法、空無，空無所以無邊無際。如果你有大神通，能飛過無量無數佛土世界；當眾生的心量—比如從現在我們所知道的一些銀河系邊緣再往外飛去—如果眾生的心量不夠大，那個邊緣的世界以外就沒有世界了，那你的大神足通也就只能飛到那裡，那裡就是世界的邊緣，無法再往前飛了；因爲以外如果沒有別的世界，你就不可能再往外飛去了。十方虛空空無之處，你是感應不到而無法前往的；所以即使虛空之外仍然空無，你空有大神通也是無法再飛過去的；一定要有世界存在，你才能感應到而飛過去。所以虛空是隨著眾生的心量而有的，如果沒有眾生心，就不會有十方虛空。虛空的由來都是依物質世間來假名施設的，正是因爲眾生輪轉生死的過程中，需要有世界存在，於是共業有情的如來藏便共同出生了世界，有了世界，眾生心中才會有那個世界邊際以外的虛空。

假使這個世界是位在最邊緣的處所，超過這個世界以外就成爲一片空無時，那個世界以外的無邊無際的空無，就不再被稱爲虛空了！一定是這個世界的眾生所能了知的世界外的空無之處，才能稱之爲虛空；超過這個世界眾生所能了知的空無之處，就只是空無而不稱爲虛空了。所以，虛空是從哪裡來的呢？是從眾生的心量來的。因此說「生發遍迷，故有『空』性；化迷不息，有世界生」。所以眾生迷理無知，妄想猜測虛空是有邊或是無邊；古時有一種外道專門探討虛空，他們便產生了虛空有邊論、虛空無邊論，兩派互相諍論。但其實都不必諍論，虛空只是從眾生的心想中出生的。由於眾生迷理而有癡愛，癡愛的業力成熟了，所以有世界出現；當世界出現時，世界外的空無世界之處就被眾生立爲虛空。所以有一分世界出生了，就會有一分虛空跟著被眾生建立而出生；這正是眾生所能了知的虛空，所以虛空的自性是從眾生虛妄的心想中出生的。因此說，由於癡愛所以「化迷不息」，於是就有虛空的自性出生於眾生心想中。

因此說，虛空與世界，以及十方虛空無量無數國土中的眾生，凡是尚未證得無漏的凡夫們，也就是還沒有辦法出離三界分段生死的人們，全都是由於「迷頑妄想」而「安立」的。如果沒有迷頑妄想，就不會有十方微塵國土世界出生，虛空就不會存在。由於「迷頑妄想」而誤以爲五陰的自己眞實有，跟著誤以爲世界眞實有，於是又接著在眾生心中出生了依這個世界而存在的一分虛空。所以世尊說：你們大眾都應該要知道，虛空其實是從你們的心中出生的；但你們心中都有無量無邊法，而這個虛空一法在你們的心中存在時，就如同一小片高空中的白雲在太清之中一樣，根本微不足道。「太清」是無邊大的虛空，當你的心像無邊虛空那麼大的時候，也就是你的心中容納了無量無邊諸法時，虛空這個法在你心中其實微不足道，只是像太清中一片小小的白雲而已。

這樣說明，諸位能體會虛空的意思嗎？可能諸位以前沒聽聞過。因爲不管去哪裡聽聞，都只是依文解義爲你們說明，沒有辦法爲你們說得很清楚。其實虛空的出現以及眾生會需要虛空，都是因爲眾生在三界中輪轉生死才需要；都是因爲必須要有虛空來出生、來容納一處三千大千世界，所以就有虛空的產生；其實虛空就是無、就是空，是依眾生對世界的邊際而施設的，所以其實是依眾生的心想而出生的。但眾生心想產生的虛空一法，在眾生心中的無邊諸法之中，只是很小很小的一個法。每一個人心中都含藏了無量無數法，但虛空這個法只是無數法中的一個而已；因爲虛空並不是眞實有，只是依於物質的邊際以外來施設的，所以虛空其實就是附屬於物質的色法，名爲色邊色。以此緣故，世尊開示說：「當知虛空生汝心內，猶如片雲點太清裡。」

其實小孩子本來是不認爲有虛空的，你們小時候也都認爲沒有所謂的虛空，都認爲虛空其實就是空無。但是漸漸長大以後，學習了錯誤的知見以後，就從世界的邊際來認識虛空，後來乾脆認爲虛空眞實有。但虛空其實就是空無，空無怎麼能建立爲實有的法？而空無的觀念其實源自於物質遮障之邊際，從物質邊緣以外的無物空無之處，來施設虛空，所以虛空的觀念是基於物質邊際而有的，虛空是不可能獨自存在的。由這個眞相來看虛空時，就知道虛空本來就是空無；既是空無，怎麼可以主張虛空是眞實有？當虛空是這樣建立的，而十方虛空中的國土世界，不都是在這樣的虛空中出生與變壞的嗎？如果悟後能從這裡作深細觀行，讓自己觀行理路通透以後，心量就不再是這麼小的了！那時心量就會變得很大，到那時都不會計較什麼了，獨獨要計較一件事：不許有人把 釋迦世尊的正法搞壞了。那時，你也不怕爲了護持正法而捨命。

「汝等一人發真歸元，此十方空皆悉銷殞，云何空中所有國土而不振裂？汝輩修禪，飾三摩地；十方菩薩及諸無漏大阿羅漢，心精通溜，當處湛然；一切魔王及與鬼神、諸凡夫天，見其宮殿無故崩裂，大地振坼，水陸飛騰無不驚慴，凡夫昏暗不覺遷訛。」世尊又接著開示說：你們大眾之中如果有一個人，發現明瞭自己的眞實心，回歸到五陰與世界之所從來的元本（如來藏）時，心中所認知的十方虛空也就全都銷殞不在了，爲什麼自己心裡虛空中的所有國土還不會振裂呢？一旦振裂了，自己的如來藏變現的這一分世間國土也就跟著消失了。你們這些人修習如來藏金剛三昧參禪的觀行，悟後不斷地提升而莊嚴自己的金剛三昧境界；而十方大菩薩們也都在繼續精進修證而求圓滿，也有證得無漏位的大阿羅漢們迴心大乘而精進修習；當他們進修達到心地非常精妙，與大清明境界相通的時候，在那當下就可以立即安住於澄清而如如不動的境界中，六根互通而且智慧勝妙無所不睹；這時他們所屬的一分世間就滅失了，於是引起世間的大振動，一切魔王以及鬼神、諸凡夫天，都同時看見他們的宮殿突然崩裂了，大地也因爲那一分世間的滅失而大振動，所以裂開了，而魔王、諸天、鬼神都不知道是什麼原因；那時水中、陸地以及飛騰於空中比較靈敏的有情眾生，沒有誰是不驚恐、不懼怕的，然而人間的凡夫們依舊是昏沈暗昧而不曾覺察世界有什麼變遷或不正常。

這個道理，對於一位剛剛證悟眞菩提心如來藏的眞見道菩薩來說，尚且很難理解；何況是對尚未證悟菩提心如來藏的凡夫們，當然更難理解而無法信受；至於受持六識論而具足斷常二見的密宗應成派中觀的愚癡人來說，當然更加無法信受與理解。「發眞歸元」，就是發覺自己本來就有的如來藏功德性眞實存在，是證得自己第八識如來藏，能夠現前觀察祂的運作與自性，確實明白自己第八識能夠出生萬法所以具有眞實性，不是想像施設的名言，這就是「發眞」。發覺到自己如來藏功德性的眞實以後，證實五陰是從具有眞實功德性的如來藏中出生的，當然不再認定虛妄生滅的五陰自己是眞實法，於是自然而然回歸到自己的本元——如來藏，以自己五陰本元的如來藏爲最後歸依、究竟歸依，這就是「發眞歸元」。因爲十八界中的色法全都是生滅法，而其中的七識心也經過自己現前觀察而證實是由如來藏出生的，當然要回歸到如來藏中，所以稱爲「歸元」。

只有如來藏阿賴耶識才是眾生自己的眞實心，覺知心有念或離念時，住在定中或定外時，不論在什麼時間或什麼境界中，永遠都是有生有滅的妄心。只有悟錯的人才會說離念靈知是眞實心，對於悟得深入的人而言，離念靈知非眞亦非妄，因爲攝歸如來藏時就不能再說是妄心了，因爲離念靈知本來就是如來藏心種種自性中的一小部分，從來不是獨立的自體；凡夫不知不證這個事實眞相，所以落入離念靈知境界中而流轉生死。佛菩薩們都對眾生說「如來藏阿賴耶識是眞心」，但是菩薩們證悟如來藏阿賴耶識以後，卻說如來藏阿賴耶識非眞亦非妄，因爲菩薩發覺自性清淨的如來藏心中還有七轉識相應的雜染種子；得要繼續修行到究竟佛地時，這個如來藏心才能內外俱淨，成爲心體自身本來清淨而且含藏的七識心相應的種子也都轉變爲清淨種子了，這時的眞如才算是眞正究竟的眞如，才能說第八識是眞正的眞心。

在因地修道階段中只能稱爲因地眞如，既然還沒有內外俱淨，所以說祂非眞亦非妄。在因地時如果就說祂內外都眞，眾生悟後就會說：「**我已經找到如來藏阿賴耶識了，從此以後不必再修行了，我已經成佛了。**」然而找到如來藏以後，祂心中含藏五陰自己的雜染種子還得要繼續修行清淨，直到究竟佛地內外俱淨時才算是眞實心。對於還沒有悟的人，就得要告訴他們，阿賴耶識心就是眞心，免得悟錯而落入五陰之中，或是落入意識境界中。對於確實悟得如來藏的人，就得進一步告訴他：**眞心如來藏中還有虛妄法種子，會使七識心繼續產生不淨的行爲；所以悟後還要繼續進修，淨除業障及不淨種子**。所以 世尊在卷五曾經這麼說：「**陀那微細識，習氣成暴流；眞非眞恐迷，我常不開演。**」還記得嗎？因此說，如來藏心體是眞，心內含藏的七識心種子依舊不淨所以不是究竟的眞；但是爲了幫助未悟的佛弟子，就告訴他們眞心是阿陀那識——阿賴耶識。悟後再告訴他們：眞心中還含藏著不淨種子，仍然不是眞正清淨心，還要悟後起修到究竟佛地，才算是究竟的眞心。再回來說虛空，如果有人找到眞實法—因地眞如—如來藏，不再錯認五陰自己爲眞實法，回歸到原本就有而且常住不滅的眞實性如來藏中，這時「此十方空」自然而然「皆悉銷殞」。請問你們：當你覺知心知道有虛空時，你的眞如心會想到有虛空嗎？有誰破參明心以後認爲自己眞如心會想到有虛空？從來都不會，悟後依舊都不會。當你悟後轉依眞如心而無所著時，連山河大地都不存在了，哪裡還會有虛空可說呢？都是依五蘊的認知，才能說有山河大地與六塵一切法；轉依了眞如心如來藏的離見聞覺知、無智亦無得的實相境界時，哪裡有什麼山河大地？連自己都不存在了，哪裡還會有山河大地和十方虛空？所以世尊說：「汝等一人發眞歸元，此十方空皆悉銷殞。」

這時自己心中的十方虛空已經消滅而不存在了，跟你相應的十方虛空的所有國土中，本屬於你的如來藏所變現出來的那一分的國土，也就隨之振裂而消失了，於是十方國土就會振動，猶如人間的地震道理一樣。但這不是人間的山河大地，而是十方淨土佛國中的大地。有些人不瞭解其中的道理，心想：「我已經開悟了，我也轉依如來藏心了，爲什麼山河大地沒有振裂？國土爲什麼沒有壞掉？」所以有些禪宗祖師悟後進修而有道種智，他就拿這個來考問那些自稱證悟的徒弟說：「你說悟了就是成佛，經中說：『一人發眞歸元，此十方空悉皆銷殞』，那麼現在虛空還在不在呢？爲什麼你的虛空還存在？你悟在何處？」被這麼一問，錯悟的徒弟當然只能啞然無語！所以佛法中並不是一悟就成爲究竟佛，「一悟即至佛地」是方便說，也是從理上來說的，不是究竟說，當然不能把它當作是眞實義。

因此，實際上假使眞的有一個人「發眞歸元」了，也就是究竟成佛了，十方虛空中專屬於他的那一分「十方空」便跟著消失掉了，那麼他那一分「十方空」中相應的一分世界國土當然就振裂而不存在了；這時諸天天宮、諸魔魔宮都會振裂，他們只好自己再起作意來回復宮殿。沒有大神通的鬼神是感覺不到的，人間的凡夫就更不知道了！但是諸天天主—特別是欲界天的天主—如果不是由菩薩受命來擔任，他們心中都會耽心：「我的天主寶座即將被人搶走了。」特別是魔宮，所以參禪時會有障礙都是正常的。有很多人不知道這一點，心想：我開悟後並沒有覺得地震呀！虛空也沒有壞掉，還是在呀！他不瞭解的是：在天法界與諸魔法界、大鬼神法界中，都會有些搖動的，只是沒有大動或震壞。所以問題是他還沒努力進修斷除我執與我所執，「發眞歸元」的過程還沒有全部完成，憑什麼來震壞諸天、諸魔、諸大鬼神的宮殿？

世尊為什麼要講這一段話呢？因為前面卷四有說到，證悟以後繼續努力進修，「隨拔一根脫粘內伏，伏歸元眞，發本明耀」以後，「諸變化相，如湯銷冰，應念化成無上知覺」。佛在前面有這麼開示，是說自己相應的一分器世間，在你斷除我所執與我執以後，不再接受後有了，才是「發眞歸元」的過程已經修完了，於是你本有的那一分器世間就消失了，整個法界中少了一分清淨土，當然都會振動。但那種振動並不是這種粗重山河大地的世間，一切凡夫都是不能覺知的。如果已經能離三界了，後來又發菩薩大願說：「我還是繼續在器世間度眾生，願意發起受生願，繼續再來人間利樂有情。」那麼所感應的那一分世界，就會繼續出生，於是諸天等法界又會有大振動，而你所相應的五陰世間及各類法界世間也同時成就無上知覺。這也是「有情無情同圓種智」的道理，但不該說有你的那一分無情成佛；而是你這個有情成佛時，跟你感應的那一分世間也「應念化成無上知覺」而不消滅。

世尊在這裡開示的道理，就是在呼應前面說的「應念化成無上知覺」的開示。可是又恐怕大眾誤會了，所以佛陀又詳細說明：你們這一些人，修學禪法想要莊嚴自己的三昧境界；而十方國土中的所有大菩薩們，以及所有迴心的大阿羅漢們，當他們悟後精進修行，使自己的心地到達很精細而且能夠完全通於大清明的境界時，就在那時保持於清淨不動的境界當中，這時已經是「**六根互通**」的了，「**一切魔王及與鬼神、諸凡夫天，見其宮殿無故崩裂，大地振坼，水陸飛騰無不驚慴**」，這時四王天、忉利天中的水生陸生以及空中的金翅鳥等有情，「**無不驚慴**」。而人間的凡夫們都還是昏昏暗暗，完全不曉得有這些巨大變化。

「**彼等咸得五種神通，唯除漏盡；戀此塵勞，如何令汝摧裂其處？是故神鬼及諸天魔魍魎妖精，於三昧時僉來惱汝；然彼諸魔雖有大怒，彼塵勞內，汝妙覺中，如風吹光、如刀斷水，了不相觸；汝如沸湯，彼如堅冰，煖氣漸鄰，不日銷殞。徒恃神力，但為其客；成就破亂，由汝心中五陰主人；主人若迷，客得其便；當處禪那覺悟無惑，則彼魔事無奈汝何！陰銷入明，則彼群邪咸受幽氣，明能破暗，近自銷殞，如何敢留、擾亂禪定？**」宮殿被毀壞的那些魔王、鬼神等有情，全都獲得五種神通而有大威德，他們只是還不曾證得漏盡通；而他們都是愛戀這世間六塵中的各種煩勞事務，不喜愛滅盡自己而出三界，當然不可能靜默地看著菩薩們成就漏盡通而摧裂他們的住處；由於這個緣故，有大威力的神、鬼以及所有天魔、魍魎、妖精們，在菩薩們正修三昧時當然都會來惱亂。然而那些鬼、魔、諸天雖然同樣都有大怒之心，他們卻只是住在六塵的勞累之中，而證悟的菩薩們是住在微妙的覺悟智慧中，所以他們縱使想要擾亂證悟的菩薩們，卻猶如以狂風想要吹走光明，又如同以利刀想要劃斷清水一般，完全不可能和菩薩們的悟境互相接觸。所以說，菩薩們證悟的智慧猶如滾沸的大浪，那些未悟般若的鬼、神、諸天，就猶如堅硬的冰塊一般；當菩薩們的般若智慧等煖熱大浪挾帶熱氣漸漸靠近以後，鬼神天魔們的極大堅冰不必一天就銷殞而不存在了。

所以，那些天魔、鬼神雖然都有大威力，但他們徒然仗恃神通的力量，以爲可以爲所欲爲而常住不死，其實都只能成爲來去不住的客人，只是徒增自己的迷亂而已。他們會成就破壞與迷亂的原因，都是由於沒有漏盡通，所以「戀此塵勞」；而五塵中的種種法，會不斷地勞累其心去加以攀緣執著；在五塵中很攀緣執著時，當然會執著他們所安住的處所與宮殿。如果他們心中的五陰主人迷惑無智時，神通客人就得到方便來擾亂他們自己了，因此使他們無法成爲菩薩。但菩薩卻不一樣，正當菩薩安住於靜慮之中覺悟實相，心中已經沒有迷惑時，所有的魔事便不能奈何菩薩了。

所以，菩薩們證悟之後都會有金色光明散發出來，這時菩薩的色受想行識等五種陰蓋已經銷滅，進入智慧光明中安住了；而所有鬼神們都是幽暗之心，畏懼強烈的智慧光明；乃至凡夫諸天都還有不同的幽暗存在，也要畏懼菩薩們的實相智慧光明而加以尊敬。所以各種不同種類的邪魔既然都是承受幽暗之氣，而菩薩們的智慧光明都能破除幽暗，所以當鬼神們靠近證悟的菩薩們，自然就會銷滅殞沒，如何還敢停留下來擾亂菩薩們悟後修習禪定呢？

從世尊的開示中，我們都可以知道，鬼神們都是很執著住處與宮殿的，都不願意讓眾生悟明眞心而振動他們的宮殿，更不願意有人悟後清淨心地「當處湛然」「六根互通」而振裂他們的宮殿。既然不願意，所以這些神鬼、諸天、魍魎、妖精等，當你悟後轉依而安住下來，心地清淨而不起虛妄想，開始轉變清淨的時候，也就是你實際從事於安住金剛三昧中的時候，當然會來擾亂你。也就是說，當有人在佛法中明心證眞或者眼見佛性，或者有人修學二乘法而成爲阿羅漢，或者說有人修學大乘法而進入初地時，諸天與鬼神們都會立刻注意到你。如果你求悟時不是想要獲得天主寶座，那你與他們就相安無事，縱使他們的宮殿有所損壞，最多只是再運用威神力把它修復。

你如果悟後出來弘法，諸天也都不會來阻撓，還會來護持；可是天魔就不是這樣了，他們一定會來遮障，弄出很多事故讓你窮於應付而沒有辦法繼續弘法，所以說「僉來惱汝」。魔爲什麼要這麼做呢？當然是恐怕欲界世間有情越來越少，他的魔子魔民就越來越少了。因爲他也聽過世尊說法，知道世間之所以有世間，就是因爲眾生心中生起虛妄想，所以在十方虛空中才會出生許多世間。他最怕欲界世間空掉，沒有魔子魔民；所以他自己執著塵勞，也希望眾生跟著他一樣執著塵勞；所以你出來弘法，並且是眞的可以使人解脫，他當然一定會對你擾亂。

同理，你如果安住如來藏金剛三昧中，想要繼續往上進修，天魔也會繼續擾亂你，因爲恐怕眾生被你度盡了。因爲你度一個人證悟時，事實上不會只度一個人，一定會繼續再度人；而你所度的人，未來世也將會繼續再度更多人，持續擴大度人的數量，所以天魔當然不肯隨順。如果眾生度盡了，欲界世界就空掉了，那時只剩下他們少數人，漸漸就會只剩下虛空，不會有山河大地、世界存在。天魔確實是這樣想的，他怕眾生空掉，以後就沒有魔子魔民作伴了，所以天魔一定會來擾亂。然而天魔的擾亂，你需要害怕嗎？其實也不必害怕！這些我都經歷過，沒什麼好怕的；因爲諸魔雖然有大怒，很生氣，可是他們是在塵勞之中，處於有爲法裡面；當你在「當處湛然」的狀態中安住時，你是在妙覺之中安住，他們的擾亂正是「如風吹光、如刀斷水」。風再怎麼吹，都沒辦法把光吹走；刀再怎麼斷水，水都不可能被天魔斷成兩半；所以「了不相觸」，他們的干擾事實上作用不大。

同樣的道理，如果你悟後修學四禪八定時，天魔們當然是可以來擾亂的，但這只是在初禪範圍以內；若是超過初禪而到了二禪等至位時，他們就擾亂不到你了，因爲他們都到不了二禪天。可是，爲什麼他們能夠在初禪境界中擾亂你呢？因爲初禪是有覺有觀三昧，在等持位中還是有五塵境界的。當你入了初禪等持位中，那時五塵具足，天魔們當然是可以在人間擾亂你。即使入了初禪等至位，六塵去掉了味與香等二塵以後，還有四塵，所以他們還是可以擾亂你。因此，你如果還在初禪中，譬如剛證入初禪不久的三、五個月之內，天魔就會來找你了。但他不會自己來擾亂，他會叫他的女兒來。

這種事情，我經歷過三次，他的三個女兒眞是太美了！我沒有見過那麼美的女人。前二位引誘不了我，最後一位她乾脆脫光了來誘惑。但是，我很早以前就讀過智者大師的《釋禪波羅蜜》，他有一句話說得很好，我就取來用：「沒有一個在你定中出現的女人，可以成爲你的眷屬。」大約是這樣的意思。我就記住這個道理，當時我就說：「妳能夠來到人間當我的眷屬嗎？妳們都是假有的，別再來騙我啦！我不會理妳的。」所以第三次的這一位是脫光了來的，但是對我都沒有用，於是就不曾再來了，從此以後我沒有再被擾亂過。當時我爲什麼會被擾亂呢？因爲還是在初禪境界中。但因爲有如來藏金剛三昧，也有禪定的智慧；所以一方面住在金剛三昧中，轉依眞如的心性而否定六塵境界；另一方面則是已經先有修學禪定的智慧，知道會有魔境，所以不爲所動，他們也就無法擾亂我了。

然後，如果進而轉依眞如心性而住，繼續深入禪定中，到最後「當處湛然」時，至少是進入第二禪中了，天魔就擾亂不到了，因爲他們找不到你了。如果沒有如來藏金剛三昧的智慧，單單以四禪八定的修法，在初禪境界中都找得到你，所以他們會引誘你。假使引誘不了，就改用恐嚇的手段，讓你難以安住在禪定中，譬如化現出獅子、虎、狼、蛇等動物來讓你恐懼，於是你便修不成禪定了，就永遠無法轉進更勝妙的禪定境界。那時如果起瞋了，那你就退失禪定而墮落了，於是又退回到天魔所控制的欲界境界中來，初禪就退失了，就落在他管轄的欲界境界之中。

所以，如果只是依世間禪定的方法來修，在初禪中會被天魔所擾亂；如果到了二禪時，已經遠離欲界天的境界了，天魔就無法擾亂你了，因爲天魔到不了二禪的境界中。如果沒有初禪、二禪等境界，但你已經轉依如來藏金剛三昧的境界來安住；天魔縱使大怒，卻還是住在塵勞境界之內，而你是在妙覺之中，不在塵勞境界中，天魔無法影響你，所以「了不相觸」。這時你如果都不動心，繼續住在智慧之中，只有光明存在，天魔看不到你的心在什麼處，他看到的你就只有智慧光明。這時天魔就像很堅硬的冰山，可是你卻像滾開的大海浪一樣，當滾燙的海浪波濤前後相繼衝過來時，滾燙海浪的暖氣漸漸地靠近天魔冰山，不必整整一天，所有的堅冰就全部銷殞了。

這些天魔、鬼神等，徒然仗勢著自己有神通、有威神力，但其實都是被客塵所轉；所以他們都不能避免「破亂」，其實無法妨礙證悟菩薩的修道過程。但修行者如果自己「成就破亂」，妨礙自己的佛道修行，其實都是由於自己心中認定五陰是主人，才會有「破亂」，於是天魔就有機可乘了。天魔爲什麼是由五陰主人產生「破亂」而引來的呢？如果不依五陰覺知心當作主人來處處作主，而是否定了五陰自己，並且已經轉依如來藏的本來清淨自性，就不會由五陰主人處處作主，而產生了由神通來隨意造惡的「破亂」事情。都是因爲五陰主人迷惑了，以自己的喜樂與厭惡來修行，而不是轉依如來藏，所以客塵法性的神通就有機可乘了。

如來藏有眞如性，完全不管神通境界的。神通都是在五塵境界上作用，而如來藏是完全不在五塵中運作或貪著的。如果認定五陰不是主人，不落入五塵境界，而是認定如來藏才是眞主時，就不會以五陰相應的神通來「破亂」自己所修的正道。因此說，五陰主人迷惑而有各種無明，所以就產生了種種縫隙，使客塵所攝的神通境界可以干擾五陰主人，所以悟後「當處禪那覺悟無惑」。禪那也就是靜慮，悟後應該把佛法再作很深入的思惟、整理，然後就沒有疑惑了，就知道要怎麼安住了。這種如來藏金剛三昧的修法，和四禪八定有所差異：四禪八定都有修定的方法，可以一步一步次第進修；但金剛三昧的證悟只是一念相應而悟入，悟後轉依及進修就只是「當處湛然」，持續不斷地延續下去，修法是不一樣的。因此，如果能夠處於禪那之中，覺悟到很深細的地步，心中完全沒有疑惑時，那一些魔事根本就奈何不了你！

這時五陰的遮障銷滅掉了，就轉入光明性中，也就是住在智慧之中。而群邪全部都是由於幽暗之氣所熏習產生的，所以「陰銷入明」而有智慧光明以後，群邪卻都是受熏幽暗之氣，在「明能破暗」的情況下，群邪的幽暗之氣當然是靠近菩薩時就會銷殞了；所以群邪當然不敢靠近證悟的菩薩們，自然就不敢來擾亂菩薩修定了。除非是新學菩薩，自己心中不能決定無疑，始終疑心而不能生起定心所，智慧光明無法具足發起，群邪的幽暗之氣當然就無所忌憚地靠近了，於是新學菩薩就漸漸被轉變而退轉了。接著 佛說：

「若不明悟，被陰所迷，則汝阿難必為魔子，成就魔人；如摩登伽，殊為眇劣，彼雖咒汝破佛律儀，八萬行中秖毀一戒，心清淨故尚未淪溺；此乃隳汝寶覺全身，如宰臣家忽逢籍沒，宛轉零落，無可哀救。」世尊很明確地說明這個事實：如果不能很清楚明瞭開悟的內容，也不能正確地開悟，又不能深入瞭解五陰的內容與過患，被五陰所迷惑而悟錯了——悟了依舊等於沒悟，自以爲開悟卻仍然是落在五陰之中。譬如落入離念靈知意識心境界中，或者落入離念靈知心的自性中，也就是落入六識心的能見、能聞乃至能覺、能知等六識自性中，就無法避免成爲天魔之子——「**成就魔人**」；每天都在六塵中保持清楚明白了知，自然無法遠離五欲，因爲五欲都在六塵內。只有了知離念靈知—識陰—的虛妄，才不會落入五陰之中，遠離五陰十八界中的六塵境界，才能像阿羅漢或菩薩一樣不被五陰主人所迷惑而沈淪生死。

假使能夠進而悟得如來藏就更好了，因爲如來藏離見聞覺知，從來不落入六塵境界中；而如來藏又是能生五陰的心，不被五陰所含攝；所以如來藏從來都不會落入六情五欲之中，永遠都不會被五陰六塵所惑，不會被六情五欲所迷；如果悟錯而落入識陰離念靈知，或是落入識陰六識的自性中，就不能避免落入六情五欲中，一定不能脫離五陰六塵境界，於是修行一世之後仍然不免成爲天魔徒眾。只有脫離五陰十八界範疇，只有悟得遠離六塵而不觸五欲境界的如來藏心，才能不被五陰六入所迷惑，才能脫離五欲六塵境界，住於「本覺妙明覺圓心體」而能夠「與十方佛無二無別」，永離魔境，並且還能進而揀魔辨異、破魔徒眾。

如果不是悟得離見聞覺知的如來藏，而是落入五陰六識之中，迷於五陰主人，就一定無法遠離六情五欲，愚癡無明的心性就不免落入貪愛之中，於是不免爲了貪愛而造作惡業。譬如摩登伽女的心性是愚癡的，心量非常地眇小而且陋劣，一心只想要攀緣阿難，想要破壞阿難的清淨戒律而共同貪淫；所以摩登伽女以先梵天咒施加於阿難的身上，想要破壞阿難所受持佛法中的律儀戒，這就是落入五陰六識中，所以貪著五欲六塵。好在阿難菩薩的八萬細行只是毀了一戒，而且還是被制而無法動彈，是被動性的被摩登伽女所撫摸，而他自己心中還算清淨，沒有主動配合，所以還不致於淪墜陷溺於地獄罪中。然而摩登伽女這種行爲其實是在毀壞阿難菩薩寶貴眞覺的全體法身，將會使阿難菩薩無法證悟佛菩提而下墜地獄中，惡行是相當重大的。所以當她的先梵天咒被文殊菩薩以佛頂神咒破壞以後，無可依憑；猶如大臣因爲罪業被發現，所以家中忽然逢遇國王將所有家財造籍錄冊全部沒收一般，宛然轉易而飄零散落。這種極大的罪業，沒有人可以哀憐及拯救她，除非是遇到 如來慈悲拯救。

所以，如果沒有明確地了知五陰的粗細內容而斷我見，迷於五陰主人；求證佛菩提道中的金剛三昧時又不能實證如來藏，依舊落入識陰六識中，或者落入識陰六識的見聞覺知自性中，都不免因為維護名聞與利養，或者為了維護面子與法眷屬，成就魔子魔民心性，與天魔一樣造下無根毀謗正法與賢聖的大惡業。這樣的人，在現代是很普遍、很平常的，而我不正是被這些人所毀謗的嗎？他們刻意毀謗實證如來藏的賢聖是邪魔外道，卻大聲主張落入五陰、識陰、六塵中的自己是證悟的賢聖，密宗喇嘛們正是如此。但他們大力毀謗我的時候，其實是「隳自寶覺全身」，根本無法「隳」蕭平實的「寶覺全身」；因為我以所悟的智慧，終究不可能被他們所影響，而他們身中的如來藏寶覺依舊分明地顯現出來，只是他們自己無法悟得罷了。但他們卻已經造下魔業，縱使努力行善，死後依舊不免落入魔道；若是不曾大力行善布施眾生，一生受人供養而又常常與女信徒邪淫，並且為了名聞利養而造下謗法、謗賢聖的魔業以後，死後就不免下墜地獄了。一世學佛本來是善事，不料修善以後卻因為悟錯而謗法、謗賢聖，死後卻得下地獄，眞是可憐！

如果沒有智慧明悟「本覺妙明覺圓心體」，以爲五陰、七識自己是眞實法。被五陰所迷，就不離六塵五欲的境界，不免落到陰魔之中。陰魔不是外法，不同於鬼神魔；陰魔是由自己的我見與我執來擾亂自己，這就是被自己的陰魔所遮蓋。每一個人都應該要突破陰魔的遮蓋，想要突破自己五陰魔的遮蓋而悟得二乘菩提或者佛菩提，都應該先詳細深入瞭解五陰的內涵與虛妄，否則是無法脫離陰魔的。如果被自己的五陰所迷，乃至古時已證初果的阿難都會陷入幾乎毀戒的境界中，何況尚未斷我見的一般學佛人或自以爲悟的妄語者？於是就因爲無法脫離五陰魔的範圍，無法脫離六情五欲，就一定會成爲魔子魔民，永遠住在天魔掌控的欲界境界中。甚至於進而幫助天魔否定正法，卻還自以爲是在護持正法呢！心裡還在沾沾自喜呢！

可是或許有人因此就說：「那麼五陰是惡法！我要趕快把五陰滅掉。」乾脆就自殺了。在阿含解脫道的弘傳期，有很多這種例子，有許多慧解脫阿羅漢，患病痛苦時恐怕慧解脫境界退失，怕退回三果去，會繼續輪迴，所以就在慧解脫境界中自殺、入涅槃。但是因爲自己下不了手，或者患病之後無力自己下手，於是就把自己的僧衣與戒刀、缽盂委託別的比丘幫他變賣，用那些錢請人打死或殺死他，就可以入涅槃了。所以古時有幾十位比丘變賣衣缽，雇請外道鹿杖來殺害自己。甚至有阿羅漢這樣子自殺而死以後，眾比丘去看望他的屍體時，看見屍體旁邊有黑氣圍繞著，就去問 世尊。世尊說：天魔波旬想要找到捨命比丘的神識，想確認比丘的神識還在，希望把比丘拉回欲界中；但是再怎麼找都找不到，因此天魔波旬就一直圍繞著屍體不肯離去，繼續在等待自殺比丘的神識出現，於是黑氣便圍繞不散。

這就是說，五陰對二乘聖人來講，是可惡、可厭之法，因爲有五陰才會有生死流轉痛苦；所以二乘聖人都覺得五陰的存在是可厭惡的，應該及早把五陰消滅，入無餘涅槃。可是對凡夫來講，五陰是非常好的；因爲六情五欲都是依靠五陰才能現行及享受的，所以都執著五陰；而修得神通的外道更是執著五陰，因爲神通要依五陰才有，離了五陰就沒有辦法讓神通現起，所以修得神通的人都是很執著五陰的，都是很難斷我見的。

菩薩對五陰是應該抱持怎樣的態度呢？是要執著呢？還是要厭惡它呢？認爲應該執著的人請舉手！（無人舉手）不然，認爲厭惡的人請舉手！（亦無人舉手）諸位都很有智慧，正是應該不貪不厭。如果斷除五陰，沒有五陰了，就無法修學佛道，終究無法成佛，最多只能成爲阿羅漢，所以菩薩在未來無量劫的生生世世還是得要有五陰。否則菩薩們爲什麼到了初地滿心以後，捨報時都可以成爲慧解脫者入無餘涅槃（他們只要把最後一分思惑斷除，就能入無餘涅槃，不再有生死中的種種苦患），這對他們來講都很容易，但是爲什麼所有初地菩薩都不斷盡思惑？都故意留著最後一分思惑呢？都是因爲必須保留最後一分思惑，藉此滋潤未來再受生的種子；是爲了不斷取得未來世的五陰，才能繼續修學佛法，最後才能圓滿成就佛道。所以菩薩不被五陰所迷，菩薩對五陰的體性比阿羅漢了知得更透徹，但是卻不厭惡五陰；因爲五陰雖然生滅虛妄，卻是如來藏的一部分，不必滅除。阿羅漢不能如此現觀，厭惡生死痛苦，所以一心想要滅除五陰。可是凡夫都被五陰所迷，一旦不夠客觀，以先入爲主的錯誤知見，或是爲了維護名聞利養，將破法誤認爲護法，將毀謗賢聖錯認爲破斥邪魔，不免成爲魔子魔孫，永遠在天魔波旬所掌控之中，未來無量世中都會活在欲界之內，甚至下墜三惡道中。摩登伽女就是一個現成例子，好在是因爲阿難的緣故，才能有 世尊一併救護她，否則是難免下地獄的。

「隳」是毀壞的意思，摩登伽女這件事情如果成就了，就會毀壞阿難菩薩的「寶覺全身」。也就是說，阿難當時已經證得聲聞初果，這時已經是轉入第三轉法輪的大乘法時期了，是應該求悟佛菩提的時候了，是應該發起法身慧命的時候了！可是摩登伽女以先梵天咒控制了阿難，並且已經「婬躬撫摩，將毀戒體」了。好在 世尊常常顧念堂弟阿難，知道他正在毀戒邊緣，所以命 文殊菩薩受持佛頂神咒，前往救護阿難。所以摩登伽女的行爲是「此乃隳汝寶覺全身」。後來逢遇 文殊菩薩受持佛頂神咒前往救護，卻變成摩登伽女「如宰臣家忽逢籍沒，宛轉零落，無可哀救」。也只有 世尊能救護她了！

「宰」是宰相，「臣」是宰相以下的皇臣；在皇帝手下做事，如果犯錯嚴重時，皇帝就會下令「籍沒」。「籍沒」，是說皇帝查封宰臣財產與眷屬、家丁時，都是要造冊列管的，全部都要寫在典籍中列管：譬如妻子一人，姨太太三人，子女五人，黃金幾千兩，白銀幾萬兩，珠寶古董若干。全都要沒收而記錄下來，造冊呈交給皇帝發落，這就是「籍沒」。當宰臣的家財親人「忽逢籍沒」時，隨著皇帝的喜厭而發落到各處服刑時，不正是「宛轉零落」嗎？整個家就這樣離散掉了！那時也沒有誰敢安慰與救護。同理，如果阿難當時已經與摩登伽女成就婬行時，可就眞的「隳汝寶覺全身」，一定會如同罪人被「籍沒」一樣「宛轉零落」了。因爲這時一定會下墜地獄中，乃至「三位十地一切皆失」，還有什麼功德可說呢？單單是一個破邪婬戒，就已經這麼嚴重了！如果是密宗喇嘛依照宗喀巴的《廣論》教導，常常與男女信徒輪座雜交大邪淫，或者是謗法、謗賢聖，那又該怎麼辦呢？

【「阿難當知：汝坐道場銷落諸念，其念若盡，則諸離念一切精明，動靜不移，憶忘如一，當住此處入三摩提，如明目人處大幽暗，精性妙淨，心未發光，此則名為色陰區宇。若目明朗，十方洞開，無復幽黯，名色陰盡。是人則能超越劫濁，觀其所由堅固妄想以為其本。」】

講記：「阿難你應當知道：你坐於如來藏道場中銷毀落謝了種種虛妄的想念，那些虛妄想的雜念若是除盡了，那麼各種遠離虛妄念的一切精明之性，自然可以處於動搖與安靜等狀況時都不會被移動了；不論是有憶想或者忘卻諸法時都猶如住在同一個境界中，應當住於這個處所來進入三昧境界中。這時猶如明眼人處於非常幽暗的境界中，如來藏雖有精明心性與微妙清淨，心地卻還沒有發出光明來，這時的境界就稱爲被色陰所區隔的範圍。如果眼目已經光明開朗，十方世界猶如大門洞開而了了明見，不再有幽隱黑黯來遮障而看不見，這時就稱爲色陰的遮障已經滅盡了。這個人就能超越劫濁，也能觀察色陰區宇的由來，是以堅固而不可摧壞的虛妄諸想作爲色陰的根本。」

世尊接著宣講「色陰區宇」的境界，以及「色陰盡」的境界。如果曾經親證「色陰盡」的境界一次或幾次，就表示已經進入初地了，因爲這是久住於「色陰區宇」中才會偶然出現的現象。如果坐道場，也就是開始依明心所得的智慧來打坐修行；「銷落諸念」，銷是銷亡，落是落謝而不再留存了。這個「諸念」不能像那些大法師們解釋爲語言妄想，而是指虛妄念，也就是不如理作意產生的虛妄想；指的是虛妄之想、錯誤的知見，或者錯誤的看法、錯誤的主張。凡是迷理而生起的虛妄想都叫作妄念，這種妄念如果都消滅盡了、不再生起了，可是還沒有超越劫濁，就是住在「色陰區宇」中，但仍無法偶爾體驗「色陰盡」的境界，這是地前十迴向位的境界。這是怎麼樣的修法呢？這種修法與修證四禪八定不同，四禪八定有固定的方法，來幫助自己不會生起語言文字妄念；但那種妄念不生起來的方法，只是將語言文字等妄念壓伏下來。而這種金剛三昧境界的悟後實修，不是以修定的方法壓伏下來，而是從心中把煩惱修除，心地清淨以後就不會再有攀緣心；後來心得安住，自然無念。

禪定的實修方法我也走過，以前從初禪位中很辛苦地奮鬥，一直到修得二禪的過程中都是辛苦奮鬥；而且，後來雖然已經住在二禪中了，有時還是會跑出沒有語言文字的妄念來，就會離開二禪等至位。後來漸漸因為沒有時間打坐，一直都在弘法，都在為正法、為眾生作事，把自己的道業都給忘了，後來有一天才突然發覺自己都沒有煩惱。所以現在隨便往椅子上一靠，想要起個妄念還眞的困難，得要故意去想才會生起來。如果我沒有事情在作，偶然空閒時是不會生起妄想來的。如今在寫書時法義會一直冒出來，累了不想寫書而坐下來休息時，妄想卻都不會生起。

這就是從心中把煩惱消除掉了，是因為一直不斷地為眾生、為佛法作事，把自己給忘了，於是煩惱消失了。我是無意之間用這種方法來修除煩惱的，所以我是在為正法作事時斷煩惱的；因此以後如果想用金剛三昧來增益道業，應該是不會有困難的。悟後增益金剛三昧，不是用修證四禪八定的方法來修，這兩條路是不同的；因為四禪八定的修法，不論怎麼修，永遠都不能遠離五陰區宇。所以我們應該從斷除我執、我所執等煩惱下手實修。斷了我執與我所執以後，攀緣執著便銷亡了，這時虛妄的雜念也都自然銷盡了；遠離妄念後的「一切精明」自性，不論是動態或靜態中都是不會移動的。譬如你出門購物，不斷地行走著，卻不會生起煩惱妄念；一直走到目的地時才會停下來，而心中都不會起念妄想。修習久了以後，已經成為一種習慣，於是動時如此，靜時也是一樣。這樣子心不移動，再也不會起念飄動了，接著成為「憶忘如一」；心中憶念某一個法時，或是心中都無一法，把諸法都忘了。有了這種境界時，就從這種狀態中住入金剛三昧境界中。

這種修法，猶如前面所說二十五種圓通法門中的念佛圓通，其實就是耳根圓通法門中的「入流亡所、聞所聞盡、覺所覺空」等修行過程；悟後繼續以無相念佛功夫進修時也是同樣的道理，如果能繼續無相念佛，改在靜坐中不斷深入，也可以修到三禪位，其實依舊不離耳根圓通法門的範圍。以後還是只要憶佛，自然會漸漸轉細，不斷轉進；自然就會與觀音耳根圓通法門一樣，從所聞的音聲「入流亡所、聞所聞盡、覺所覺空、空所空滅」，持續轉進，道理是一樣的。其實這些修行法門的原理，都要匯歸於觀音法門，都無二致。就像這樣修到最後「動靜不移，憶忘如一」；「當住此處」，以這樣的方法安住下來，就依此而「入三摩提」，進入金剛三昧的更深入境界中。這個三摩提當然不屬於四禪八定的定境，而是經由金剛三昧深入佛菩提中，發起如來藏心體的各種功德。

這樣入三昧境界以後，譬如晚上靜坐時進入這種境界中安住，剛開始幾年當然是不會有什麼超越的證境，也摸不著什麼特別的入處，因為還得要繼續深入而等待如來藏的功德發起；這時「如明目人處大幽暗」之中，根本看不見什麼，還必須繼續努力進修，住在如來藏的境界中不動不轉，時間久了以後「精性妙淨」，開始感覺如來藏有一些精明勝妙的功德出現了，可是仍然無法生起什麼作用，所以說「心未發光」。這時坐在暗夜之中都無所見，是被色法所侷限的，無法突破色法的遮障，所以還不能超越劫濁，這時就稱爲「色陰區宇」。因爲心體還沒有發出自己的光明，所以依舊必須仰賴外來的光明才能見色。

「色陰區宇」是說，這時的菩薩還沒有超越劫濁，無法突破色陰的限制，還必須依賴外光來照明，否則就無法看見色法。區是區隔，宇是遮蓋的意思；區宇是說對某一種區域內的法性無法自在，被區隔及遮蓋住了。諸佛及三地滿心菩薩都不受限制而能明見，不論日夜都是如此；菩薩悟後繼續進修，住於金剛三昧而「入三摩提」，已經「精性妙淨」了，爲什麼還是「處大幽暗」呢？都是因爲色陰區宇尚未破盡。這是說，在解脫智慧上面，固然是色陰已破，只是在智慧上破了色陰；然而在佛菩提道中卻仍然是色陰未破的境界，因爲必須在色塵境界法中實際突破色塵的限制。所以雖然依金剛三昧而進入三昧境界中，已經「動靜不移，憶忘如一」而達到「精性妙淨」的地步了，卻還是不能發出自己的光明；也就是如來藏的一部分功德與性用還沒有顯發出來，所以說「心未發光」，在色塵境界法中依舊是被色塵所區隔遮障，無法在暗夜之中明見一切色塵，這就是「色陰區宇」。這樣的菩薩屬於十迴向位到初地心的菩薩，是從初迴向位才開始有這樣的境界相。

如果繼續清淨自心而且每天深入金剛三昧境界中，終有一天會使心光發明，便能偶爾看見暗夜中的一切色塵，這時就是偶爾體驗色陰盡的境界了。這時是已經久住於初地心中，或者已經證得猶如鏡像的現觀而成爲初地滿心菩薩了，這樣的菩薩證境是有慧也有金剛三昧深定的初地菩薩，是確定已經顯發「色陰區宇」境界的初地滿心菩薩。「若目明朗」，表示心光發明而突破色陰的區宇了，即使是坐在暗夜之中，也如同白天大門洞開一般，遠近景色都看得很清楚而「無復幽黯」；這時黑暗已經不再構成見色的障礙了，這就是偶爾體驗「色陰盡」的境界。從此以後，如果再進入黑暗境界中，還是一樣永遠都可以看得見色塵，永遠「無復幽黯」就是「色陰盡」，滿足三地心了。「色陰盡」不是色身不見了，也不是五塵消失了，而是佛性不被色陰所遮蓋，即使暗夜之中一樣可以明見一切色塵。這是深修金剛三昧定的三地滿心菩薩，一般的初地滿心菩薩是沒有這種深定的。

這個境界不曉得諸位有沒有體驗過？大約五年前，我有一天半夜尿急醒來，側躺在床上，面對一尺近的牆壁（因爲我的床鋪離牆壁大概只有一尺）；那時尿急醒來，想要去洗手間；可是眼睛才剛剛張開，嚇了一跳：「咦！怎麼牆壁那麼清楚？」以前每一次半夜起來解手都不是這樣的，爲什麼這一次牆壁看得很清楚？（我睡覺時是從來不開燈的，連小燈都沒有。）在暗夜中可以看到牆壁粉刷得很細緻，可是仍然有許多毛細孔，都看得很清楚、很清晰。我隨即誤以爲是有開燈，可是明明沒有開燈呀！因爲所見與開燈時的景象完全不同。當時爲了看燈而看向天花板時，天花板一樣看得很清楚；我就轉過去看右手邊一丈以外的另一面牆壁的衣櫥，那衣櫥有好幾片很大的胡桃木裝飾，那胡桃木的木紋也都看得清清楚楚。當時心裡很詫異，於是就像以前初禪剛發起的情形一樣小心觀察；不想讓這種體驗消失不見，所以我很小心走向洗手間，也沒開燈，地板一樣都很清晰。解了手回來躺下去，情況還是一樣；再轉頭看胡桃木衣櫥，距離我睡的地方不止一丈遠，但我往衣櫥看去，一樣是很清晰。我心裡想：「爲什麼有這麼奇怪的事情？」也弄不清楚那是什麼境界。後來讀了《楞嚴經》，才知道那時是因爲心地清淨而暫時突破色陰區宇。這種境界就是「十方洞開」，就是暫時體驗「色陰盡」的境界。後來我並沒有繼續深入金剛三昧境界中，因爲實在太忙了，就沒有繼續深入修證，只能再看以後有沒有時間繼續進修了。

我今天告訴了諸位，假使你們以後遇到這種狀況時，要好好觀察看看，是否與我所說的一樣，證明我說的都是如實語。但是要很努力修行，除掉染污性，才能達成這種境界。一定要經歷用功的過程，成爲「精性妙淨」之後才會偶爾遇到這個境界；也得要繼續進修到「十方洞開，無復幽黯」，才能永遠保持這種境界。有少數人總會自己妄想，每一次都是今天聽我說完，他明天就說自己有那個證境了，這會成爲大妄語業。當初我並不是刻意要修出這種境界，而那時也不知道這究竟是什麼境界，更不知道再推進以後會遇到什麼境界，也不懂這跟修行有什麼關係。都是事後再來反觀以前的過程，把所經歷的每一個階段拿來檢查。後來才知道，原來這與無生法忍有關，也都是往世所曾經歷的境界。你們將來如果偶爾體驗了這個境界，要證得猶如鏡像的現觀就很容易了，因爲你會發覺原來所見一切色塵都還是自心所顯，確實是自心所現。

但是如果還沒有經歷過這種境界，初地滿心位的猶如鏡像究竟是什麼樣的現觀？再怎麼想也想不通，窮盡思惟之力都沒有辦法弄通。縱使很努力思惟，極力說服自己說「一切六塵相都是自己的相分」，一樣不可能眞正說服自己；最多就只是在意識表層上覺得這樣應該就是了，然而意根還是不會深心相信的。當意根不信時，猶如鏡像的現觀功德就無法顯發出來。所以，「色陰盡」的境界中是可以明見一切色塵的，不論是在如何陰暗的境界中。「色陰盡」之後進入三地滿心位中，三地全部功德發起了，這時所眼見的佛性便產生變化，就是諸地以上的隨順佛性境界之一。以後諸地漸次轉變，一直到成佛時的佛地隨順佛性，是在眼見佛性時發起成所作智，那又是另一番境界，我們都無法想像。

世尊開示說：「**已經色陰盡的人，能夠超越劫濁。**」劫濁，一般而言，是說眾生心性污濁，使眾生的生活內涵不清淨，壽命也比較短。譬如人壽從四十歲降到三十歲，算是一個小小劫；在這個過程中，會有許多災難；在這樣的一段時間裡，就施設爲劫。通常說一個小劫，是說人壽十歲時起算，每過一百年時人壽遞增一歲；一直加到人壽八萬四千歲時，算是半個小劫，名爲增劫。如果再從八萬四千歲時開始，每過一百年就遞減一歲，減到人壽成爲十歲時，即是半個小劫，名爲減劫。把一個增劫和一個減劫加起來，就是一個小劫。但是每一個小劫中又有很多的災難劫，但爲什麼要叫作劫呢？是因爲一個災變過去時，就表示已經有一段時間過去了，所以才叫作劫。本來「劫」是講劫難，可是在眼前這一個劫難與下一個劫難中間，一定會有一段時間的過程；這個災難跟下個災難距離是多少時間，就把這段時間叫作劫，這樣引申出來用。

爲什麼叫作劫濁呢？是因爲在某一個小劫中會有很多災禍來打劫，劫奪眾生的資財或生命。譬如刀兵劫、飢饉劫、水劫、火劫、風劫、疾疫劫等。譬如人壽三十歲時，穀貴如金，一粒米大約要用一粒黃金去交換；那時地上如果有米，就要趕快撿起來小心貯藏，這就是飢饉劫。如果人壽再往下降，降到二十歲時，又有疾疫劫；傳染病四處傳染，一百人中能活下十個人就算很好了。如果人壽降到十歲時，還會有刀兵劫，不是用刀槍去殺人，而是野外蘆葦拔下來就可以刺死人了。可是劫濁產生的原因是什麼呢？其實都是因爲無明，所以「空見不分，有空無體，有見無覺，相織妄成」，虛妄想與四大交織，於是就有各種災難，是因爲被色相所區隔遮障，於是成就劫濁。

如果色陰盡了，便能超越劫濁。譬如五濁惡世覺得可厭，你不願意此時來投胎度眾，可以不必來受這種苦。一旦超越了劫濁，你也可以專挑人壽八萬四千歲時才來人間弘化。假使這個世界的人壽暫時不能到達八萬歲，那你就到別的世界去度眾，這就是超越劫濁。然而菩薩能夠超越劫濁，是什麼原因呢？都是因為「本覺妙明覺圓心體」，以無生滅性的如來藏作為因地心，也就是轉依了如來藏作為因地心，永遠都以這個因地心修行，在將來要以這個因地心成為果地覺，因地心與果地覺是同一個心。而如來藏心不受物質性的光波明度所限制，由於覺知心已經轉變清淨而不受色法與虛空的限制了，所以在色塵中運作時，變成有見也有空，有空也有體，有見也有覺，不再落入「相織妄成」的劫濁境界相中，所以才能超越劫濁；超越了劫濁時，才能不受色陰限制，於一切時、一切處都不受色法光明的限制，能夠自己看得清楚分明。

但這個境界的實證，前提當然是要真悟以後再進修，要很多劫才能達成的；所以悟得正確或悟錯了，對學禪、學佛的人就很重要了。我們前面也有講過，因地心與果地覺，一定要檢查是否同一個心。如果因地開悟時的心是識陰覺知心，果地覺時卻是第八識無垢識，不是同一個心，那他想要證得色陰盡的境界是絕對不可能的。如果因地所悟的心，與果地覺時的心不是同一心，一定是錯悟。所以一定要證得第八識，以第八識作為因地所證的真實心，而未來成就佛果時的佛地真覺心也是第八識；這樣才能說是有見也有覺，不是「有見無覺」，才是眞正的覺悟見道，才能說他已經有了見地。因地心所證的若不是第八識，未來就不可能有果地覺。因爲果地覺是第八識無垢識，因地心卻是以意識離念靈知作爲所覺悟的心，未來當然不可能有成佛時的覺悟境界；這是因爲因地所覺悟的眞心是第六意識，與果地覺的第八識無垢識名目不相應，表示此時所悟的因地心是悟錯了，依舊沒有離開虛妄法，就是還沒有覺悟；表示他雖然是有所見的，卻還沒有覺悟，成爲劫濁境界中的「有見無覺」，那就不免「相織妄成」了，於是落在劫濁中，被四大色塵所侷限。

又如有大法師說：「禪宗的開悟就是親見緣起性空，只要了知色陰及外法物質都是緣起性空，就是開悟的聖者。」那他便成爲「有空無體」，是落入斷滅本質的緣生性空之中，滅盡十八界入涅槃時就成爲斷滅空，沒有常住不壞的本體常住涅槃中而不滅失，當然是「有空無體」，當然是完全著眼於四大所成的色法緣生性空，正是與四大「相織妄成」而落入劫濁之中。所以果地覺的佛地眞如既是第八無垢識，當然在因地時所覺悟的眞如心也應該是第八阿賴耶識，是以所覺悟的因地心阿賴耶識，悟後修行成佛以後改名爲無垢識，只改其名不改其體，才符合 世尊所說因地心與果地覺必須「名目相應」的要求。這樣的見地才是眞正的覺悟，才是有見也有覺而不是「有見無覺」。因此，如果有人發明第九識來作果地覺，就成爲因地心與果地覺的名目不相應，成爲因地心是第八識，而成佛卻是以第九識爲憑，因地心與果地覺的名目就不相應，當然因地所說的見道就成爲虛妄見，不是眞的覺悟，即是「有見無覺」而落入劫濁之中，將來永無成佛之時。

意思是說，轉依「元明覺」的如來藏「無生滅性」—阿賴耶識的眞如性—不依止阿賴耶識的阿賴耶性，以無生滅性的心體作爲因地心，悟後次第漸修，把心體的眞如性作爲你的所依，把心體中含藏的無量無邊染汙種子等雜染全部修除，煩惱障與所知障盡除以後，才能成爲果地覺，這才是因地心與果地覺的名目相符；有這樣檢查以後，確定沒有悟錯了，成爲有見有覺而不是「有見無覺」時，悟後進修才有可能不會落入劫濁之中。這樣的人繼續依金剛三昧進修清淨而超越了色陰區宇，到了色陰盡時就能超越劫濁，能「觀其所由」；也就是能確實觀察一切眾生之所由來，全都是因爲同樣以堅固的虛妄想作爲五陰出生的根本。這時一定會經歷「色陰盡」的境界，即使不能像久修金剛三昧的三地菩薩一樣，至少也會經歷一次「色陰盡」的境界，才能完成猶如鏡像的現觀。

什麼是「堅固妄想」呢？都是因爲執著五陰世間而同時執著器世間，不離四大所成的世間，就是人間一切眾生都有的「堅固妄想」。如果上生到了色界天、無色界天，又是不一樣的妄想，「堅固妄想」就比較輕微了。在欲界人間的妄想是最堅固的，所以擁有最堅韌的色身，有最粗重的身體，所住的器世間也是最堅固沈重的世間。所以，錯認色陰實有、器世間眞實，就是「堅固妄想」。由於這個「堅固妄想」作爲根本，所以產生人間眾生的輪轉生死；由於不同種類的輕重「堅固妄想」，所以有三界六道七趣有情不同的生死輪轉。

如果能如實超越「色陰區宇」，也就是先從見地上面確實證驗：一切有情從來都沒有離開如來藏之外而生活著，一直都在自己的如來藏中生活著。當你確認了這一點，就在見地上面離開了「色陰區宇」；然後還要深入金剛三昧境界中安住，汰除染污性而發起如來藏中含藏的清淨法功德，才能在實證上進入「色陰區宇」中，正式進入初迴向位，更接近初地。眞正覺悟的人，若能超越十迴向位而久住於金剛三昧中，「如明目人」；「色陰區宇」如同「大幽暗」，「如明目人處大幽暗」即是住在「色陰區宇」的境界中，因爲已知色塵是自己的如來藏所生而仍然無法突破色塵境界。所以未悟的人是不懂「色陰區宇」的，已悟的人如果自以爲是，不肯聽受善知識以及大乘經中的聖教，也是無法了知「色陰區宇」的，當然更未到達「色陰盡」的境界；所以慧解脫阿羅漢也還是無法到達「色陰盡」境界的，因爲他們連明心的智慧都還沒有，還沒有證得金剛三昧。

因此說，一般人認爲身外的五塵確實被自己接觸到了，全都還沒有到達「色陰區宇」中；即使悟後還沒有到達初迴向時，也還是未到「色陰區宇」的境界中，只是有實相般若智慧而已。其實衆生何曾接觸到身外的五塵呢？有生以來所曾接觸到的五塵（當然包括五塵上顯示的法塵），全都是自己如來藏的大種性自性，藉著所創造的色身五根接觸身外的五塵，然後依照外五塵來變現出內相分的五塵，再由如來藏所生的覺知心以及意根的自己，來接觸內相分六塵，所以一切有情所接觸的六塵全都是如來藏所變現的。衆生每天在貪瞋癡之中生活著，其實都是在如來藏中生起貪瞋癡，從來不曾離開過如來藏，所以色陰—五色根與六塵—全都虛妄不實。

悟後要這樣作不同層面的詳細觀行，次第觀行完成以後，你一定會轉變成心地很清淨的菩薩；當你心地很清淨時（至少要永伏性障如阿羅漢，並且有如來藏金剛三昧的實修），「色陰盡」的境界就會偶爾出現了，繼續進修而保持下去，將來絕對有資格成爲三地滿心菩薩了。如果偶爾經歷過「色陰盡」

的境界以後，卻還沒有猶如鏡像的現觀，那時請來告訴我，咱們再來討論如何親證猶如鏡像的現觀。會外有人不瞭解，宣稱他證悟了，又宣稱開悟就是證得初地果位；打從我寫出《禪—悟前與悟後》一書，外面就一直有人批評我：「蕭平實是明揚禪宗、眞貶禪宗。明明開悟了就是初地菩薩，他卻偏說禪宗開悟了只有七住位，所以他是眞貶禪宗。」但我沒有必要貶抑禪宗，因爲我這一世是從禪宗參禪悟入才能成就今天的智慧；而禪宗的法也是我一生都在弘揚的妙法，爲什麼要貶抑呢？但是，說法一定要如實，不能誇大。會外悟錯的人都說明心了就是初地，我就舉出聖教和開悟的見地來說明，所以現在他們已經不敢再亂講了。

明心之後爲什麼還不是初地菩薩？因爲初地是通達位，通達實相般若而不是只有眞見道位的親證而已。一般人縱使眞的悟了，也都還沒有通達，何況他們都是悟錯了。想要進入初地之前，一定要有初地的道種智。初地入地心的道種智就是八識心王都具足親證了，也能通達七種第一義、七種性自性、五法、三自性、二種無我法；這些都已經具足通達了，也有地前的三種現觀作證，才能說是初地心。縱使他們已經眞的明心了，也還沒有經歷相見道位的修習，見地還沒有通達，怎麼可能是初地呢？當他們自稱明心成爲初地菩薩時，我只要問他們七種第一義，他們就張口結舌講不出話來；再不然，請問他們五法與三自性，一樣是問倒了，哪有通達呢？既沒有通達，縱使眞的明心了，也還不能算是初地菩薩，只能依照經典老實地判爲七住菩薩。因爲，明心時才只有般若正觀現前，哪裡有初地的道種智呢？

再說，初地菩薩還得修除大乘見道所攝的廣大異生性，這與二乘見道所斷範圍狹小的異生性，可就大不相同了，眞是不可同日而語，但他們都是不知道的。不但要修除大乘見道所斷的廣大異生性，還要發起聖性，代表他已經「永伏性障如阿羅漢」；這在《成唯識論》中也已經講得很明白的：要「永伏性障如阿羅漢」才能入地。阿羅漢是沒有三界愛的現行了，只剩下三界愛的習氣。比如你罵他，他不高興，轉頭就走了，不跟你講話了；但他絕對不會回罵你，也不會向你瞪眼睛，只是面無表情地走開。這表示他的瞋習還在，但他沒有現行；至少要能這樣，才算是具足其中的一個條件而即將入地。可是那些人自稱入地了，當人家輕嫌幾句，他們就生氣起來，還化名上網無根毀謗，都是沒有「永伏性障如阿羅漢」，也沒有通達位的道種智，怎能自稱是初地呢？

更好笑的是，他們同一批人總是說我既狂又慢，然而卻又同時指責我貶抑禪宗開悟只是七住位。肯自居於七住位中，願意承認開悟只是第七住位而不是他們說的初地，卻是一個既狂又慢的人所判的果位，這道理還講得通嗎？他們自認爲無狂又無慢，我也證實他們是悟錯了，但他們卻還要主張自己是初地聖人，還自認爲無慢；這種邏輯，我眞不知道要怎麼說。所以說，實相般若還沒有通達以前，即使是親證了，也只是知道總相，還沒有別相智，或者別相智還沒有通達，所以都不算是初地菩薩。因此說，入地的條件還不具足時，雖然確實明心了，仍然只有七住位的智慧而已。所以你們之中已經明心的同修，或者未來將要明心的同修，明心以後千萬不要生起慢心說自己是初地菩薩。否則難免會像那些退轉的人，剛開始自稱證得佛地眞如，後來改稱證得初地眞如，然後又說未來半年以後會證初地眞如，那可就準備要下地獄去了，請大家都要很小心才好！

……（講經前的當場答問，移轉到《正覺電子報》〈般若信箱〉，以廣利學人，此處容略。2003.03.18）現在回到《楞嚴經》來，一百八十二頁第三段：

【「阿難！當在此中精研妙明，四大不織，少選之間、身能出礙，此名精明流溢前境；斯但功用，暫得如是，非為聖證；不作聖心，名善境界；若作聖解，即受群邪。阿難！復以此心精研妙明、其身內徹，是人忽然於其身內

拾出蟯蛔，身相宛然，亦無傷毀，此名精明流溢形體；斯但精行，暫得如是，非為聖證；不作聖心，名善境界；若作聖解，即受群邪。又以此心內外精研，其時魂魄意志精神，除執受身，餘皆涉入若為賓主；忽於空中聞說法聲，或聞十方同敷密義，此名精魂遞相離合、成就善種；暫得如是，非為聖證；不作聖心，名善境界；若作聖解，即受群邪。又以此心澄露皎徹，內光發明，十方遍作閻浮檀色，一切種類化為如來，于時忽然見毘盧遮那踞天光臺，千佛圍繞，百億國土及與蓮華俱時出現；此名心魂靈悟所染，心光研明照諸世界；暫得如是，非為聖證；不作聖心，名善境界；若作聖解，即受群邪。又以此心精研妙明，觀察不停，抑按降伏，制止超越，於時忽然十方虛空成七寶色或百寶色，同時遍滿不相留礙，青黃赤白各各純現，此名抑按功力踰分；暫得如是，非為聖證；不作聖心，名善境界；若作聖解，即受群邪。又以此心研究澄徹，精光不亂；忽於夜合，在暗室內見種種物，不殊白晝；而暗室物，亦不除滅；此名心細密澄其見，所視洞幽；暫得如是，非為聖證；不作聖心，名善境界；若作聖解，即受群邪。又以此心圓入虛融，四肢忽然同於草木，火燒刀斫，曾無所覺，又則火光不能燒爇，縱割其肉，猶如削木，此名塵併排四大性一向入純；暫得如是，非為聖證；不作聖心，名善境界；若作聖解，即受群邪。又以此心成就清淨，淨心功極，忽見大地十方山河皆成佛國，具足七寶，光明遍滿；又見恒沙諸佛如來遍滿空界，樓殿華麗；下見地獄，上觀天宮，得無障礙；此名欣厭凝想日深，想久化成，非為聖證；不作聖心，名善境界；若作聖解，即受群邪。又以此心研究深遠，忽於中夜，遙見遠方市井街巷、親族眷屬，或聞其語；此名迫心逼極飛出，故多隔見，非為聖證；不作聖心，名善境界；若作聖解，即受群邪。又以此心研究精極，見善知識形體變移，少選無端種種遷改；此名邪心含受魑魅，或遭天魔入其心腹，無端說法通達妙義，非為聖證；不作聖心，魔事銷歇；若作聖解，即受群邪。阿難！如是十種禪那現境，皆是色陰用心交互，故現斯事；眾生頑迷不自忖量，逢此因緣迷不自識，謂言登聖，大妄語成，墮無間獄。汝等當依，如來滅後於末法中宣示斯義，無令天魔得其方便；保持覆護，成無上道。」

講記：「阿難！接著應當在色陰區宇之中精細研究微妙的覺明，地水火風等四大物質不再與覺知心交織，終於可以與四大所成的色身互相分離了，於是只要有一些時間作意，就能使覺知心住於微細色身之中，而這個色身是可以出離各種物質障礙的，這種境界名爲如來藏的精明性流溢於眼前的境界中。這只是如來藏的功用，也是暫時可以如此而不是永遠都可以如此，這不代表是諸地聖者的所證；不把這個境界當作是諸地菩薩的聖心，就可以名爲善法境界；如果直接把這種暫有的境界當作是聖境來解釋，就會受到群邪的侵擾。

阿難！接著再以這個色陰區宇中的覺知心，精細研求如來藏的妙明眞性，後來看見自己的肉身透徹無遮，這個人忽然看見自己身中有蟯蛔等蟲，於是伸手從身內拾出蟯蟲蛔蟲，而色身的外相依舊看得很清楚，也沒有損傷或毀壞，這個境界名爲精明流溢於形體之中；這只是因爲精細的觀行，暫時可以如此，不能作爲聖境的實證；如果不把它作爲諸地聖心的境界，名爲善法境界；如果把它當作證得諸地聖境來解釋，就會受到群邪的干擾。

然後又以這個色陰區宇中的覺知心，向色身內外精細研求，那時忽然魂、魄、意、志、精神，除了執受色身的如來藏以外，其餘諸識都在五臟之中互相涉入，猶如互相成爲賓主一般；隨後忽然於空中聽聞到說法的聲音，或者聽聞十方的聲音同時都在敷演佛法祕密的眞義，這個境界名爲精魂一再互相離合、成就了善法種子。這也是暫時可以如此而不是永遠都能如此，所以不是聖位的實證境界；如果不把它當作是諸地的聖心來看待，就名之善法中的境界；如果把它當作是證得聖位來解釋，就會受到群邪的干擾。

又以這個色陰區宇中的覺知心加以澄清顯露而純淨透徹，心內的光明顯發出來了，這時十方都普遍變作閻浮檀金的莊嚴色彩，一切種類有情都變化爲如來，這時忽然看見毘盧遮那佛踞坐於天光臺上，周圍有千佛圍繞著，百億國土以及蓮華都同時一起出現了；這種境界名爲心魂靈悟所染著，所以心光研發而明照各個世界。這只是暫時得以如此，並非是諸地的聖智證境；若不把它當作是證得聖位眞心，名爲善法境界；如果把它當作實證諸地聖境來解釋，就會受到群邪的擾亂。

又以色陰區宇中的覺知心，精細研求如來藏的妙覺明性，觀察的過程一直都不停止，將覺知心的虛妄想加以抑按降伏，制止自己不在世間法上留心而超越世間法境界，後時忽然看見十方虛空變成七寶妙色或者百寶妙色，衆多妙色同時遍滿而不會互相停留障礙，青黃赤白等顏色都能夠各自分明地顯現，這個名爲壓抑按捺覺知心的功力踰越了本分；只是暫時可以有這樣的境界，不是佛菩提中的無生法忍聖境實證。如果不把它當作諸地聖位的入地心，名爲善法境界；若是把它當作諸地聖境來解釋，就會受到群邪入侵。

又以這個色陰區宇中的覺知心深研探究到澄清徹底的狀況時，精細的光明不曾混亂；忽然於夜暗之中與暗相合，能在幽暗的室內看見種種物品，不異於白晝所見；而暗室中的種種物品，也不曾移除或消滅。這種境界名爲心地精細導致暗中澄清了能見的功能，當時的所見，可以洞察一切幽隱微細之處。這也是暫時可以如此，不應該當作是諸地無生法忍的聖位修證；若不把它當作是證得諸地的聖心，名爲善法境界；如果將它認作是親證諸地聖位來解釋，就會受到群邪的擾亂。

又以這個色陰區宇中的覺知心圓滿住入空虛互融的狀態中，那時四肢忽然如同草木一般，不論是火燒或刀砍，全都沒有痛癢等感覺；而且火焰光明也不能燒到四肢，縱使以刀割削四肢的皮肉時，猶如割削木柴一般無痛，這個境界名爲四大微塵合併，排拒四大的自性，一向入純而成爲純覺遺身。這也是暫時可以如此，並不是諸地聖位的實證；若不將此境界認作諸地聖心，名爲善法境界；如果將此境界認作實證聖位來解釋，就會受到群邪的干擾。

又以這個色陰區宇中的覺知心成就了清淨無染的功德，清淨心的功德達到極致時，忽然看見十方山河大地都變成清淨的佛國，具足七寶，光明遍滿一切處；又看見恒河沙數諸佛如來遍滿虛空法界，樓台宮殿都很華麗；這時又向下看見地獄，也能向上觀看天宮，都沒有障礙。這個境界名爲歡欣與厭惡的凝想日漸深厚，想了很久以後變化所成，不是諸地聖位的親證；若不將它當作諸地聖心，名爲善法境界；如果把它當作是實證諸地聖位來解釋，就會受到群邪的干擾。

又以這個色陰區宇中的覺知心繼續研討探究到更深遠的境界中，忽然於中夜大眾都已就寢時，遙見遠方市井街巷中的親族與眷屬，或者也能同時聽聞到他們的語音。這個境界名爲壓迫覺知心，逼迫到極點而使覺知心飛出色身以外，所以大多數是相隔而見，不是親見，並不是諸地無生法忍聖位的實證。若不將它當作諸地聖心，名爲善法境界；若是把它當作證得諸地聖位來解釋，就會受到群邪的擾亂。

又以這個色陰區宇中的覺知心繼續深研探究到很精細，而且是細到不能再細的地步了，這時又會看見某位善知識的身形體態有各種變化或突然移動，在短短的時間內又無緣無故示現種種遷易與改變。這個境界名爲偏邪之心中已經含受魑魅了，或者已遭天魔侵入他的心腹中了；從此以後這個人無緣無故就能講說佛法，而且似乎通達微妙的義理了，其實並非是諸地聖位的實證；若不將它當作諸地聖心，魔事自然漸漸銷亡歇息；如果把它當作親證諸地聖位來解釋，就會受到群邪入侵擾亂。

阿難！像這樣的十種禪那靜慮中所現前的境界，都是在色陰之中用覺知心來交互作用，所以才會顯現這些奇特的事相；然而眾生頑劣迷惑，不知道忖量自己的智慧與定力是否應該獲得這樣的實證，逢遇這種因緣時都迷惑於境界而不能自己判斷，向別人宣稱自己已經登上諸地聖位了，於是大妄語業成就，死後下墮於無間地獄中。你們眾人都應當依止這些正理，要在如來入滅以後，輾轉到了末法之時，爲大眾宣揚闡示這些正義，不要使天魔波旬等人在佛弟子中獲得方便而作擾亂；還要保持這些正義，不要滅絕於人間；並且要覆藏守護這些正義，不要被外道們破壞，大眾因此共同成就無上的佛菩提道。」

「阿難！當在此中精研妙明，四大不織，少選之間、身能出礙，此名精明流溢前境；斯但功用，暫得如是，非為聖證；不作聖心，名善境界；若作聖解，即受群邪。」色陰的區宇全部突破之後，才能進入「色陰盡」的境界中；可是如果還在「色陰區宇」中，也就是還沒有進入三地，或者說尚未到達「色陰盡」的境界以前，必然會有這十種陰魔，特別是在入地以前更會招感。這十種陰魔都屬於自己五陰所現的魔境，與鬼神魔或外境無關。十種五陰魔中的第一種，是在色陰區宇中「精研妙明」，也就是進入首楞嚴定的金剛三昧境界中，深入而且微細地加以探究，這個眞如心體是怎樣的微妙光明；然後發覺自己的覺知心是可以不被四大所遮障、所繫縛的，也就是可以出離於色身之外，不再被四大所成的色身繫縛。這種人對色身沒有強烈的貪戀與執著，對色陰自我沒有深厚執著，所以不被四大所成的色身繫縛。由於這個緣故，他的覺知心能以微細物質的色身出離於粗重的色身之外存在：「身能出礙，」他的覺知心可以住於另一個微細物質的色身之中，出離在肉體色身之外，這叫作「精明流溢前境」。

這是精鍊首楞嚴定以後的覺知心成爲精明心體了，由於色陰區宇中的覺知心已經「精性妙淨」的緣故，六、七識轉化清淨而突然發生這種情況。這是從眞如心如來藏中的種子顯現出這個功德，使他可以在眼前所見的境界中，如同水穿過縫隙而流溢出去。然而這種境界只是覺知心清淨以後的世俗功用，而且只是暫時能夠這樣，不是永遠都能這樣。所以這不是自己所修成的神通境界，也不是諸地無生法忍的智慧境界，當然也還不是三地滿心「色陰盡」的境界。如果把它當作是諸地聖人所證的境界，就說自己成爲某一地的聖人了，大妄語業便成就了。

有智慧的人都不會把它當作是聖人所證的無生法忍境界，話說回來，這個境界對他而言其實並不是壞事，反而是一個美好的過程；因爲這個境界的體驗有助於將來親證初地滿心的猶如鏡像現觀，所以是個善法境界。但不可以因爲這樣，就認定自己已經成爲初地或四地的大菩薩了。如果作爲聖境來解釋，大妄語業隨即成就，心地不純眞而無生法忍智慧也沒有生起，未來就會被五陰魔或種種邪見所扭轉；很不容易才進修到這個地步，結果反而是墮落。

「阿難！復以此心精研妙明、其身內徹，是人忽然於其身內拾出蟯蛔，身相宛然，亦無傷毀，此名精明流溢形體；斯但精行，暫得如是，非為聖證；不作聖心，名善境界；若作聖解，即受群邪。」剛才是向外流溢，接著第二種陰魔則是向內明徹。正在色陰區宇中的修行者，繼續向阿賴耶識精研祂的妙精明性；後來突然很清楚地看見自己色身內的五臟六腑。這跟初禪的善根發完全不同，三種初禪善根發中的一剎那間遍身發，心眼可以看見身中如雲如霧，都沒有五臟六腑，他當時的天眼所見是自己的初禪天身。但這個情形不同，所見是自己色身裡的五臟六腑，全都看得很清楚，卻可以透明地看過去。由於這個緣故，也可以伸手在自己身體中取出蟯蟲、蛔蟲，可是自己的身相卻不會受到損傷。「**宛然**」是依舊完好無缺，沒有傷損。這種境界只是「**精明流溢形體**」，只是如來藏的精明性使覺知心暫時可以流溢於身形物體之中，並不是證得無生法忍智慧。

未來到了第八地心，這個功能會有大作用，而且是可以隨時隨地都能應用的。但現在這個階段中不會有大作用，因爲只是偶然出現一次，未來不會再出現；不是常常都有這種功德，而只是如來藏的精明性暫時流溢於色身之中。既然只是暫時如此，就不能作爲八地菩薩所證的聖境。如果不把它當作聖人的心量境界，這其實也是善法境界，並不是壞事。怕的是誤認爲這種境界出現時是自己的能力，就自稱是八地聖人，大妄語業成就，死後就要下墮地獄了！並且，從此以後會被種種邪見所遮障，也會引生更多五陰魔境界。因此這些境界都只是一個過程、一個現象，不能把它當作是證得聖位的無生法忍智慧境界。

「又以此心內外精研，其時魂魄意志精神，除執受身，餘皆涉入若為賓主；忽於空中聞說法聲，或聞十方同敷密義，此名精魂遞相離合、成就善種；暫得如是，非為聖證；不作聖心，名善境界；若作聖解，即受群邪。」第一種陰魔境界是外相，第二種陰魔境界是內相，這第三種則是內外全部加以精研。這時是以色陰區宇中的妙淨明心，將如來藏所生的內法、外法都很詳細加以研究。正當研究到很深入時，魂、魄、意、志、精神（魂代表肝臟，魄代表肺臟，意代表脾臟，志代表腎臟，精神代表心臟），會互相涉入，互為賓主。為什麼要講這五臟呢？因為是由如來藏攝取四大來製造而組成這個色身，而覺知心所攝的魂、魄、意、志、精神也是由如來藏所生，與五臟本屬一體；既然如此，覺知心中的魂魄等五法就會跟五臟有連帶關係，因此藉如來藏的聯結而可以使覺知心這五法在五臟中互相涉入。「餘皆涉入」，就是覺知心所攝的魂魄意志精神等五法，除了如來藏所執受的全身以外，在五臟之中都可以互相涉入；譬如肺臟的魄涉入魂所在的肝臟時，魄如同賓客，而那時代表肝臟的魂就如同是主人；反過來，當魂涉入肺臟時，魄即如同成為主人而魂猶如成為賓客，所以說「若為賓主」。這就是說，覺知心可以涉入五臟六腑之中互為賓主。

這時又會突然在空中聽到有說法的聲音，或者聽聞十方世界都有聲音同時在敷演密義，也就是講述金剛心如來藏的祕密法義，這種境界稱為「精魂遞相離合、成就善種」。精就是講精神，魂就是講魂魄意志等；當覺知心中的種種法互相分離或者和合時，就在互相離合而產生出來的很多種差別相中，產生了這種說法聲音的現象。這是由於正定的緣故激發了過去的聞所成慧，以及過去所聞熏的法義成為自己的無漏法種，如今進入這種境界時就跟著出現了。所以這種聽聞說法聲音「**或聞十方同敷密義**」，並不是有佛來說法，而是自己的五陰中現起的境界與法相。這也是「**暫得如是**」，並不是這個境界出現以後就會永遠這樣，所以名爲「**暫得**」而不是永得，當然這也和證得諸地無生法忍的聖境不同。如果不把這時的覺知心當作是聖位之心，不因此就認定自己入地證聖，那麼這個境界其實是善法境界。如果把它當作是聖人所證的無生法忍境界來解釋，以聖位自居，就會被種種邪見與五陰魔所繫縛，返身再入歧途。

「**又以此心澄露皎徹，內光發明，十方遍作閻浮檀色，一切種類化為如來，于時忽然見毘盧遮那踞天光臺，千佛圍繞，百億國土及與蓮華俱時出現；此名心魂靈悟所染，心光研明照諸世界；暫得如是，非為聖證；不作聖心，名善境界；若作聖解，即受群邪。**」這一些都是有境界法，所以修學佛法的過程中眞的要很小心。如果是有境界法出現了，要很小心體驗及觀察，不要遺漏任何細節；但是卻不要執著，更不要因此而自我膨脹說：「**我證量這麼高，早就是某地菩薩了，你們都沒有。**」如果眞的這樣作了，死後就下墮了。千萬不要把這些境界當作是眞修實證，因爲這都不是無生法忍的智慧，只是有境界法；但是卻要記住這些境界，因爲在未來的修證上面，都會跟因地時的這些境界有關。因為這些雖然都只是從你的五陰所顯現的境界，卻與未來六、七、八地的修證有關。

這就是說，悟後進修到初迴向位住於「色陰區宇」之中，繼續以已經「精性妙淨」的覺知心住在首楞嚴定中，更深入清淨自己；當自己的心地澄清到分明潔白而內外透徹時，無量的虛妄想、煩惱已經消除掉了，使得心內的光明－作用－顯露出來，已經內外通透了，這就是「內光發明」。這時從覺知心中照耀出閻浮檀色，也就是紫金色的光明；當他的紫金色光明照耀出去以後，十方所見都是紫金色。這時所見一切種類的物品，以及山河大地都是紫金色的如來；然後又忽然看見一尊 毗盧遮那佛，踞坐於天光色的蓮華臺上，這時他所見的紫金色諸佛就成為「千佛圍繞」。然而 毗盧遮那是法身佛，一切菩薩所不能見，所以化現為 盧舍那佛示現，就方便稱為 毗盧遮那佛。

《梵網經》開示說：一花一如來，一葉一世界。有很多人錯講為：「一葉一如來，一花一世界。」所以有人說：「你們要小心！別亂摘花、亂踩草葉。每一片葉子中都有一尊如來，每一朵花中都有一個世界啊！」眞是誤會了！一花一如來，是說 毗盧遮那佛以 盧舍那佛的身相，所坐的蓮華王世界海，狀如蓮花，有一千葉的花瓣，這朵超大的蓮花王只有一尊法身佛、報身佛住持。而這朵超大的千葉蓮花王有一千葉蓮瓣，每一葉花瓣都是一個三千大千世界，這一千個三千大千世界中都各有一尊 釋迦牟尼佛住持弘法，所以說一葉一世界。而每一葉三千大千世界中，都有 釋迦如來再化現出百億釋迦菩薩，各自示現八相成道而度眾生；所以一朵蓮華王中，有一千個百億釋迦佛，合名為「千、百億釋迦牟尼佛」。

毗盧遮那佛又名大日如來，當然不是密宗亂攀緣而說的大日如來，密宗的假毗盧遮那佛都是不出欲界的貪淫雙身假佛，是攀緣 毗盧遮那佛的名義而假冒的鬼神法，都是貪肉貪淫的羅刹與夜叉所假冒的，都不是佛法。密宗的《大毘盧遮那成佛神變加持經》其實是偽經，是天竺的密宗祖師們集體創造的偽經，裡面的法義眞是矛盾不通，處處破綻；一切有法眼的菩薩們，都可以指出其中極多的矛盾與破綻。

毗盧遮那佛是 釋迦牟尼佛的自性法身中的自受用身，「唯佛與佛乃能相見」，這是等覺菩薩也見不到的；所以對諸地菩薩而言，毗盧遮那佛所示現的報身佛 盧舍那就是 毗盧遮那佛，祂所坐的是一個大蓮花王世界海，這個大蓮花王有一千瓣的蓮瓣，每一瓣都是一個三千大千世界。而每一個三千大千世界中都有百億星球世界，就是我們所住的無量無數星球世界，當然都會有釋迦牟尼佛所化現的百億釋迦牟尼佛。現在哈伯望遠鏡所看到的，無法看到我們自己這個娑婆世界的全貌，只能向外看到很遠很遠虛空中的其他三千大千世界，這時科學家們才知道原來外太空中還有很多很多星雲旋系，與我們的銀河系一樣。這表示遙遠的外太空中，確實還有很多三千大千世界；這是目前哈伯望遠鏡所看到的，但也只能看到那幾十個三千大千世界而已；以後若是更進步時，應該還會看到更多的三千大千世界，乃至進而看到更遠的外太空中還有別的世界海——無數星雲旋系集合在更遙遠的外太空中，看起來好像是一個星團一般。天光臺其實就是蓮華王世界海，這個世界海有一千瓣的蓮瓣，每一瓣都是一個三千大千世界，所以天光臺周邊總共有一千個三千大千世界，也就是一千個銀河系；毗盧遮那佛化現的盧舍那佛就坐在我們無法想像的蓮華王世界海上面，以這個世界海作爲祂所坐的蓮花臺，而這個蓮華臺放射出天界的光明，所以名爲天光臺。換句話說，毗盧遮那佛化現出的一千位釋迦牟尼佛，分住於蓮華王世界海中的一千個銀河系中，各自都化現出百億釋迦佛在度化眾生。

這時「千佛圍繞」，是指一千葉蓮瓣中的一千尊釋迦牟尼佛。當菩薩住在這個首楞嚴定中，看到毗盧遮那佛這樣的景象以後，接著「百億國土及與蓮華俱時出現」，因為每一葉蓮瓣中都有一尊　釋迦佛，每一尊　釋迦佛各化現百億　釋迦佛，各自廣度一個銀河系中的百億星球上的眾生。每一個銀河系，依據現在天文學家的說法，說我們這個銀河系有兩千億顆太陽，也就是有兩千億個太陽系。所以經中說一個世界中有百億日月與須彌山，也就是有百億國土，算是保守的說法。這時住在首楞嚴定中的菩薩縮小了所看見的範圍，在一葉蓮瓣三千大千世界中，看見了百億國土與百億化　釋迦佛所坐的百億蓮華。然而這個境界也是暫時而有，不是從此以後永遠都看得見。這個境界叫作「心魂靈悟所染」，這個境界我沒有體驗過，不敢發揮，就只能依文解義說給諸位聽。這十種五陰魔的境界，有時候你會碰上一、二個，也許你根本不會碰到，或者因緣未熟而暫時不會遇見。如果心地已經完全清淨而到達「色陰盡」的境界了，這些就都不會出現了；但是卻會開始有受陰區宇中的外魔出現，與這個層次中不同。所以凡是不曾體驗過而不知道的，我不強以為知，就只能依文解義為大眾說明。

這段經文中講的是，由於覺知心修行清淨「精性妙淨」，於是能與阿賴耶識出生的五臟相應；因為已經能夠排拒四大的遮障，開始藉著如來藏的大種性自性功德而與內臟的四大種相應，此時心光發起，可以明照諸世界。這是正定所激發的思慧，能與以前聞慧所知的境界相應，所以進入這種清淨境界時就開始現行；但不是常常都能如此，所以說「暫得如是」。曾經體驗過這種境界以後，就放下它，別再常常想要繼續出現這種境界，要等到道業成就是自然出現而且隨時可以進入這種境界；否則就會招來鬼神魔作亂，不發瘋也很難。所以凡是有境界法出現時，都當作好境界；但不要執著，只管將其中的境界詳細觀察清楚，也了知這個境界出現與消失的過程就行了，千萬別執著。如果把這些境界的體驗當作是證入聖位的境界，就會產生無量無邊的邪見，未來將會導致墮落。

「又以此心精研妙明，觀察不停，抑按降伏，制止超越，於時忽然十方虛空成七寶色或百寶色，同時遍滿不相留礙，青黃赤白各各純現，此名抑按功力踰分；暫得如是，非為聖證；不作聖心，名善境界；若作聖解，即受群邪。」在首楞嚴定的金剛三昧中，又以這個色陰區宇中的覺知心，繼續精細研求如來藏的妙精明性，不斷地觀察以及深入；可是有時精明流溢太過分了，就得稍微壓制一下，這就是「抑按降伏」而加以制止，避免過分而落入境界中，以求超越「精明流溢」太過分的境界。這樣不斷地「抑按降伏」久了以後，十方虛空突然變成七寶色，七寶的顏色就是金、銀、琉璃、珍珠、頗梨、車渠、瑪瑙等顏色；或者有時變成百寶之色，而這些不同的光明同時遍滿於十方虛空中的一切處，但這些百寶色的光明各都是遍滿十方虛空時，卻又互相融入，不會互相留繫障礙，這個境界名爲「**抑按功力踰分**」，是抑按太過分了。當抑按太過時，反彈力太大了，所以出現這種境界。但這只是由於正定所激發的觀察慧，只是觀慧所產生的暫時現象，不會繼續永遠存在。如果不把它當作是證得聖位的境界，不以聖人自居，就是善法境界；如果把它當作是聖位所證的境界，就會產生許多不同的邪見。

「又以此心研究澄徹，精光不亂；忽於夜合，在暗室內見種種物，不殊白晝；而暗室物，亦不除滅；此名心細密澄其見，所視洞幽；暫得如是，非為聖證；不作聖心，名善境界；若作聖解，即受群邪。」接著又以這個色陰區宇中的「**精性妙淨**」的覺知心繼續研求探究下去。「**研究**」二字並不是現代語意學上說的研究，現代的研究二字大多只是在文字和思惟上面，對某些事物加以分析、歸納、思惟、整理。但在這段經文中說的研究，是要進入首楞嚴定的金剛三昧境界中，詳細加以探究討尋。「研」是把每一個微細的境界都加以觀察而深入瞭解，「究」是把它探討到最徹底而無所遺漏。當菩薩深入研究而達到澄清透徹的地步時，到了「**精光不亂**」的境界中，每天都這樣繼續安住與觀察；有一天晚上突然與暗室內的夜色和合，譬如那個晚上可能完全沒有明月也沒有星光，因爲是烏雲遮障的狀況；而且他還是在室內，竟然可以看見種種事物，而且「不殊白晝」。

這個境界，我在前面爲諸位講過我的體驗，這裡就不再重複說明。其實，當時看見時還是有同時看見暗相，因爲看得很清楚時依舊帶有黑色的暗相；所以是「忽於夜合」而不是「忽於晝合」，然而所看見的所有物品都是極度清晰的。當時所見就好比你有一張亮面的彩色相片，不小心被墨汁潑滿了，於是你隨即以清水沖洗掉；把墨水立即沖洗掉以後，相片表層卻已經有一層薄薄的暗色了；我當時所見就類似那種樣子，所以還是有看見暗相，但是卻在暗相之中把所有物品都看得很清晰。那時我所看見的白灰牆壁，並不是只有白天所見的白灰牆壁，而是同時看見白灰牆壁的毛細孔，全都清楚分明的；又比如在一丈遠的地方看衣櫥的胡桃木紋，在全無月光、燈光的暗夜中，那一丈多以外的胡桃木的所有花紋，一點一滴以及很細密的黑點也都看得很清楚，但也同時看見那是暗無燈光的暗夜。

當時在暗室中所見的所有物品，所見的清晰度雖然「不殊白晝」，好像跟白晝沒有差別，其實是比平常白天的所見更清晰的，而當時所見暗室中的一切物品「亦不除滅」，這叫作「心細密澄其見」。這表示在色陰區宇中的覺知心能見之性，已經變成很微細而且很隱密澄清了，因此「所視洞幽」；這時雖然坐在幽暗的境界中，所見卻都不被暗夜所遮障，可以洞察極幽隱的物品。但是這種境界也是只有出現一次，以後不會再重複出現，所以「暫得如是，非爲聖證」。只有久修金剛三昧的三地滿心菩薩，到了「色陰盡」的境界完成時才會常常都能如此，依慧直修上去的初地滿心菩薩是無法常常如此的；所以我那時在第二天晚上想要再體驗，看會不會再度出現，可是卻沒有再度出現。

當然，那時是不知道這種境界會只有出現一次，所以很努力嘗試；以後連續好幾天晚上，都重新進入那個境界出現前的狀況中，可是它一直都不曾再出現；而我的體驗也就只有那麼一次，所以說「暫得如是」。但這仍然不是證入聖境，不許把那個境界中的覺知心當作聖心；因爲凡是進入聖位之中，也就是進入初地以上的聖位，全都是由於無生法忍與消除異生性障而成就，不是由境界相而成就的。至於發十無盡願，只是增上意樂而已；它固然是初次入地時的一個必要前提，但並不是入地以後的每一世必要的條件。因爲入地的增上意樂，可能在過去世初次入地時已經眞正懇切地發過了。

也可能往世雖然發了增上意樂以後還是沒有進入初地，可是這個增上意樂直到這一世中可能一直都還存在著。而這一世的無生法忍，有可能是這一世才證得，而且消除大乘見道所斷的異生性，可能也是在這一世才完成的，卻完全是智慧而不是有境界法。因此這種境界暫時出現時，雖然是由於證得金剛三昧並且悟後進修而產生的境界，也只是表示已經進入初地，表示你的異生性已經除掉了，到達「精性妙淨」階段了，但這表象本身卻不是無生法忍的實證智慧。當然，如果異生性的障礙還不能除掉，這個境界是很難出現的；如果只是偶然今天心地很清淨，不是具有長時間穩定的清淨，出現這種境界的機會是微乎其微的。所以凡是證得聖境，都應該以消除異生性的障礙，也就是發起聖種性，以及無生法忍的智慧功德，才能算是證得聖地，所以這些有為法中殊特境界都不能算數。

「又以此心圓入虛融，四肢忽然同於草木，火燒刀斫，曾無所覺，又則火光不能燒爇，縱割其肉，猶如削木，此名塵併排四大性一向入純；暫得如是，非為聖證；不作聖心，名善境界；若作聖解，即受群邪。」證得金剛三昧而且悟後進修的菩薩，在色陰區宇的狀況中，繼續深入清淨自心，圓滿而廣泛地進入空虛而且可以互相融入的境界中，不再受限於物質的色身中；此時現觀自己的色身根本虛妄，若不是有根本識住於身中，其實就跟草木一樣，都只是由地水火風四大聚積所成。這時所見的四肢忽然如同草木一般無覺無知，這時是在定境之中，成就定果色，所以如果以火燒它，不會感覺痛；用刀來砍，也不會感覺痛，所以說「曾無所覺」。「曾」是最初開始的意思。

因爲他的現觀是跟草木一樣，既然定果色已經成就了，所觀的四肢如同草木；草木是無情所以色身當時也是無情，又怎麼會痛呢？痛的是心，是覺知心的自我在痛，色身自己是不會痛的。這時的覺知心既然已經圓滿進入空虛之中而與草木可以互相融入了，所見色身與草木既是相同的，所以這時火燒刀砍，色身也都不痛，因爲色與心已經分離了，覺知心已經圓滿融入虛空與色法中了。所以這時就算是點了火、生起熱火來燒，四肢也是不會痛、不會壞的，因爲已經暫時成就定果色了。這時縱使拿刀來割他的肉，感覺就好像在削木頭一樣，他並不覺得痛。但這只是暫時的境界，不是永遠都如此。

其實地上菩薩一樣有痛觸，被刀子割了一樣很痛。即使八地菩薩於相於土自在而隨時都可以有定果色變現出來，若是不在特定的定境中，一樣是會痛死人的。爲什麼應身佛需要有金剛密跡保護著？因爲如果有人拿刀捅上幾刀，在人間示現受生的應身佛一樣會死亡；被人從背後敲了一記悶棍，一樣會悶絕，所以應身佛需要金剛密跡保護。因爲這是四大之性，是眾生色身之性，本來就是如此。只有報身佛非金剛密跡所護，因爲沒有一法可以壞滅報身佛的光影之身。所以應身佛時時刻刻都一定有金剛密跡在保護著，因爲這是爲了維護眾生的福報，必須要金剛密跡發大心來保護應身佛，所以這個護法的功德很大。報身佛完全不需要被保護，誰都無法傷害祂。三界中有誰的威德力能比祂大？而且報身佛是類似意生身，誰都沒有辦法加以毀壞的，因此也叫作金剛體，並不需要金剛密跡來保護。

這第七種境界名爲「塵併」，能把四大不同的特性併合成爲一法，是因爲首楞嚴定的力量而將色聲香味觸等五塵圓融併合，排遣了四大原來的體性，成爲「純覺遺身」的狀態，所以火燒刀砍時四肢都沒有被傷損；也因爲「純覺遺身」的緣故，所以說是「一向入純」，不落入四大自性中，也把五塵虛融而進入純覺的境界中。「排四大性」是排除四大組合後的法性，「一向入純」而變成純覺與純四大的狀態；純覺的心本來就無法被物質的火與刀毀壞，而純四大都是極微圓相，都已是最小而不可再分割的細塵，也是無法毀壞的；所以世尊說「此名塵併排四大性一向入純」。但這種境界也是「暫得如是」，不是出現以後就永遠都保持這樣，所以不是八地菩薩的定果色。如果不把它當作是聖境的實證，不錯認這種境界中的覺知心就是八地菩薩的聖心，那麼就是好的境界。如果誤認爲自己已證八地聖境了，就會與群邪相應，難免五陰魔的擾亂。

「**又以此心成就清淨，淨心功極，忽見大地十方山河皆成佛國，具足七寶，光明遍滿；又見恒沙諸佛如來遍滿空界，樓殿華麗；下見地獄，上觀天宮，得無障礙；此名欣厭凝想日深，想久化成，非為聖證；不作聖心，名善境界；若作聖解，即受群邪。**」菩薩住在色陰區宇之中，由於「**精性妙淨**」的緣故，繼續深入金剛三昧境界中清淨自心，對於上從天宮下至地獄的種種三界流轉法，深心厭惡而凝想成功；對於諸地無生法忍的世出世間妙法，深心欣樂而凝想成功，於是成就了清淨性；當菩薩繼續深修以後，清淨自心的功業已經到了這個位階所能究竟的境界了，忽然看見大地以及十方山河都變成佛國，「**具足七寶，光明遍滿**」；又「**見恒沙諸佛如來遍滿空界**」，而且所有樓閣與宮殿都非常華麗，這都是欣樂之心所顯現的。

然後不論是往下看見地獄，或者往上看見天宮，都看得清楚而沒有障礙，這是因爲「**欣厭凝想日深**」所造成的。看見地獄的惡劣及苦難，是由厭心凝想所造成；看見天宮中的快樂與流轉，當然也是由厭心凝想所成就的。

至於看見佛國等莊嚴相，則是由於欣樂心的凝想所造成的。由於對惡劣的三塗境界，深心出生了厭離，所以一向不造作會導致落入三惡道的身口意行。由於這個厭心，所以在這種境界中才能看得見地獄，並且「**上觀天宮**」而看見流轉生死。當然這並不是眞的看見，而是由自己的欣樂之心而顯現十方國土的殊勝；也是由自己的厭惡之心凝想所成而看見地獄天宮等流轉境界。凝想久了，所以變化成功，而這都只是暫時變化所成，不是聖者所證的無生法忍智慧境界，不能當作聖證；如果不當作聖人之心來看待，就會是善法境界；如果當作自己已經成爲諸地聖人了，就會又走入歧途去了。

「**又以此心研究深遠，忽於中夜，遙見遠方市井街巷、親族眷屬，或聞其語；此名迫心逼極飛出，故多隔見，非為聖證；不作聖心，名善境界；若作聖解，即受群邪。**」於色陰區宇境界中再繼續深入清淨自心，繼續以「**精性妙淨**」的覺知心，深入加以研究；前者是圓是淨，這裡是深是遠，就從深與遠加以研究。後來就在中夜，也就是晚上子時，突然就在靜坐的狀況中，看見遙遠的市集中的街路、水井旁或者小巷之中，自己的親族和眷屬就在那裡，甚至於還能聽出他們講話的聲音。這種境界名爲「**迫心逼極飛出**」，也就是強行逼迫自己想要既深又遠而觀察諸方，所以不斷地逼迫自己覺知心，後來逼極了就飛出去而看見了，這並不是自己親身到那裡所看見的，所以名爲「隔見」。既然這種情形大多是「隔見」而不是親見，當然不是成就神通，而是暫時出現的現象。這種境界當然也不是「聖證」，如果當作是一個修道過程中的好境界，自然就沒事；如果自以爲了不得，宣稱是證得聖果了，以聖位菩薩自居，就不免廣受群邪干擾了。

「**又以此心研究精極，見善知識形體變移，少選無端種種遷改；此名邪心含受魑魅，或遭天魔入其心腹，無端說法通達妙義，非為聖證；不作聖心，魔事銷歇；若作聖解，即受群邪。**」菩薩悟後住在色陰區宇中繼續深入研之究之，到了最精細的地步，忽然看見他所跟隨修學的善知識，形體變化多端而且忽然在此、忽然在彼。「少選」是說並沒有多久的時間，「無端種種遷改」，又無緣無故出現了種種變遷與改易，令人覺得不可思議。但這也是一種暫時的現象，叫作「邪心含受魑魅」。這是說，對於佛菩提的實證產生了不正確的觀念，所以覺知心中含受了魑魅，也就是由自己的五陰魔引進身外的鬼神進來；「或遭天魔入其心腹」，然後就變現成大善知識的模樣，無緣無故就能爲人宣說種種妙法，看起來似乎是已經通達微妙法義的大善知識了。這種善說法的人其實不勝妙，因爲表面聽起來很勝妙，其實是大有問題的。如果不把它當作是聖人所證的智慧境界，也不當作是自己已經證得諸地「聖心」了，只把它當作是一個過程來看待，那麼魔事就會自然「銷歇」。如果當作是聖人所證的境界，誤以為成佛證聖了，就會被天魔或鬼神魔所利用，產生無量無邊的邪見而繼續流轉。

諸位聽到這裡可以看得出來：明心之後次第再進修，還沒有通達之前都還會有許多可能導致「出偏」的境界發生。所以明心時只是眞見道位，悟後還有相見道位的別相智，也就是後得無分別智要修學；必須在相見道位的修學圓滿了，到達通達位時才是眞的初地；而明心時是眞見道，最後的通達位也是見道，只是對見道的內容都已經通達了。所以，大乘的見道與二乘的見道大不相同；二乘是斷我見時就見道完成了，接下來全都是修道，也都是斷除思惑。大乘法即不然，不但先要斷我見，而且還要明心了才算是見道。可是明心以後為什麼還與初地的無生法忍證量不符合呢？為何還差那麼遠呢？這裡面確實值得探討。

修習般若波羅蜜多以後，有一天「正觀現在前」，也就是證得如來藏心而悟解般若、實證般若了，可是接下來要怎麼樣才能通達般若？你們已經明心證眞的人，可以自己探討看看。雖然明心時還沒有通達位的無生法忍，但你以前始終讀不懂《般若經》，爲什麼現在讀懂了？都是因爲明心而有了智慧。以前再怎麼研究，乃至拜經與求佛，始終還是讀不懂；可是才剛剛明心時就能讀懂了，由此可見明心就是實相般若的見道。但是，明心只是**眞見道**，**眞見道**時爲什麼還沒有初地的功德呢？爲何連初地入地心的功德都還沒有？因爲還欠缺消除異生性的功德，還有許多凡夫性留存在心中；並且也還欠缺無生法忍智慧，對於五法、三自性、七種第一義、七種性自性、二種無我法，都還不懂。

如果悟後不細讀我的《楞伽經詳解》，你還眞的不懂初地入地心應有的智慧。如果直接讀《楞伽經》，那更是讀不懂。有誰能把《楞伽經》正確完整地解釋出來？《大正藏》中的古德註解，也沒有正確完整地解釋出來；自己悟後讀了也還是不懂，所以顯然你還沒有具足入地心的道種智。又沒有消除大乘見道中應斷除的廣泛異生性，怎麼可能單單有一些定境就可以成爲初地菩薩？既然還不是初地，可是明心後又明明是眞的見道了，因爲以前總是只能想像的般若諸經，如今卻眞的讀懂了；第三轉法輪的唯識系列方廣經典，又開始讀懂許多了，在在都證實明心以後確實是大乘見道，所以明心以後就叫作「眞見道」。但是見道以後卻還沒有通達，所以還沒有入地。眞見道以後想到達通達位而進入初地心中，中間還有一大段過程要修；就是說，要努力修除異生性，還要努力累積進入初地前所需具備的福德資糧。並且還要進修後得無分別智而發起道種智，這是在悟後展開相見道位的進修時，應該修學的別相智。

進入初地後所要作的是無量無邊的法布施，那個福德是初地菩薩們要繼續修集的；但是現在想要進入初地以前，也得要有很多福德，更須努力修集。還有就是無生法忍道種智，入地心的道種智也得要努力進修。如果你不是再來人——不是往世已經修學種智，這一世是沒有辦法自己通達《楞伽經》的。如果有誰宣稱他的證量有多麼高，請他註解《楞伽經》看看，說老實話，連讀都讀不通了，還能註解嗎？且不說註解《楞伽經》，就請他寫一本《禪—悟前與悟後》一類的書吧！還不必請他註解那麼深奧的《楞伽經》。這是很淺顯的道理，如果有人說他已經是第幾地的大菩薩了，我們就請他註釋《解深密經》好了！然後再等我註解出來以後，再來比對看看：究竟他的註解有多少錯誤？

我想他們是不敢註解的，因爲他們連入地心的道種智都沒有，怎麼可以說明心後就是初地菩薩呢？所以說，初地的入地心也是見道位，七住位的明心者也是見道位，因為七住菩薩確實有般若「正觀現在前」了。只有明心證得如來藏時，實相般若才能「正觀現在前」；若是還沒有明心，實相般若的正觀不可能出現在眼前，就算是把《般若經》讀爛了吞下肚去，也還是不懂的。必須是明心親證如來藏了，也就是經過禪宗的參禪開悟了，般若的見道功德才能發起，所以大乘的見道是很困難的。至於明心之後想要進入初地心中，還要一大阿僧祇劫的三十分之二十三的時程，要努力進修這麼久以後，才能進入初地心中，成為入地心的菩薩。

至於悟後成佛，也就是依照 觀世音菩薩的耳根圓通法門進修，一樣是要歷經剛才所說的色陰區宇以及十種五陰魔的境界考驗明白，全都不為所動才能轉進「受陰區宇」，乃至最後階段完成「識陰盡」的境界以後，可以六根互通，成為最後身妙覺菩薩；然後下生人間示現成佛，四智圓明而發起佛地功德，才能具足成就佛果，所以佛道真的不容易修。如果想要尋求簡單的宗教，只靠信仰就能解決一切疑難，那你就去信仰基督教；他們是「只要相信就得救了」，不管是廣造十惡業或者更重大的惡業，上帝都說可以赦免重罪，於是便得救了。雖然他們說的得救都是妄語，但是他們說只要相信就可以得救，這最簡單易懂了。然而他們的信仰是沒有解脫的，只是生到欲界天中，仍在輪迴之中；而他們的法義最簡單，只要行善而不造惡業就行了。然而佛法中不是這樣簡單的，「法無定法」，所以對不同層次的學人，就有不同層次的說法；因此有時不同的論中所說法義看來似乎是不同的，其實並沒有不同，只是讀者層次不同，智慧深淺不同所以讀不通，誤以為是論中法義有所矛盾。所以說，佛法真的深奧難解，想要實證當然是很困難的，所以千萬別自以為是，然後就隨意亂說。

聽說楊先生他們開始在講《大乘廣五蘊論》了，所以剛才有人遞來紙條，要求我把廣五蘊說一次。你們想不想聽廣五蘊？我就簡單地說明廣五蘊中的識蘊好了！想不想聽？第三講堂的同修們，你們想不想聽？想聽的人請舉手！哎喲！都超過一半人了。好！今天就略說一些皮毛吧！從二乘法來講，識蘊只說六個識：眼、耳、鼻、舌、身、意六識；把意根放在六根之內，與五色根一起歸類在「根」裡面。在大乘法中，講到廣五蘊時是把意根放在識陰中的，因為意根也是心，不是有色根。是因為意識以意根為俱有依，意識才能夠現起，所以意根是意識的俱有依根；但因為意根也是心，不是有色根，所以在大乘法中往往有人把意根攝屬於廣識蘊中。所以如果你們聽到會外有人說識蘊只講六個識，那是正確的說法，因為他是從二乘法來講識蘊。

如今各處道場在宣講大乘佛法時，其實都是用二乘法在解說的；如果他們承認是在講二乘法，那他們就沒有錯呀！但是如果堅持他們所講的是大乘法，你就可以說他們講錯了。可是如果從證悟明心之後再深入研討佛菩提，把五蘊擴大來講，色陰就該說廣色陰，就有十一個色法了；識陰也應該有廣識陰，而有廣狹之別。譬如色陰，有的祖師說：「器界隨時變，根身各自變。」器世間的世界是隨時都在變化的，因爲眾生的業一直不斷在變化；因爲眾生不斷地造業，業種的共業力量不斷在形成，會使器世間不斷變化；所以雲會一直飄，水會一直流，雨會常常下，不斷在變易，所以「器界隨時變」。爲什麼要先講器界而不是只講根身呢？因爲根身是「各自變」，隨著各人往世的業種，使各人今生的色身各自依照業種自行轉變。所以不會每一個人都同時老，同時死；每一個人衰老的程度都有快慢差別，有的人六十歲看起來還只是四、五十歲的模樣，有的人四十歲看起來就像七、八十歲了，這叫作「根身各自變」。若是要講到「器界隨時變」，也可以說是最廣的廣色蘊了，因爲山河大地的每一分之中都有你的一分，每一個人都是如此；乃至微小如細菌也擁有牠的一分，這是最廣的廣色蘊。從還沒有悟的人來說，剛才的廣色蘊，他們是聽不進去的。但如果比一般大法師說的色蘊廣一些，就把六塵也算進去，成為十一個色法，這就是稍廣的色蘊，不是現代那些大法師們所知道的色蘊，因為他們所說的色蘊都只是五色根而已。

至於如來藏阿賴耶識，本就不屬於識陰所攝，不能因為想要講廣識蘊，就擅自把阿賴耶識含攝在廣識蘊中。因為一切法都從阿賴耶識心中出生，如果把阿賴耶識含攝在識陰中，而識陰虛妄，那麼能生一切法的如來藏阿賴耶識，不就同樣要被壞滅了嗎？而楊先生他們就是想要用這一點來證明或解釋說：「**阿賴耶識屬於識陰所攝，識陰是生滅法，所以阿賴耶識是生滅法。**」所以他們拿安慧的《大乘廣五蘊論》中的說法，想要證明阿賴耶識是識蘊所攝。但他們都是誤會了廣五蘊的議論，安慧把阿賴耶識歸入識蘊，也是斷章取義。而且，廣五蘊的說法，還得要看是誰寫的論，並不是每一個祖師寫的論都可以信受；因為古時某些祖師寫的論，早就被玄奘菩薩在《成唯識論》中不具名破斥過了，譬如清辨、安慧等人。

如果有人要說阿賴耶識可以含攝在廣五蘊中，我是可以部分承認的，因為祂有阿賴耶性，所以才會出生識陰及意根；在有阿賴耶性和識蘊同時配合運作的前提下，當然可以說祂廣義上屬於識蘊。但阿賴耶識心體自身是絕對不許含攝在廣識蘊中的。記得我在講解《成唯識論》時，常常會說廣義的說法如何，狹義的說法如何。你們如果上過我的《成唯識論》課程，應該都還記得我常常會解說廣義與狹義的差別；因爲有時論中所說的，是從狹義內涵來解說的。但是若從廣義來說，又會變成不同的狀況。譬如見分等四分也是一樣的道理，在狹義上說，七識心王都屬於見分，六塵才是相分；從另一方面來說，七識心王只有意識具足四分，因爲祂運作過程中也是有相分的。若從最廣義來說，其實八識心王都各有見分、自證分、證自證分、相分。但是如果從狹義來說，七識心王都沒有相分，只有見分；只有意識具足見分、自證分、證自證分，一樣是沒有相分。而末那識意根這個心，從狹義上來說，祂只有見分、自證分，沒有證自證分，所以你在睡覺時祂還是不斷地在運作，祂不能反觀自己是不是在睡覺，祂也不會了知自己是否還在，所以說祂沒有證自證分。但是如果從最廣義的來講，意根末那識也還是有證自證分。但是今晚沒有時間來說祂，說了大部分人也都是聽不懂的，不如不說。可是從廣義來講，意根也還是有相分的，因爲祂的現行法相就屬於祂的相分。可是若從最狹義的來講相分，卻又只限五塵以及五塵上所顯現的法塵，才能叫作相分；所以在廣義與狹義之間，有很多不同的層次差別，卻不是三言兩語就能說得清楚的，得要悟後在增上班的課程中才能以長時間慢慢講解說清楚的。

我想，你們來到正覺講堂之前，都沒聽聞過這些法義，但這些法義卻不是我自己創造的，而是經論中本來就有的，只是幾百年來都沒有人講出來，而我這幾百年來也是一直都被政治局面限制住，沒有因緣可以出來弘法宣講。如今時局是可以講、可以寫出來的，你們只要悟後一步一步跟著修學，久了以後就會懂的。但他們有人放話質疑我：**「你講什麼初地滿心鏡像觀，什麼二地滿心猶如光影，那不都是你自己編造出來的？」**事實上，經上與論上都有講，只是他們自己讀過以後還是不懂。當他們還沒有到達那個地步時，讀了也是完全不懂的。同樣的道理，阿賴耶識的阿賴耶性，既然有執藏分段生死種子的體性，具有能藏、所藏的功能，所以能夠流注出分段生死、流轉生死的種子功能差別，當然就不能完全脫離廣五蘊的範疇，但卻不能因此就說祂的心體也是攝在五蘊中，因為五蘊全都是由祂所出生的，怎能把祂反而攝進五蘊之中呢？

對了！既然談到種子，我當然得要講一下種子的意涵。種子又名功能差別，又叫作「界」，也就是說，種子都有侷限。譬如眼識種子又名眼識界，眼識的功能只在色塵上了別，所以又叫作眼識界。眼識的功能差別不能超越色塵界，不能跨越到聲塵、香塵等法界中，所以叫作眼識界。所以種子又叫作功能差別。如今有人誤會了，就向我說：「我看見種子了！」以前常常有人跟我說：「我看見種子。」我就開玩笑說：「你一定快要死了！才會看到種子。」其實種子就是功能差別，只能從功能差別中看到種子的運作，而方便說看到種子，所以種子不是具體的物質色法。不可以像一位專講唯識的有名法師，在黑板上畫了圓圈以後，就在圓圈中點了又點，說那就是種子。像這樣解說種子，有誰能理解呢？你若直接說明種子就是功能差別，就是有界限的功能，大家也就懂了嘛！

話說回來，因爲阿賴耶識心中含藏了無數種子，所以祂才有各類的功能差別。有什麼樣的功能差別呢？譬如使人輪迴生死的功能差別—阿賴耶性—就是無數種子中的一種，這一類功能差別都在使人不斷地出生於世間，不斷地流轉生死。只要是有這類種子使人在世間流轉時，祂就具有阿賴耶性，就把阿賴耶識的這種**體性**歸入廣五蘊中；但不可以把阿賴耶識**心體**也歸入廣五蘊中，因爲不論多廣的五蘊，全都不能外於阿賴耶識而存在，全都是從阿賴耶識心中出生的，怎能用廣五蘊反過來含攝阿賴耶識？但是阿賴耶性可以含攝在廣五蘊中，因爲阿賴耶識心體的阿賴耶性，會使人不斷出生五陰而流轉生死。而阿賴耶性跟識陰有什麼差別呢？其實都是因爲阿賴耶性在配合七轉識運作，所以眾生才會不斷造作未來世繼續生死的業行；所以從廣義來講，阿賴耶性也算是廣識陰中的一部分，但不許將心體攝入廣識陰中。但是他們是用狹義來講解廣五蘊論，那麼他們如果把祂也攝在識陰中，那他們就得要離開阿賴耶識心體再另外找尋一個眞如心，可就永遠都找不到眞如心了。因爲這個阿賴耶識心體就是眞如的所依心，眞如只是祂所顯現的阿賴耶識心的體性而已。離開了阿賴耶識，他們還想要找到眞如性，可就沒得找了！離開阿賴耶識心體而想要找出另外一個眞如心，可就變成心外求法了。

所以憨山法師的侍者廣益法師，他註解《八識規矩頌》時曾經說：「其奈體即眞如，離此無眞。」而《八識規矩頌》也是楊先生他們曾經講解過的，難道他們也把自己講過的說法推翻了嗎？在《八識規矩頌》的註解中，廣益法師解釋說：這個眞如心，從未悟的人來說，若是要對他說這就是眞心（因爲離開阿賴耶識心體，再也找不到另一個眞心了，因爲總共就只有八個識），可是你如果說祂就是眞心，悟後明明發覺祂心中還含藏了許多染汙的種子，顯然還不是究竟眞心。如果你爲大眾說這個就是眞心，那麼他們心想：「我就依止這個眞心，而這個眞心仍有染汙種子，那我就跟著繼續染汙下去吧！」那他就永遠不能成就佛道，永遠隨著染汙種子而流轉生死，不會想要斷盡祂心中含藏的生死染汙種子了。所以在明心以後，乃至到初地、二地之時，都還不能說祂是眞心，要到達佛地時才算究竟眞心。所以你如果說祂是眞心，大家證得阿賴耶識以後，就不肯去斷除煩惱種子，就會跟著祂繼續流轉生死，所以不該說祂就是眞心。

可是你如果不說祂是眞心，那也不行；因爲當你說祂不是眞心的時候，那麼眾生就只好外於這個常住的阿賴耶識，另外去尋找別的眞心；問題是離此阿賴耶識以外，就再也找不到其他的眞心了！所以廣益法師這樣說：「**其奈體即眞如，離此無眞。**」無可奈何的是，祂雖然還有染汙的種子存在，還不是究竟眞心，卻又無處可以另外找到別的眞心了；因爲阿賴耶識心體就是眞如，**離此無眞**，離開了阿賴耶識就沒有眞如心可以找得到了。這已經很明白地指明，阿賴耶識心體就是眞心。所以，從一個還沒有證悟的人而言，他應該要親證如來藏阿賴耶識，才算是找到眞實心，親證眞如法性。可是從已經證得阿賴耶識的人來講，你卻必須告訴他：「**這當然是眞心，因爲離開這個心就沒有別的眞心可得；但是眞正究竟的眞心，是要把祂心中含藏的種子全部清淨了，連無始無明的隨眠也斷盡而成爲佛地眞如，那才能算是眞正的眞心。**」他才會懂得悟後進修的道理，最後才有可能成佛。

所以說「法無定法」，有不同層次的廣狹差別，而有不同面向、不同立場、不同觀點的說法；在不同層次中說出來的法義，不可以硬要隨便亂套一場，否則一定會產生偏差，所以才會說「法無定法」。佛法真的不可以小看，因為確實很深妙，所以歧路也很多。這有一點兒像《兒女英雄傳》中寫的，想要進入那個村莊的人，可是要懂得機關的；每逢楊樹第幾棵時就得要右轉，每遇到第幾棵楊樹時又得要左轉，否則就迷路了，再也走不出去。佛法的修證也有一點類似，你們可以觀察，自從修到這個地步，實相般若已經「正觀現在前」；因為找到如來藏了，所以般若正觀現前了，然而緊接著還有相見道要修，才能生起後得無分別智。

找到如來藏心體時只是真見道，這時確認經由實證如來藏可以證悟般若，所以是真的見道了；然而真見道之後還有相見道位，要具足發起後得無分別智，才能通達實相般若；可是通達以後才只是初地的入地心而已，後面十地應修習道種智的階段才屬於修道位。所以相見道位的後得無分別智若是沒有進修，實相般若的中道觀行就是還沒有完成，見道位中的所有智慧因此無法通達，不能獲得初地入地心所需要的道種智，所以明心時才只是初見道位，名為真見道；得要悟後繼續進修而通達了，才能成為通達位的初地入地心菩薩，這還只是見道位而已。

在修道位中，也就是進入初地以後，你想要修到初地滿心，得要完成猶如鏡像的現觀；這個現觀完成時才能夠脫離初地心，轉入第二地中，以後每一地也都各有不同的修道內容，卻必須要再二大阿僧祇劫的修道才能完成。所以大乘見道跟二乘見道不同，而大乘修道也跟二乘修道不同；二乘見道是只要斷了我見就算完成了，或者一剎那便完成了，最多不過二、三天也就完成了；而大乘的見道是很長遠的，從最初的眞見道位進修相見道，到達最後位的通達位初地入地心，是一大阿僧祇劫的三十分之二十三，這樣才算是完成大乘見道位的所有修行。而修道也大不相同，二乘的修道位，大部分人只要一世就完成了；但大乘的修道位，是要二大阿僧祇劫才能完成，所以大乘佛菩提道的眞修實證確實是很不容易的，這些諸位都應該知道。所以即使進入初地之後就是在「色陰區宇」中，卻還有這十種歧路境界，必須小心避免誤會。千萬別自作聰明，別自以爲很了不起；我總認爲整個成佛之道的修學過程中，得要依靠 世尊才最妥當。我從來都不敢自作聰明，不知道的就說不知道，不強行發揮。最後 世尊爲這十個層次作了一個小結論：

「阿難！如是十種禪那現境，皆是色陰用心交互，故現斯事；眾生頑迷

不自忖量，逢此因緣迷不自識，謂言登聖，大妄語成，墮無間獄。汝等當依，如來滅後於末法中宣示斯義，無令天魔得其方便；保持覆護，成無上道。」

佛說，這十種禪那—靜慮—的現前體驗境界中，「皆是色陰用心交互」才顯現出來的，是色陰習氣種子和澄淨的覺知心交互思慮之下所產生的狀況，才會有這一些境界產生。可是眾生大多是愚癡的，而且也是很固執的，「頑」就是固執不改。逢遇這些境界因緣時，總是迷惑而不能自己識別這些都只是有爲境界，不知道是自己覺知心在靜慮狀況下衍生出來的境界，與聖境中的無生法忍智慧的實證無關；於是向別人宣稱已經親證聖果而成爲地上或四地菩薩了，大妄語業便立即成就，死後得要下墮於無間地獄中受苦無量。世尊又吩咐阿難菩薩等人，你們應當依止我所開示的道理；如來入滅以後，你們應該在末法時期中，向大眾宣示這些正義；不要使天魔波旬在佛弟子身上得到方便機會，誘引佛弟子走入岐路中。要爲末法時的大眾保持佛法中的密意，也要覆蓋末法時的大眾，避免被天魔擾亂，共同成就無上的佛菩提道。

就像一九九〇年我剛明心及見性時，也還是弄不清楚：「眞的很奇怪，爲何同樣是見道，有人是證得初地，有人見道才只是七住位？」因爲我這一世初學佛時，聖嚴法師教導的知見是全面錯誤的，而且是與開悟的方向相反的；他也不曾教過任何參禪的功夫，因爲他連看話頭的功夫都還沒有，所以我這一世沒有師承。我是自己建立功夫與知見，然後自己明心破參和眼見佛性。所以悟後我自己閱讀經論，整整二年多，應該說是將近三年，把經論一部又一部閱讀；在那段期間，每天讀經最少十個鐘頭，最後終於才弄清楚：原來見道有七住位到初地的差別，又爲什麼會有這樣的差別。

當初是剛開始著手寫《護法集》時，還沒有完全弄清楚，所以我曾向一位劉師兄提出質疑；因爲他當時很努力在搞月溪法師的意識境界，有一次他幫我開車，到重慶北路的錦西街口時，停在那邊等人，我就跟他討論：「你不要輕易認定說月溪的法一定對，我這個法一定不對，不要輕易認定。因爲單單是見道，經中有說是初地，但也有人悟後才只是第七住位，爲什麼會這樣？我都還沒有弄清楚，你更不知道。光是見性也很複雜，有人見性時是成佛，我明明眼見佛性了，卻還沒有成佛，差異也不小。這裡面一定有很多地方需要探討，不要隨便相信月溪的說法就直接下定論。」可是他不聽我的話，於是後來就退轉了，我也是很想攝受他，但最後還是沒辦法。

這意思是說，其實法無定法，因爲佛法中有很多深奧微妙的法義在裡頭，內涵非常廣大、又非常深奧，不可能用某一個法、某一個位階就楷定下來。佛法中的實證差別非常多，層次也很多，變異也很大，所以應當依照無生法忍來判定，千萬不要以自己所得的有境界法來判定。如果緣於迷惑而不能認清自己的所證，誤以爲自己眞的多麼高超，就認定自己是初地菩薩、二地菩薩，大妄語一旦成就，捨報後就下無間地獄。所以 佛就交代說：「阿難啊！你們應當要依止我所說的這些法義。」因爲這是世尊晚年所講的經，所以吩咐說：「我入滅了以後，你們要在末法中把我所說的這些道理，爲佛弟子們宣示出來，別讓天魔波旬有機會得到方便來破壞正法，來毀壞佛弟子的道業。你們也應該這樣保持正法妙義，也應該覆護所有的佛子們，不被天魔擾亂，漸漸成就無上道。」

……（講經前的當場答問，移轉到《正覺電子報》〈般若信箱〉，以廣利學人，此處容略。2003.03.25）回到《楞嚴經》，上週講到一百八十四頁倒數第二行，今天要從一百八十四頁最後一行開始：

【「阿難！彼善男子修三摩提奢摩他中、色陰盡者，見諸佛心，如明鏡中顯現其像，若有所得而未能用；猶如魘人，手足宛然、見聞不惑，心觸客邪而不能動，此則名為受陰區宇。若魘咎歇，其心離身，返觀其面，去住自由，

無復留礙，名受陰盡。是人則能超越見濁，觀其所由虛明妄想以為其本。」

講記：「阿難！那一位善男子修金剛三昧境界而住於止之中，當色陰已經滅盡的時候，看見諸佛的眞心，譬如明鏡之中顯現出自己的面像一般；這種證境看來似乎是有所得，卻還是不能生起作用；猶如睡夢中被魔鬼壓住的人一般，手足都清楚無壞地存在著，覺知心的能見能聞也都清楚而不曾迷昧，卻因爲心觸外來的邪魅而不能自由運動；色陰盡的菩薩就如同被魔鬼所制伏的人一樣，無法把佛性眞覺生起作用來，這種境界就名之爲受陰的區宇。如果魔鬼的過失休歇了，離開受陰區宇，他的覺知心就可以離開色身，返身觀看自己身上的面貌；這時覺知心不論是離去或安住下來，都可以隨心所欲而得自由，不再被色身所留滯阻礙，這種境界名爲受陰已盡的境界。這個人此時就能超越見濁，觀察見濁之所由來，都是因爲對於虛明的覺知心自性不曾了知，產生了虛妄想而結合了地水火風以爲眞實自我，以這樣的虛妄想作爲見濁的根本。」

上週解說了「色陰區宇」和「色陰盡」的境界，但我覺得難免懸義太高；因爲現代的大法師們都還沒有能力到達「色陰區宇」的境界，何況是到「色陰盡」的境界呢？不過，既然是要弘法，當然得要把 世尊所說的佛法具足解釋出來，讓大家瞭解。特別是要讓諸位瞭解，因爲諸位是有很大機會可以走到「色陰區宇」境界的；而我們講解了以後，也讓當代及未來世的佛教可以有悟後進修應該遵循的依止，才不會再讓未來每一代之中都會出現的錯悟大法師們，再以常見外道法來取代佛教正法所說的如來藏妙義。而當代所有凡夫大法師們直到目前爲止，都還沒有辦法證悟實相心，所以他們都是以欲界定的境界當作佛法修證的境界，連這十種岐路的現象都不可能會產生。只有親證如來藏金剛三昧的你們，才有機會漸修到初迴向位，繼續進修金剛三昧以後才會產生這十種現象。當這十種現象出現時，如果不知道它是生滅有爲法，把它執著爲眞實法，就會落入大妄語業之中。

接下來說，修到色陰已盡的人，他是住在什麼境界中呢？「色陰盡」以後，不會繼續停留很久，這表示他不久就往上升進了！再往上去就是受陰的境界，住在「受陰區宇」中，開始第四地的修行了。區是區隔，是被限制在一個區域中；宇是空間，被界定在一個空間裡面。前面說「色陰盡」的人，由於長久以來都住在如來藏金剛三昧中修止，終於證得「色陰盡」的境界。這時看見諸佛心，就是從自己所證的第八識心來看待諸佛心，清楚分明「如明鏡中顯現其像」，猶如在明鏡中看見自己的面像一般。明鏡如果沒有灰塵污垢，就可以清楚照見自己的臉；如果被油污及灰塵染污了，可就什麼都看不見了！但你如果努力修行把它擦乾淨了，就能用來照見自己的臉了。

而如來藏表面—如來藏心體的自性—從來都不曾被染污，只有內部（譬如鏡背）有所染污。如果是一面超大號的明淨鏡子，眾生剛開始通常不會先看到明鏡，只會看到明鏡中的色像。譬如房間裡的整整一面大牆壁鑲上沒有接縫的特大號明鏡，人們剛進到房間時都會先看到鏡中的影像，然後才發覺明鏡的存在。如果是小猴子，牠根本就不知道那是明鏡，還一直面對鏡中自己的猴子影像齜牙咧嘴，想要與鏡中猴子互抓互咬；因爲牠始終不知道那是一面明鏡，誤以爲鏡中眞的另外有一隻猴子，以爲還有另一隻猴子所住的眞實境界。凡夫眾生也如此，都沒有看見如來藏鏡體，都只看見如來藏所顯現出來的六塵相，以及如來藏出生的五陰自己；然後總是以爲眞的有接觸到身外的六塵相，但其實根本就沒有接觸到身外的六塵，而是如來藏才有接觸外六塵，然後如來藏就如實變現了內相分的六塵給五陰玩。

可是，我相信當代佛教界百分之九十九的人都不相信我這個話（編案：這是二〇〇三年三月所說。後來不久也有高雄文殊講堂的法宣師寫書否定內相分的存在，想要推翻平實導師這個說法），只有百分之一的人會相信我的話，那是因爲對我有信心，但心中也還是會有一分存疑，因爲畢竟還沒有親證。如果還沒有親證以前就對我完全沒有存疑，那一定是個笨人或呆瓜；一定要有一點存疑，親證以後才能了然無疑，才有可能信受。就好像重關的見性一樣，如果沒有親見佛性，一定會有一些懷疑；不論對我如何地有信心，口中也說「相信佛性可以眼見，雖然佛性無形無相」，但是心中一定會有一分懷疑。得要等到眼見時歡喜地大聲說：「哎呀！果然如是。」那時才能究竟無疑。同樣底道理，初地滿地心菩薩一定要有猶如鏡像的現觀，才能轉入二地的入地心中；這個現觀就是所見六塵萬法猶如鏡像，都從阿賴耶識中顯現出來；這就是「見諸佛心，如明鏡中顯現其像」，這就是初地滿心位的猶如鏡像現觀。然而進修到三地滿心色陰習氣已盡而轉入四地時，這時「若有所得而未能用」，也就是還無法把所見的佛性加以運用。初地滿心這個猶如鏡像的親證與現觀，是所見五塵從阿賴耶識心中出生，然後才現觀法塵也是從阿賴耶識心中出生。這就是猶如鏡像觀，這不是用思惟、分析、想像得來的；而是要有現觀，在大幽暗而絲毫無光的境界中，能現觀如來藏所生的六塵清楚分明存在，而不是由物質的光波來照明才看見的，這時就是實際上確定相分六塵全都是由如來藏直接顯現出來的，猶如明鏡直接顯現鏡中影像一般。

如果能夠完成這個現觀繼續進修而在後來發起作用時，就能在暗夜中清楚明見一切色相，就是「色陰盡」的境界，已經超越色陰習氣種子境界了。

過了色陰的境界以後，卻是只能親自現觀，確實證明自己從來不曾接觸到外六塵，所見的六塵全都是由自己的如來藏變現出來的；實際上接觸外六塵的是如來藏，而不是覺知心自己。如來藏就好像鏡子，覺知心在房間裡，藉鏡子映照出來的屋外影像，才能了知屋外的色塵境界。屋子就是身體，覺知心住在身體之中，無法直接觸及外六塵；所觸及的六塵全都是由如來藏明鏡，從外塵反映進來的。所以，當你住在屋子裡，只能看到鏡子時，從鏡子中所看到的影像，是鏡子所顯現的影像，不是親自看到屋外的影像。就好像戰車駕駛坐在車中藉著攝影鏡頭觀看外面，他並沒有看見外面的影像，只是看見車中視訊面板顯現出來的影像，但卻等於看到外面影像，所以能安全地進退及轉向，等於是親自看見車外的影像一般，因爲所見的影像與車外一模一樣。

我們覺知心在色身中的運作也和這種情況相同，覺知心是依勝義根而存在的，只住在勝義根頭腦中（從來沒有人會說覺知心住在肚子或大小腿中），所以覺知心不能看見外六塵；但如來藏不受限於時空，藉五扶塵根攝進外六塵時，就是阿含諸經中說的外六入；這時如來藏就在五勝義根中變現出一模一樣的內六塵，而覺知心就能領受內六塵，如同在領受外六塵一般，這就是阿含諸經中說的內六入。而凡夫們的覺知心是沒有智慧的，如同大明鏡前的小猴子一般，誤以為所見到的鏡中影像是眞實存在的境界，所以就把如來藏變現的內相分六塵當作是外六塵來看待，於是就流轉生死而無法解脫。

當外面的景象是黑暗的，如來藏攝取外塵黑暗的景象，就在勝義根中變現出黑暗的色塵景象，於是覺知心在勝義根中就以為看到外面的環境是黑暗的。如果身外景象是光明的，覺知心在勝義根中就跟著看到光明景象；外面是紅的，覺知心在裡面就看見紅，如來藏猶如明鏡一般完全忠實地映照出來。所以是如來藏藉著祂所生的五扶塵根攝受身外六塵境界，再用勝義根顯現出內相分的六塵境界；然後覺知心的你就在勝義根中體驗內相分中的六塵，誤以為是在體驗外相分中的六塵。而你所體驗的青黃赤白、形色、表色、無表色等法，其實都是你自己的如來藏所顯現出來的，一切有情從無始劫以來都不曾親自接觸到身外的六塵。初地菩薩如果沒有這種現觀就無法滿足初地心，當然無法轉入上地繼續進修無生法忍及金剛三昧，就無法在純暗境界中體驗如來藏顯示出來的六塵境界，這時雖然知道所見色塵也是自心如來藏所變現，卻仍然受限於外境而無法在暗夜中看見色塵。到了三地滿心「色陰盡」時，對於六塵確實不必假借四大色法所成的光明就能永遠看見，因爲能見與所見都是自己的如來藏所生，已超越外境限制了，所以不必假藉外法光明來見。如果無法證實這個事實，猶如鏡像的現觀也沒有成就，即不能滿足初地心，不能轉入二地，更不可能到達「色陰盡」的境界。

如果有這些現觀就一定能夠同時獲得猶如谷響的現觀，就表示「色陰盡」了。可是「色陰盡」時畢竟還只是智慧，「若有所得而未能用」：雖然已經有這個智慧了，但是還不能起用。就好像一個健康的人，本來能跑能跳能說話，可是睡覺時被魘鬼壓住身體，也就是常常有人遇到的鬼壓床。常常有人好端端地住在大飯店中，沒想到那個房間以前死過人，那個死人落入鬼道中沒有離去，因爲沒有人爲他超度，所以就與鬼同住一個房間裡。以前我曾經去台南住在一位同修家裡，他的祖先還在鬼道中沒有重新受生爲人，所以夜半都還在房子裡走動；不過我們相安無事，因爲他很善良，我也很善良（眾笑…），所以大家相安無事，也因爲過去世都沒有結過怨。

可是有的鬼不分青紅皂白，那就是惡鬼；他才不管是誰住進來，也不管房客往世有沒有和他結怨，他認爲：「這是我的地盤，你住進來干擾到我，我就要捉弄你。」於是就把房客壓在床上，讓房客動彈不得，這就是「魘人」，也就是被鬼壓在床上的意思。這時，那個人睡在床上，手腳都好好的，但就是不能動，這就是世俗人講的鬼壓床。這時「手足宛然、見聞不惑」，手足都是好好的，「宛然」就是完好而沒有被傷損。這時「見聞不惑，心觸客邪而不能動」，聽得很清楚，也看得很清楚，可是觸到外來的邪法而使身體不能動作，因爲被惡鬼所掌控了，所以不能動作。以這樣的例子，形容初地滿心菩薩雖然已經有了猶如鏡像的現觀，他的初地無生法忍智慧圓滿了，然而畢竟還只是智慧而無法在世間功用中發起作用來。這時就只有智慧，能爲人演說勝妙法，可是在世間法上還不如一個世俗凡夫能顯現五通的作用，仍然被限制於受陰境界中，無法起行；又如三地滿心能在暗夜中清楚看見一切色塵，色陰已盡而轉入四地了，但是這時的佛性還是只能在見上起用，仍然不能生起其他的作用，還無法突破受陰的限制，所以叫作「受陰區宇」，也就是還沒有突破受陰的境界。

這就是說，如果有了猶如鏡像的現觀，畢竟只是智慧，所以還無法發起大用。別說猶如鏡像的現觀，就算是二地滿心的猶如光影現觀，也是只能對自己的內相分種子生起作用，還是發不起他受用功德。得要到三地滿心位，才能發起各種他受用功德，也還不能突破受陰區宇。譬如二地滿心的猶如光影現觀，只能改變自己原來不清淨的內相分，只能在這上面自己作意轉變，變成清淨的內相分，還是無法對別人直接產生他受用功德。猶如光影的意思是說，譬如一面明鏡，明鏡中所顯示出來的影像，並不是由鏡子自己來變化的，而是由鏡外的青黃赤白明暗等光影，使鏡中影像產生轉變，是鏡外光影轉變而使鏡中相分跟著轉變。在八識心王總體來說，光影就是七轉識；如果親證這個現觀了（當然必須是如實證知、如實現前觀察），從此以後想要轉變自己的內相分，想要把染汙的內相分種子如何轉變清淨，想要以什麼樣的時程來轉變完成，都由七識心自己控制來轉變，這就是二地滿心位的猶如光影現觀。雖然你們在會外不曾聽過這樣的妙法，但不必認為這是我發明的；事實上是經中與論中都有記載，《成唯識論述記》中也有說明。問題只是還沒有證得這些現觀時，本身又沒有道種智，當然無法如實理解這些現觀境界，也無法把這些現觀聯結起來，當然就不知道某一種現觀是某一個階位的實證內涵。就好像一個白癡，完全沒有智慧，你把拼圖給他，他永遠都拼不好。如果是有智慧的人，就能夠很快把它拼起來；只要你把佛菩提道的所有拼圖全部親自拼好了，整個佛道次第就在你心中了，就是初地菩薩了。當然，別人為你拼起來的都不算數。

這就是說，要到三地滿心時才能有各種在世間法上顯現出來的他受用功德，然後才能轉入四地心，否則都是在「受陰區宇」中，當然也同時還在「色陰區宇」中。三地滿心的現觀是猶如谷響，因為三地滿心菩薩能以意生身去到萬佛世界，到處親近諸佛以及廣度眾生；當他度眾生時是以意生身出去作用，這時末那識可厲害了，既緣於這裡的色身，也同時緣於正在他方世界中的意生身。這時有一分意識在這裡的色身中觀察，聽見他方世界自己的意生身正在為眾生說法；在這個世界中一樣聽得清清楚楚，因為是自己的心聲；這時所聽到意生身在別的佛世界中說法的聲音，猶如空谷回響一般，所以名為猶如谷響現觀。如果沒有這個現觀，就不要自稱是三地滿心或四地菩薩，那只能欺騙還沒有來正覺聽我說過這種法的人，只能籠罩無智寡聞的人。

到這個時節，猶如谷響的現觀完成了，就表示他的佛性已經有能力起用了；當然這還不是大用，若眞要說是大用，還得要有四地滿心的現觀。所以眞的能夠大用是在四地滿心位；可是若從上地境界來說，四地的大用還是不具足的。因此證得猶如鏡像的現觀時，雖然說是初地滿心了，那些無聞的愚癡凡夫還是會繼續辱罵，沒有一個人會敬重你。也就是說，一切新學菩薩都不會敬重你，都只會從外表有沒有神通來看你，永遠都會認為你只是一個凡夫。因為他們無法證實你眞的有這種現觀，而他們也不知道猶如鏡像的現觀實證時就是初地滿心。他們往往心中會這樣想：「**我哪有這麼倒楣？偏偏給我碰上一個常常被我罵的初地菩薩。**」他們總是會這樣想，而這種事情總是很平常的。

所以等覺菩薩在人間時，祂的妻女往往不太相信祂。譬如 釋迦世尊成佛以後，如果首先去度祂的父王，祂的父王是不太會立即信受的。一定要先去度五比丘，幾年後大家都承認五比丘確實是阿羅漢了，祂的父王才會眞的相信 世尊已經成佛了！那時再回來度化祂的父王，才會被信受而證果。這就是眾生。但久學菩薩與新學菩薩完全不同，久學菩薩一定會加以求證；當他有疑問時一定會提出來請問善知識，絕對不會悶在心中妄加否定。所以眞的想要生起作用，還得要修到三地滿心位。可是依《楞伽經》所說，還是會有一些三地滿心菩薩，依舊無法發起意生身，乃至有人要到五地時才會發起意生身，那他的大用就沒有辦法顯現出來。這意思就是說，必須要在三地心中實證四禪八定、四無量心、五神通，發起三昧樂意生身。

最近離開同修會的楊先生等人，都認為自己的證量很高，自稱已經證得佛地眞如了；跟隨他們離開同修會的人也大力宣揚他們的證量有多高、多高。但不管他們怎麼宣傳，你都可以從戒定慧三學去衡量，你可以直接問他：「你的證量有多高，是可以檢驗出來的。我且問你戒學，你是持戒菩薩嗎？」「當然我是持戒菩薩，我受過菩薩戒了呀！」你就告訴他：「你誤會持戒的意思了。所謂持戒是說，已經證得猶如光影的現觀了，能控制自己的內相分種子，所以絕對不會再去犯戒了，那才是眞持戒。二地未滿心以前都沒有這個證量，所以都還只是學戒菩薩，還不是持戒菩薩。請問：你是不是持戒菩薩？」這時候他們就不敢再講話了。

「既然還沒有大乘法中的增上戒學，證量能有多高呢？再不然，就談禪定好了；且先不談增上定學，只說通於凡夫的四禪八定，你證得初禪沒有？證得二禪沒有？證得三禪沒有？」這些世間禪定先問一問，如果連初禪善根發的境界都不懂，全都沒有體驗過，說他證量有多高，只能騙我平實啦！因爲我平實既看不見，也聽不見，我無始劫來始終癡癡呆呆，什麼都不懂。所以只能騙平實的如來藏，面對平實的七轉識，可就騙不了了。

我如果遇到了，一定會這樣問：「要不然就說慧學好了，不論你說慧學有多麼好，你連《楞伽經》的義理都能誤會，對《成唯識論》的義理也誤會了，對《大乘本生心地觀經》的經文也能誤會，竟然說你慧學有多好，也是只能騙平實的如來藏，騙不了我的七識心。」所以有時候，還是安分守己好一點。我的個性是這樣的：不論誰誇耀證量多麼高，我當時聽過就丟了，從來不曾當面破斥誰。可是不要因此就來踩我的腳，他們踩了我的腳，我就會把以前他們所說的提出來破斥。我若出來破斥時，可不是像他們只敢在嘴巴上講，從來都不敢落在文字上；他們要是把動作弄大了，我就出書回應；等我把書寫出來深入辨正一番，他們就沒藉口可說了，從此以後就只能顧左右而言他了。他們要是還留人在同修會中，想要看我的笑話，那就等下週再看看吧！那時就知道我有沒有講大話。我是從來不說大話的，我若是說了出來，就表示那是我能作得到的。他們如果能夠懂得懺悔，就還有救；若不懂得懺悔，此生就沒有救了！我特別跟諸位這樣吩咐，因爲我知道，一定會有人把我的話傳過去。

因此說，眞正要能夠起用，是三地中所修的四禪八定修學完成了，能夠安住靜慮了；接著再加修四無量心、五神通，這叫作引發靜慮。首先要能夠在四禪八定中安住，若沒有辦法在定境中安住堅固，引發靜慮的功德就引不出來。引發，就是引發四無量心，引發五神通，也把意生身引發出來。即使完成引發靜慮以後，三地的作用也還不是大用，因爲只是分得大用而已。眞正要講增上定學，那可是五地心的事了。因爲五地心能夠具足安住靜慮、引發靜慮、辦事靜慮，那時可以承 佛陀之命，前往十方世界各處去辦事。當然這個辦事，不是像道教那些乩童所講的爲人調解鬼神恩怨等事情；而是承受 佛陀之命前往他方世界辦事，完全是佛法中的事，這叫作辦事靜慮。到五地滿心時成就這個辦事靜慮，才算是眞正的增上定學成就。

所以眞正要生起大用，是五地滿心位開始生起大用；三地滿心時只是漸漸發起，開始生起一些作用了。若是戒慧直往的菩薩，三地滿心時可以飛過萬佛世界。如果是戒慧直往的初地滿心、二地滿心菩薩，可都沒有大用，一定等到三地滿心時才有幾分大用。如果是三明六通大阿羅漢迴心修證佛菩提，到達初地滿心位時就可以飛過百佛世界了，因爲他們在小乘法中就已經有這種能力了；所以大阿羅漢們迴小向大來修佛菩提道，那是走另一條戒定直往的路，而他們在大乘法悟後還是得再補修三賢位中的種種功德，所以正科班的佛菩提道中不是這樣修的，因此才說法無定法。

話說回來，三地滿心菩薩在「色陰盡」的境界中，轉進到了四地「受陰區宇」時，「若有所得而未能用」，就像魘人一樣，「手足宛然、見聞不惑」，可是「心觸客邪而不能動」，無法生起大作用來，這就是「受陰區宇」。這是突破色陰的侷限了，但還沒有突破受陰，還在受陰的境界之內。那麼應該如何突破「受陰區宇」呢？就是繼續再深入如來藏金剛三昧中安住，後來心地更清淨了，所作觀行也夠深入而了知更微細的金剛三昧境界，深入安住久了以後，「若魔咎歇」，如果魔鬼的過咎已經停歇了，也就是受陰的區宇打破了，突破受陰的限制，覺知心就可以離開色身「返觀其面」，從色身之外來看自己的臉；這時的覺知心不再被受陰限制，不會再被繫縛在色身之中，可以在身外「去住自由，無復留礙」。這就是「受陰盡」的境界。

這時爲什麼「無復留礙」呢？因爲這時有三昧樂意生身，是藉金剛三昧的力量而由如來藏中出生的，由覺知心作意所生的意生身，牆壁、玻璃等物都不能遮止，而且覺知心自己就可以獨自隨意觀察，不必假借意生身來作用，所以「無復留礙」。這時已經「其心離身，返觀其面」，覺知心可以自己運作或藉意生身「去住自由」，就不再被受陰所拘束，這就是「受陰盡」的境界。這時還是特地保留著最後一分思惑，所以會繼續世世都在人間行菩薩道，但是已經不再被受陰拘束了，這就是「受陰盡」的實證，滿足六地心，不久就準備要轉入「想陰區宇」的境界了。

證得「受陰盡」境界的人，就能「超越見濁」。爲什麼能夠超越呢？當然要先來講一講「見濁」的意涵。「見濁」，從表淺的層面來說，是正法已經不在人間了。今天雖然是末法時代，但末法時期還是有正法存在的，只是弘傳時無法像正法時代那麼寬廣與普遍，所以現在才會被叫作末法。正法時代弘傳如來藏妙義，比現在容易很多；但是現在弘傳很困難，所以就依這個緣故區分爲正法與末法時期。正法什麼時候會滅絕呢？五百年的正法期，一千年的像法期，都已經過去了，接下來一萬年的末法時期過了，正法就全部滅盡不傳了。諸位可能想像不到爲什麼那時正法會滅盡，但是到了那個年代，正法之所以會滅盡，是因爲密意已經完全洩漏而普遍公開了，也被寫到文字上了；那時都可以在書中查到阿賴耶識是指什麼，立即可以知道阿賴耶識的所在。由於不必參禪體驗，所以那時大家都知道如來藏，卻都沒有體驗，所以智慧無法出生，當然都沒有人肯相信佛法了，就會認爲那只是一種知識，不再有人願意學佛，正法也就正式宣告滅亡了。

由於當年我禪三明講眞如心的所在，才會有今天楊先生第三批人退轉的後果，當然還是要由我自己收拾爛攤子，都不能怪別人，都只能怪我自己。第一次禪三時更荒唐，當他們參不出來時，我就找他們來直接說明佛性的密意，然後教大家如何看。現在看來，還眞是要命的行爲！好在那八位被我明講的人之中，有兩位在解三後幾天還是看見佛性了，否則我的罪過可眞的很大。如今痛加檢討，發誓絕對不再犯這種明說的過失。那麼末法最後時期爲什麼密意會被全部公開？因爲到那時學佛人的根器非常非常差，那些佛門大法師們全都不信如來藏妙義，更有人堅持意識就是如來藏，所以不斷地攻擊眞正的如來藏法錯誤；住持正法的人不得不極力辨正，還得要舉出許多理由來證明，於是密意就在不小心的法義辨正中，漸漸全部洩漏了。

所以說，只有獅子身中蟲，才能殺死獅子。好在今天我這一頭獅子隨身攜帶殺蟲劑，不讓身中的寄生蟲繼續滋生；我的殺蟲劑就是方便善巧辨正法義，不讓如來藏的密意洩露出去。我有時心裡想：廣欽老和尚一定是預見這種情形，他如果眞的把如來藏密意傳下去，一定會被徒弟們質疑。被質疑以後他又無法舉證經教來證明，結果將會被他的徒弟們否定，所以只好祕而不傳，單用神通攝受徒弟們，不然能怎麼辨呢？所以密意的保護非常重要，我一直不願意大肆宣傳廣招徒眾，原因也在這裡。

如來藏密意，是在月光菩薩來到人間之前，已經普遍洩漏了，因此大眾都不信。大家都買書來作研究，結論就是：「哎呀！笑死人了，這個就是阿賴耶識了，還說這個心就是未來佛地的眞如，眞是笑死人了！」從此以後就沒有人相信了！最後怎麼辦呢？只能由月光菩薩來收拾爛攤子。月光菩薩至少得要有七地滿心的實證，因爲他要率領大阿羅漢們，非得要七地心的念入滅盡定，否則無法攝受他們。那時就由他以這麼大的威德來示現及說法，由他來大弘釋迦佛法的最後五十二年。那時不但是要說勝妙法，還得要示現大神通，於是有一些人信受，一個又一個完全體驗而悟入正法中；可是該度的人度完了，其餘的人可就全都不信了，只好帶著這一群賢聖入山去修行，最後全部都捨報了，正法就滅沒了。然後就要再等待一億四千萬年，或者說五億七千六百萬年後，彌勒菩薩來人間降生時才會再有佛出現。那時候人壽八萬四千歲，大家都很有智慧，因爲教訓都學得夠多了，善根都很足夠，所以度人就很容易了。

話說回來，眞要生起全部作用來，得要到「受陰盡」之後才能開始生起功用。三地滿心猶如谷響，說老實話，大部分眾生還是不相信你的。當你告訴他們說：「我昨天打坐，去某一個佛世界，禮拜供養某佛；我又去某一個世界，度了某某眾生。」他們可能大罵說：「你好大膽！你是大妄語，一定會下地獄！」所以這種證量也不能在人間對人類說，只能向天人說。所以如果眞的要生起大用，要到四地如水中月的現觀完成以後，大用才能漸漸起來，然而人間眾生也還是大多不信的。得要到了五地滿心變化所成的現觀完成時，有辦事靜慮的功德了，可以隨時隨地爲凡夫眾生服務時，他們才會普遍信受的。這時你所能宣說的佛法就非常深細了，可是凡夫們還是不信你，那時你得要以神通搞搞怪，他們才會相信你。

那麼三地滿心的菩薩們，如果想要讓人家信，就只能以禪定來搞怪；譬如今天上座後，兩天不出定，三天不出定，四天不出定，一坐就是半個月；後來乾脆一坐就是一個月，於是新聞記者都會來錄影報導了，終於在過了一個月以後出定了；那時身體動一動，把筋骨鬆一鬆，請問大眾：「今天是何年何月何日呀？」只要搞上這麼一次怪，大家都會服你，否則就沒辦法服人了。三地滿心菩薩只能搞這種怪，因爲一般的神通，只對少數人有用，大眾都看不見，現了也沒用呀！所以五濁惡世的眾生就是這麼難度。因此佛門中一向有一句話說：「師父不搞怪，徒弟不來拜。」

最近聽說有一位蠻有名的尼師，以「毗盧遮那佛」自居；她因爲徒眾們不很服她，就宣稱她要走人了！不知道內情的大眾就苦苦哀求、請「佛」住世。她怎麼會是 毗盧遮那佛？連我見都沒有斷除，也不曾明心，佛教中哪有不斷我見也不明心的凡夫佛？凡是自稱 毗盧遮那佛的人，都是地獄種性；事實上確實如此，因為連這種大妄語都敢說，當然是地獄種性的人。她把比丘尼戒丟在一邊，只是為了這一世眷屬的恭敬供養，就可以把未來無量世拿來作賭注，眞是愚癡！我們縱使再向老天借來一千個膽子，也不敢這樣。所以我們都是如實語，有什麼就說什麼，沒有的可就不敢編造了，就依文解義講解。千萬別怕別人輕蔑地說：「你怎麼能依文解義呢？」因為沒有親證，當然就依文解義，何必要發揮自己所不知道的法義呢？萬一發揮錯了，可是要負擔因果的。所以我還是學孔老夫子：「知之為知之，不知為不知，是知也。」這樣才是世間法中有智慧的聰明人，學佛時也應當如此。

這意思是說，正法到最後會滅亡，是因為密意廣被洩漏。所以密意洩漏是很嚴重的事，凡是經中有說到如來藏、阿賴耶識，是比較明說的，都要注意一個事實，就是同樣都沒有〈流通分〉。這表示不應該廣為流通，廣為流通就是在破壞正法。所有的經典，幾乎都有〈流通分〉，都吩咐要書寫、讀誦、流傳、為人廣說，要到處去宣揚。然而有極少數經典就是沒有〈流通分〉，並且還吩咐說：如果來學法的人是外道，根本不該為他講解此經；如果來學的佛弟子不是很恭敬、很渴求這個法，也不應該為他解說。是連一般的佛弟子都不許為他解說的。所以佛法絕對不該依自己的喜好或厭惡，就決定要怎麼作，應該從整體佛法、整體佛教來考量。

正覺同修會因為現在還沒有到推展期，還在凝聚期間，所以不會有大動作出現。我們要等到禪三道場（不必作本山道場，那規模太大了，我不想勞師動眾，也不想耗費大量錢財在建築上面），只要有個禪三道場，也有常住菩薩的寮房，當我們辦禪三時，連同常住眾能夠住上二、三百個人就夠了！這樣子以後也可以有常住菩薩安單，只要他認同自己是同修會的一分子，心在同修會中，而且讓我們覺得他具有菩薩種性，願意為正法的久住來共同努力，就可以在這裡安單。當這個部分完成了，我們就要定一個時間開始推展期的弘法行動了。（編案：此書出版時已經進入推展期了。）

但現在還不是推展期，所以我還是依一定的時程與次序，繼續既定的弘法活動。一定要在佛教界都認為正覺的正法是不可能再被考驗的了，才是正法推展期成熟了。此時最怕的就是基礎還沒有穩固，就急著推展，好像小孩子站都站不好就想要跑步，不跌倒才怪。這一次第三批人的退轉也是一樣的狀況，這也是我當年明講密意造成的，應該也是最後一批會退轉的人了！這一次的事情眞叫作禍生腋下，就好像一個炸藥在我的腋窩裡爆炸一樣，眞是救之不及。會外沒有什麼人值得我們正視或恐懼，因爲會外絕對沒有人能向我們挑戰，只有會裡的人才稍微有能力來挑戰。但是他們這一次出來挑戰，能不能成功呢？我向大家保證：他們絕對不會成功。即使是八地、十地、等覺菩薩來挑戰，也沒有辦法推翻我的如來藏正法，最多只能夠指正說：你這裡有一些小錯誤，應該要如何修正。在根本法上面是絕對沒有辦法推翻我的，即使等覺菩薩來了也一樣無法推翻我。我今天敢當著 佛座之前，公開說這些話，當然是有把握才敢說嘛！

此外，如果有人想要去修學神通，請特別注意，務必等到三地心中，四禪八定已經學好了，那時才學。否則將來變成道教中的乩童，心中痛苦而想要脫離，卻始終無法脫離時，再來怪我，誣賴我教你的是道術，要我幫你收回去，我可不答應，因爲我從來不教道家的東西。上週有一位師兄來問我一些道法，我還問他說：「你是修內丹？或是修外丹？」那些事物我也可以談一些，年輕時我也搞過一些，但終究只是世間有爲法，無法出三界生死，更別說是證得佛菩提，當然早就棄如蔽屣了。如果不依著佛菩提的內涵與次第來修，今天硬要去修學神通，將來變成乩童或者被送進榮民總醫院的長青樓去，可別來找我，因爲那都不是我教的佛法，與我無關。而我越來越忙，也沒有時間每天去那裡面爲他解惑救迷。

可別等哪一天變成乩童了，又招來一些別有用心的人特地拿來誣謗說：「你們有某某人跟蕭老師學法，如今變成乩童了，所以蕭老師是乩童之王。」別爲我惹出這些事件來。我今天先把醜話講在前頭，因爲有人一直想要去修學神通。我不是否定神通，而是說菩薩修學神通是有一定次第的。如果到了三地心，而且滿足四禪八定了，你想要修神通，我都不反對。因爲你絕對不會被神通境界所轉，而且還能夠拿它作爲工具來利樂有情，卻不會被神通境界所轉。修學神通時要注意的是，如果現在有了神通，只是欲界定中修得的神通，如果有個鬼神具有未到地定，他的神通威德比你大，你就得要聽他的，那時你只能當他的奴僕，也就是當他的乩童，因爲你沒有大威德可以拒絕他。

那你如果沒有神通，他知道你確實沒有神通，就不會找上你；因爲他如果找上了你也沒有用，他跟你之間無法溝通，當然就不會來招惹你。你如果有了神通，定力又比他低，那你就只有聽命於他了，以後就沒有什麼時間可以修學佛法了。所以如果是到了三地心，四禪八定已經完成了，還有四無量心的實證，那時所修成的神通是世間神通第一，無人能超越你，這時還有哪個鬼神敢來招惹你？那你就不會有問題。如果現在硬要去學，我今天先把話說在前頭：以後若是出了問題，不要來找我收拾。

接著回來解說「見濁」的深層意義。「受陰盡」是「其心離身，返觀其面」的境界，這時可以用意生身離開色身，也可以覺知心自己單獨離身，去住遠近都無所障礙，這個人不但已經超越劫濁，也超越了「見濁」。也就是說，即使是處身於末法期已經過去的完全沒有正法的時代，也不會被邪見所轉，都可以看見所有善知識的境界；那時也不必聽他們說法，只要看到他們身上的光明就知道還在什麼層次中了。而他超越「見濁」的主要原因是什麼呢？是因爲他能夠現前觀察：一般人會落入「見濁」之中的原因，都是因爲「虛明妄想以爲其本」而出生的。什麼是「虛明妄想」？譬如外道修學氣功，想要練神還虛，縱使成功了，仍然是意識境界，卻以爲是眞正的虛無不壞的境界了。所以當他們修練陽神出竅以後，也可以「返觀其面，去住自由」，卻仍然不得解脫，依舊沒有實相般若，更無法成就無生法忍，繼續再當凡夫。這就是「虛明妄想」，尚且不離「色陰區宇」，何況能超越「受陰區宇」？這樣的境界是不離四大繫縛的，所以後世還得要繼續受生於欲界天中，或者乃至下墮人間繼續重新再修，因爲他們都不離「見濁」；他們的能知能見的覺知心都是與四大「相織妄成」的，所以未來世還得要再繼續受生於欲界中，再度由「水火風土旋令覺知」：他們能覺能知的自性還是要依四大所成的五色根才能生起。

但菩薩的「受陰盡」境界卻不是這樣的，菩薩了知這個道理：受陰的存在是以領納三受、五受作爲存在的要件，而受陰其實是在四大所成的五色根與六塵之中，才能存在與運作。了知這個道理以後，不再依五色根及六塵來產生覺知心，來領納四大所成的六塵境界，以免繼續被四大所成的五色根與六塵所繫縛，於是專注於金剛三昧境界，轉化爲如來藏直接出生的能覺能知自性；一旦轉化成功，覺知性是由如來藏中直接出生的，是佛性起用；這時已經不是假藉四大所成的五色根與六塵而出生的覺知性，這時從表相上看來，雖然與道家或其他外道的離身「返觀其面，去住自由」一樣，但他們是藉四大所成的五色根與六塵所成的覺知心，來進入這種境界中，不離色陰與受陰的境界；菩薩卻是離開色陰與受陰境界，直接從如來藏中出生的覺知性—佛性—直接運作，超過色受二陰的習氣種子境界，才能超越「見濁」。

「見濁」的究竟義，是說能見之性不清潔，渾濁不堪。眾生的能見之性都是由四大所成的五色根與六塵相觸以後才能生起的，根本就不是佛性，而是識陰所攝的能見之性；既然是被四大所繫縛的見，這種見當然是渾濁不清的，所見內涵也就有限了。六地滿心時超越「見濁」了，這時的佛性可以起用了，已經不像三地滿心菩薩的佛性還不能大用，也不像初地菩薩所見的佛性還無法起用；當然十住菩薩所見的佛性更不可能起用，只是能夠被看見而已。而三地滿心菩薩所起用的佛性是不被色陰習氣種子繫縛的，六地滿心菩薩的佛性則是不被受陰習氣種子所繫縛的；所以這時藉意生身或不依意生身而運作的能見之性，是超越色陰與受陰的佛性。而外道的出陽神，雖然同樣都能「返觀其面，去住自由」，卻是被四大所攝而不是排拒四大的能見之性，是與四大「相織妄成」的識陰的功能，不離「劫濁、見濁」，永遠都不會與解脫及佛菩提智相應。

六地滿心菩薩超越了「受陰區宇」以後，終於轉進到「受陰盡」的智慧境界中，當然沒有「見濁」而使佛性可以不藉四大根身而直接作用了。這就是六地滿心菩薩隨順佛性的境界，不是未滿心的六地菩薩或三地菩薩所知，當然更不是眼見佛性的十住菩薩所知。菩薩這時是無苦無樂的，心中只有佛菩提與佛教正法的存續，對於法眷屬的貪愛習氣也大爲減低了。如果能夠超越「見濁」時—到了「受陰盡」的境界—超過「受陰區宇」，就不再領納受陰境界而遠離受陰相應的習氣種子了。阿羅漢們的受陰已盡，是斷除對受陰的執著，但仍有受陰的習氣種子未斷除，菩薩這時卻已經斷盡受陰所攝的習氣種子了。

有受皆苦，可是眾生並不瞭解；阿羅漢們雖然瞭解了，卻還沒有斷除受陰的習氣種子，因為還沒有斷除「見濁」。受的本質是依於意識心而有的，而四大所成的五色根與六塵即是一切受的根源，所以凡夫與阿羅漢們的能見能知的心，都是與四大「相織妄成」的妄心。但菩薩不然，六地滿心菩薩既然依金剛三昧來修止，終於脫離了四大所成的覺知心，轉成由如來藏直接出生的覺知心，可以「返觀其面，去住自由」；這不是依於五色根「水火風土旋令覺知、相織妄成」的識陰中的覺知心，來領受六塵境界，所以這時的能見之性是無濁純清的，當然是超越「見濁」而遠離「受陰區宇」了，所以成就「受陰盡」的境界。

凡夫依意識心而有三種受，如果再廣說則有五種受：苦、樂、憂、喜、捨受。凡夫修行人依於意識覺知心而在虛明境界當中安住，以為就是涅槃，於是邪見產生了，我見具足分明。二乘修行人知道一切受是苦，因為都由意識覺知心而有；而意識覺知心是依他起性，既是依於其他眾緣而生起的心，其性是生滅無常，無常所以空，空所以無我，無我就不是常樂我淨，那當然是苦了，於是滅了覺知心及其餘四陰而入無餘涅槃中；這是解脫於三界生死苦，然而還是不能滅除「見濁」，因爲他們只知道覺知心虛妄，卻不知道他們所要滅除的覺知心的能見之性，都是由「水火風土旋令覺知」的藉五色根所成就的覺知心境界，還不知道他們捨報後將要滅除的覺知心是與四大「相織妄成」的，所以都還有「見濁」。

這就是說，當六地滿心菩薩「受陰盡」時，能親自證實眾生修行時都是由於「虛明妄想以爲其本」，所以產生了邪見，不能超越「見濁」，總是不能「排四大性」，落入緣於四大所成就的五色根與六塵爲緣，才能生起的覺知心中；於是他們的「見」都是與四大「相織妄成」的污濁之性，「見」不清淨。如果想要超越「見濁」，得要現觀色陰虛妄、受陰虛妄，還要現觀能覺能知之性其實都是緣於四大所成的五色根與六塵才能出現的，不離「色陰區宇、受陰區宇」。一定要依如來藏金剛三昧實修，持續地加深「精性妙淨」的三昧境界，才能在這時直接由如來藏心中發起清淨的見，這時的見才不是渾濁的見，這時就離開「見濁」了，這就是「受陰盡」的境界。所以六地滿心菩薩的見是無濁的清淨見，這才是六地滿心菩薩的隨順佛性的大用。要以這種清淨的見，才能增上第六地的意生身，然後才能進而圓成非有似有的現觀，成滿六地心。

像這樣的地上菩薩境界，絕對不是凡夫眾生所能知道的。且不說這種境界，單說斷我見，當代所有大法師們都已經無法成就了，當然也無法明心證眞如，要如何爲他們解說這種甚深難解的微妙佛法呢？如今還有一些人，譬如南懷瑾的學生，都還在狡辯：「**覺知心當然是常住不壞心，怎麼會是意識？**」連覺知心就是識陰六識的知見都還沒有，我見都還斷不了呢，那麼這種極深妙法，又要如何向他們解說？他們到現在都還認定覺知心就是眞實心、常住心，而且還振振有詞地說：「你看！《楞嚴經》不是講嗎？**能見之性、能覺之性非因緣、非自然。**」我說：「**能見之性、能知之性，那是識陰也是意識心。**」但他們都不信，那你能救他們嗎？全都救不了！所以那一部分人就只好暫時隨緣，等他們將來緣熟了再說吧。

以上講的是「**見濁**」所函蓋的「**受陰區宇**」，如今「**受陰區宇**」與「**受陰盡**」都講解完了。可是從「**受陰區宇**」想要修到「**受陰盡**」的境界之前，還是會有一些岐路境界出現；因爲這些境界會引來外魔，當然也是由於自己的邪知邪見才會引進來的，就是內神通外鬼。內神就是自己的覺知心，在《阿含經》中有時講「神」，就是講能知能覺的精神體，有時又名爲「神我」，所以說：「神是我，我是神。」《阿含經》中這時所講的神，不是講鬼神，而是自己的覺知心。由自己心中邪見與攀緣而招惹外面的鬼進來，所以就著了鬼神魔。這種鬼神魔的境界，一樣是有十種，所以世尊接著說：

【「阿難！彼善男子當在此中得大光耀，其心發明；內抑過分，忽於其處發無窮悲，如是乃至觀見蚊虻猶如赤子，心生憐愍，不覺流淚，此名功用抑摧過越；悟則無咎，非為聖證；覺了不迷，久自銷歇；若作聖解，則有悲魔入其心腑，見人則悲，啼泣無限，失於正受，當從淪墜。

阿難！又彼定中諸善男子見色陰銷，受陰明白，勝相現前；感激過分，忽於其中生無限勇，其心猛利、志齊諸佛，謂三僧祇、一念能越，此名功用凌率過越；悟則無咎，非為聖證；覺了不迷，久自銷歇；若作聖解，則有狂魔入其心腑，見人則誇，我慢無比，其心乃至上不見佛、下不見人，失於正受，當從淪墜。

又彼定中諸善男子見色陰銷，受陰明白，前無新證，歸失故居；智力衰微，入中墮地，迥無所見；心中忽然生大枯渴，於一切時沈憶不散，將此以為勤精進相，此名修心無慧自失；悟則無咎，非為聖證；若作聖解，則有憶魔入其心腑，旦夕撮心懸在一處，失於正受，當從淪墜。

又彼定中諸善男子見色陰銷，受陰明白，慧力過定，失於猛利，以諸勝性懷於心中，自心已疑是盧舍那，得少為足；此名用心亡失恒審，溺於知見；悟則無咎，非為聖證；若作聖解，則有下劣易知足魔入其心腑，見人自言我得無上第一義諦；失於正受，當從淪墜。

又彼定中諸善男子見色陰銷，受陰明白，新證未獲，故心已亡；歷覽二際，自生艱險；於心忽然生無盡憂，如坐鐵床，如飲毒藥，心不欲活；常求於人，令害其命，早取解脫；此名修行失於方便，悟則無咎，非為聖證；若作聖解，則有一分常憂愁魔入其心腑，手執刀劍自割其肉，欣其捨壽；或常憂愁，走入山林，不耐見人；失於正受，當從淪墜。

又彼定中諸善男子見色陰銷，受陰明白，處清淨中，心安隱後，忽然自有無限喜生，心中歡悅不能自止；此名輕安無慧自禁，悟則無咎，非為聖證；若作聖解，則有一分好喜樂魔入其心腑，見人則笑，於衢路傍自歌自舞，自謂已得無礙解脫；失於正受，當從淪墜。

又彼定中諸善男子見色陰銷，受陰明白，自謂已足，忽有無端大我慢起，如是乃至慢與過慢，及慢過慢或增上慢或卑劣慢，一時俱發；心中尚輕十方如來，何況下位聲聞緣覺？此名見勝，無慧自救；悟則無咎，非為聖證；若作聖解，則有一分大我慢魔入其心腑，不禮塔廟，摧毀經像，謂檀越言：『此是金銅或是土木，經是樹葉或是疊花；肉身真常不自恭敬，卻崇土木，實為顛倒。』其深信者從其毀碎，埋棄地中；疑誤眾生，入無間獄；失於正受，當從淪墜。

又彼定中諸善男子見色陰銷，受陰明白，於精明中圓悟精理，得大隨順，其心忽生無量輕安；己言成聖，得大自在，此名因慧獲諸輕清；悟則無咎，非為聖證；若作聖解，則有一分好清輕魔入其心腑，自謂滿足，更不求進；此等多作無聞比丘，疑謗後生，墮阿鼻獄；失於正受，當從淪墜。

又彼定中諸善男子見色陰銷，受陰明白，於明悟中得虛明性，其中忽然歸向永滅，撥無因果，一向入空；空心現前，乃至心生長斷滅解；悟則無咎，非為聖證；若作聖解，則有空魔入其心腑，乃謗：『持戒名為小乘，菩薩悟空，有何持犯？』其人常於信心檀越飲酒噉肉，廣行婬穢；因魔力故，攝其前人不生疑謗，鬼心久入。或食屎尿，與酒肉等，一種俱空；破佛律儀，誤入人罪；失於正受，當從淪墜。

又彼定中諸善男子見色陰銷，受陰明白，味其虛明，深入心骨，其心忽有無限愛生，愛極發狂，便為貪欲；此名定境安順入心，無慧自持，誤入諸欲；悟則無咎，非為聖證；若作聖解，則有欲魔入其心腑，一向說欲為菩提道；化諸白衣平等行欲，其行婬者名持法子。神鬼力故，於末世中攝其凡愚其數至百，如是乃至一百二百，或五六百，多滿千萬。魔心生厭，離其身體；威德既無，陷於王難。疑誤眾生，入無間獄；失於正受，當從淪墜。」

講記：「阿難！那位善男子正當住在受陰區宇之中，色陰已盡而繼續深入金剛三昧，獲得大光明照耀一切，知道應該如何使自己的心發出光明了；可是卻因爲深入三昧而向內壓抑太過分，忽然於所住的大光明境界中發起無窮的悲心，看見家眷法眷乃至觀見蚊虻時都猶如親生嬰兒一般，心中生起憐愍的心情，不知不覺之間流下眼淚，這個狀況名爲功用抑摧過分而超越自己的心境。這時若能悟知生悲的原因就不會有過咎，這並不是上地聖位的實證內涵；覺察明了就不致於迷惑，時間久了自然會銷亡停歇。若是無知而把它當作是證得聖境來解釋，就會有悲魔進入他的心腑之中，然後遇見任何人時都會傷悲，長時間啼泣而不能停止，反而失去金剛三昧的正受，死後將會隨從悲魔淪墜於鬼道之中。

阿難！那些住在金剛三昧中的善男子們，看見色陰已經銷盡，所住的受陰區宇中的境界清楚分明，殊勝的境界現前了；這時對聖智境界的感應與激發超過了本分，忽然於受陰區宇的境界中生起無限的勇猛，使他的心突然勇猛利落、志向與諸佛一樣偉大，認爲三大阿僧祇劫的修行、一念之間就能超越完成，這種境界名之爲三昧功用凌厲而突然過分超越。如果悟知導致這種狀況的原因是功用凌率過越，就能遠離而沒有過失，也知道這仍然不是上地或佛地聖智的實證；只要徹底覺察其中的過失就不會被迷惑，時間久了以後自然就會銷失停歇。若是把這個境界當作證得佛地或上地聖智來解釋，就會有狂魔進入他的心腑，從此以後凡是遇見別人時就誇耀自己的證境，以自我爲中心的慢心無比強烈，那時他的心中高傲到誰都瞧不起，乃至向上瞧不起諸佛、往下也沒有一個人讓他瞧得上眼，於是失掉了如來藏金剛三昧的正受，未來捨報時將會隨從慢心及大妄語業而淪墜三惡道中。

此外，那些在金剛三昧中，還沒有離開受陰區宇的諸多善男子們，看見色陰區宇銷滅，而受陰的境界清楚明白時，往前的受陰盡境界還沒有新的所證，若是退歸原來的境界時，又已經離開色陰盡的境界而失去原來所住的色陰盡境界；而他的智慧力量衰弱微小，暫時還無法往前推進，於是墮入受陰盡與色陰盡這兩個境界的中間地帶，也就是住在受陰區宇之中，這時別的什麼境界都看不見。於是他們心中忽然出生了很大的乾枯渴求，於一切時中都是如此幽沈而憶持不散，將此境界錯認爲殷勤精進的法相，這個境界名爲修心時沒有智慧而自己失去用功的方法。若能覺悟到是由這個邪謬所產生的現象，就不會有過咎來障礙道業，這也不是上地聖智境界的實證；若是錯把這種大枯渴的境界當作證得上地聖智來解釋，就會有沈憶魔進入他們的心腑之中，從早到晚都攝心不動而懸在同一處境界中，於是迷失於金剛三昧的正受，死後將會隨從這種境界淪墜惡道中。

還有住在不離受陰區宇的金剛三昧中的善男子們，看見色陰已經銷盡，而受陰境界清楚明白，由於他們的慧力超過定力，因爲慧力太過於猛利的緣故，於是以種種勝性懷納於自己心中，心中已經疑心自己其實就是盧舍那佛，便以眼前所得的少分聖境認爲已經滿足佛道而成佛了；這種境界名之爲用心精進時亡失了常恆審度的功能，耽溺於自己的所知所見之中。若能悟知這種境界產生的原因，是自己失去常恆審度的功能，就不會有過咎，而這仍然不是上地聖智的實證。若是把這種境界當作是上地聖智親證來解釋，就會有下劣易知足魔侵入他的心腑之中，遇見別人時都會自稱已經證得至高無上的第一義諦；因此而失去了如來藏金剛三昧的正受，死後將會隨從易知足魔淪墜於三惡道中。

還有一些住在受陰區宇中的菩薩們，他們住在金剛三昧中看見色陰銷盡了，不受夜暗的遮障，受陰的境界清楚明白；這時新的證境尚未獲得，而原來舊的心境卻已亡失；當他們一一重新檢查已經捨離的前際，又觀望尚未證得的後際，自己心中生起佛道艱險的想法；接著便於自己心中忽然生起無盡的憂慮，猶如坐在火熱的鐵床上，又如同飲了毒藥一般，心中都不想要再活下去了。從此以後常常央求別人，教別人來殺害自己的身命，想要提早取證解脫。這種人名爲修行失於方便，若能悟知這種境界產生的原因，是因爲修行時遺失了方便善巧；知道是這個原因所產生的現象，就會漸漸離開無盡的憂愁，這個現象也就不會產生過咎，也知道這仍然不是證得上地聖智的境界。若是沒有智慧觀察出原因，便以實證上地聖智來解釋這個境界，就不會想要離開這種錯誤的境界，於是會有一分常憂愁魔進入他們的心腑中，以後就會在手裡執持刀劍想要自己割棄身上的肉，心態上是欣樂自己捨棄壽命的；或者常常都在憂愁，狂亂地跑入山林之中，都不耐煩遇見別人。這樣的狀況是失掉了金剛三昧的正受，死後將會隨從常憂愁魔淪落下墜。

住在金剛三昧中的許多善男子們看見色陰銷盡了，受陰清楚明白，於是安處於受陰區宇的清淨境界中，心中已經得到安隱以後，忽然自己心中有著無限的歡喜出生了，那時心中的歡悅無法自己停止下來。這種境界名爲輕安而沒有智慧自我禁制，如果悟知這個境界產生的原因是輕安而無智慧自禁，就不會有過咎，而這種境界也不是上地聖智的實證。若是錯將這種境界當作證得上地聖智來解釋，就會有一分好喜樂魔進入他們的心腑，以後遇見每一個人時都會歡笑，又於十字路傍自己唱歌、跳舞，自稱已經證得無礙的解脫了；這其實是失卻了金剛三昧的正受，死後將會隨從好喜樂魔沈淪下墜。

還有那些住在如來藏金剛三昧定中的許多善男子們，看見色陰銷盡，受陰境界清楚明白時，突然自稱應修證的境界都已經滿足證得了，忽然心中無緣無故而有大我慢生起，就像這樣住於慢心之中，乃至慢、過慢、慢過慢、增上慢或卑劣慢，一時之間同時都發起；這時他的心中尚且輕視十方如來，何況是下位的聲聞阿羅漢與緣覺辟支佛？這種境界名爲觀察境界的知見強勝，沒有智慧自救。若能醒悟自己是見地超勝而無慧自救，就會漸漸離開這種強烈的慢心，自然沒有過咎，當然這也不是上地聖智的實證。若是誤把這種慢心境界當作是聖智的實證來解釋，就會有一分大我慢魔侵入他們的心腑中；從此以後都不禮拜佛塔佛廟，又起慢心而妄行摧毀經典與聖像，公開向施主們說：『這些佛像只是金銅或是土木彫成的，經典則是樹葉或是疊花壓成的；自己的肉身才是眞實常住的，你們不懂得對自己的肉身恭敬，卻反而崇拜土木彫成的佛像與樹葉壓成的經典，實在是很顚倒。』他們的深信者就會聽從他們的話，將佛像與經典加以摧毀撕碎，埋棄於土地之中。這種人正是在疑誤眾生，一定會進入無間地獄中；已經失去金剛三昧的正受，死後將會隨從大我慢魔沈淪下墜。

此外，那些住在金剛三昧中的諸善男子們，看見色陰銷盡了，受陰區宇中的境界也清楚明白，又於受陰區宇精明境界中圓滿悟得精妙的道理，能夠對這種境界大大地隨順，所以他們心中忽然生起無量的輕安；然後就因此而自稱成就聖果了，心中覺得大自在，這種狀況名爲因慧獲諸輕清。若能覺悟這只是因爲金剛三昧智慧而獲得的境界，就不會有過咎，知道仍然不是上地聖智的實證。若是把它當作上地聖智的實證來解釋，就會有一分好清輕魔進入他的心腑中，自稱已經滿足所有佛道了，從此以後再也不想尋求上進。這一類人大多成爲無聞比丘，心中懷疑佛道，也會擅加毀謗而戕害後生的學人，會下墮於阿鼻地獄中；這種人失去了金剛三昧的正受，未來將會隨從好清輕魔沈淪下墜阿鼻地獄而流轉於三惡道中。

此外，那些住在金剛三昧中的諸善男子們，看見色陰銷盡，受陰區宇中的境界清楚明白，然後於清楚明白的覺悟中證得虛明的體性，卻在這裡面忽然歸向永滅，於是撥無因果，一向趣入空無之中。當空無的心想現前以後，逐漸發展乃至最後心中生起永遠不變的斷滅空的認知。如果能覺悟這是斷見就沒有過咎，而這並不是空性聖智的實證；若是當作聖智實證來解釋這種境界，就會有空魔侵入他們的心腑，於是他們就會開始毀謗：『持戒的人名爲小乘人，菩薩證悟空性，有什麼持戒與犯戒可說？』這種人常常在對他們有信心的施主面前飲酒吃肉，廣泛地實行貪婬等不清淨的行爲；因爲暫時有空魔神力護持的緣故，能攝受他面前的所有人不會生起懷疑及毀謗，其實鬼心已經很久以來就入住他的心中了。這種人有時則是當眾吃屎喝尿，說是和酒肉平等，永遠都說一切是空而不分別；這種毀破諸佛施設的律儀戒，錯誤地引導別人同樣也犯重罪；已經失掉了金剛三昧的正受，未來將會隨從空魔沈淪下墜。

此外，那些住在金剛三昧定中的諸善男子們，看見色陰銷盡，而受陰區宇中的境界清楚明白，然後體會領納到受陰區宇中的空虛與光明，於是在這種境界中久住，這種境界便漸漸深入他的心中，而且徹入骨髓；然後在他的心中忽然有無限的慈愛出生了，這種慈愛增長到極致時就發起狂亂來，便開始造作對許多眾生貪欲的行爲出來。這種狀況名爲定境安順入心，沒有智慧自己守持，誤入種種貪欲境界中。若能覺悟這是由於定境而引生這種愛樂大眾的境界，就會漸漸遠離而沒有過咎，這並不是諸地聖智的實證。如果把它當作諸地聖智來解釋而沒有智慧自我檢討，就會有五欲魔進入他的心腑中；從此以後不論何時何地都說貪欲就是菩提道，度化許多在家人同在一起共同實行貪欲，而那些與他一起行婬的弟子們就稱爲持法子。由於神鬼魔力的緣故，於末世之中攝受那些凡夫與愚癡人追隨，數目都可以達到百人；這一類人就像是這樣子攝受眾人，乃至達到一百人、二百人，或者五、六百人，最多時可以滿足千萬人。這個誤入歧途的人，一旦他身中的欲魔在心中產生了厭惡時，離開了這個人的身體；這個人的威德既然失去了，就陷墜於王難之中。由於這類人促使眾生對菩提道生疑，也耽誤了眾生的道業，死後將會進入無間地獄中；這是失去了金剛三昧的正受，將來會隨從欲魔沈淪下墜。」

「阿難！彼善男子當在此中得大光耀，其心發明；內抑過分，忽於其處發無窮悲，如是乃至觀見蚊虻猶如赤子，心生憐愍，不覺流淚，此名功用抑摧過越；悟則無咎，非為聖證；覺了不迷，久自銷歇；若作聖解，則有悲魔

入其心腑，見人則悲，啼泣無限，失於正受，當從淪墜。」明心而證得金剛三昧的人，不是永遠都不會退失的；得要有眞善知識攝受，並且也要自己沒有慢心、私心，願意接受眞善知識的攝受，否則明心之後若遇到惡知識，還是會被惡知識所轉，又把眞心阿賴耶識否定了；那就是沒有轉依阿賴耶識心體，想要另外再找一個更勝妙的眞實心體，這種人就是沒有轉依第八識成功。他們以前證得如來藏時是有轉依的，但是後來相信惡知識所說，轉信另外一種想像中才會有的金剛心，那就是退轉而失去轉依了，就是又回到凡夫境界去了。像這樣子，縱使有四禪八定的實證，也是要下墮的。所以悟後別再亂信他人的說法，要有智慧加以檢查；並且也要及早滅除私心與慢心；否則往往會在私心不遂時心生不滿，故意要否定眞善知識的正法，於是退轉於佛菩提的金剛三昧，自己新創更勝妙的佛法，其實是退轉而成爲惡知識了，於是自以爲是而開始影響別人跟著他退轉。這種情形其實是被魔所侵入了，但他們都不會覺察出來。你如果說他們被魔暗中侵入，他們反而會罵你是誣衊他們。

明心的菩薩因爲住在金剛三昧的緣故，當時還在受陰區宇中；他因爲修到色陰已盡的境界了，所以發起大光耀，也就是心光發起，放散出大光明，所以暗夜中也能見物，並且已經成爲常態而不是有時如此。這是很努力住在金剛三昧中，不斷用心深入而產生的境界，才能夠「其心發明」，也就是終於知道如何可以永遠住於色陰盡的境界中了，所以轉入受陰區宇中。但是「其心發明」也是由於很努力把覺知心「內抑」，不向外六塵中攀緣，才能到達這種境界中。可是由於強求而「內抑過分」，不是平順地修到這個境界，爲了制止胡思亂想和攀緣六塵，所以壓抑得很厲害，就會因爲想到眾生都很懈怠而無法修到這個地步，於是心中生起無窮無盡的悲心來。

「內抑過分」是修習禪定者常見的現象，如果沒有除掉煩惱，修習四禪八定時都是要用壓抑的方法來用功的。就像我這一世早年修初禪、二禪時，也是用壓抑妄念的方式用功；那時因爲悟後不久，還沒有把各類性障習氣銷掉。不像現在弘法久了，被眾生磨成習慣了，已經不會因爲逆境而動心了，所以最近禍生腋下也不會生氣（編案：這是指楊先生等人退失以後還編造莫須有的罪名羅織平實導師。但平實導師仍通知他們一個月內回來懺悔以後，仍可繼續擔任教職，都不計較他們的無根毀謗）。如果是早年，我一定會生氣；但現在都不會了，所以現在如果無事時，一坐下來心中都不會有妄想，總是心中很清明而與定相應，了無睡意；晚上想要睡著，還得要努力一番遠離定境才能睡得著，因爲心中都很寧靜而清明，始終不離定境。可是長期不睡覺是不行的，十年不睡覺，身體會弄壞了，還是得要休息，讓身體受損的細胞修復。

如果單單是修習定境，不是從心中把煩惱銷除，那樣子修定就只能用修定的方法壓伏妄想，無法斷除妄想；用盡心力壓伏以後，妄想總是還會不斷地冒上來，就只能趕快再壓住；全都依靠專注的觀行，才能快速警覺妄想而排除掉，都是要強力壓制覺知心自己，當然是「內抑過分」。還沒有明心的人，或者明心之後還沒有把世間的煩惱除掉的人，精進修習禪定時都是只能用壓抑的方法。如同矯枉必須過正的道理，一定是要壓抑過分才能使覺知心長時間制心一處，久了以後才能使覺知心的心光發明，才能夠放出大光明而成就二禪無量光天的定境。以金剛三昧智慧而配合無量光天的定境，才能漸次成就「色陰盡」的境界，住在「受陰區宇」中。但是太過精進而「內抑過分」時，往往會忽然在這種境界中發起無窮無盡的悲心。這時看見一切學佛人不得其門而入，連斷我見都很困難，於是心中生起無窮無盡的悲心；乃至看見小蚊子一類的有情時，都會可憐牠們，把牠們也當作自己剛才出生的兒子一般看待。由於悲心深重的緣故，所以心中生起憐憫心時，不知不覺就流下眼淚來。

這種「不覺流淚」與見性分明時很冷酷地流淚是完全不一樣的，當然也與見性分明而使心中很踴躍時的流淚也不一樣。突然破參而眼見佛性分明時，心中很踴躍而流淚，是因爲歡喜：「佛性無形無相，我居然也可以看得見。」是心中非常歡喜而感念三寶深恩，所以流淚。但我當年見性時的流淚，是很冷靜的，因爲心中一點點的歡喜都沒有，非常清冷平靜；那時我就站在三樓窗邊看著鄰居，因爲窗戶外面就是幼稚園。我是下午四點看見佛性的，坐著觀察佛性一段時間以後，將近五點鐘時孩子們還沒有全部離開幼稚園，我看著窗戶外面的幼稚園庭院，那邊孩子嬉笑喧嘩，我看見他們在玩耍嬉笑，而我就只是冷冷靜靜地靠在窗上看著他們。也不曉得看了多久，我忽然發覺自己在笑；那我到底在笑什麼？原來是因爲他們笑，所以我笑。不久又看見有一個小孩子跌倒在哭，他掉眼淚，我也跟著掉眼淚；可是我心中都不動，連一點點波動都沒有。眞的很奇怪！會與他們互相交感。他們流淚，我跟著流淚；他們笑，我跟著笑；可是心中都沒有歡喜也沒有悲傷，一點點波動都沒有，卻會直接跟著他們掉眼淚或生起笑容，可是心中完全都不動，眞酷！然後就一直住在佛性境界中，兩年半睡不著覺，都是這樣子安住。這是完全不動心的境界，只是以佛性與孩子們相應，而他們都不曉得有人正在與他們相應。

但是住在色陰盡的受陰區宇中的修行者，卻是「內抑過分」而產生了極度的悲心，心緒是極度波動而不能安止的，這與見性時直接與眾生的如來藏相應，而在五陰中直接顯現出來的情況完全不同。這是因爲想到眾生無明而不能證「色陰盡」的境界，所以生起極度的悲心來；其實只是因爲「內抑過分」而產生的悲心，是從自己極度努力辛苦才達到這樣的境界以後，認爲眾生是很難以達到這樣的境界的，所以爲眾生難過而生起極強烈的悲心。乃至看見蚊虻都會生起強烈悲心，猶如自己初生的兒子一樣看待牠們；這都是由於「功用抑摧過越」，是加功太過、用心太過，才會產生了連蚊子的輪迴生死，他都會爲牠們悲傷得太超過的情況。

其實何必爲蚊子傷悲呢？那些蚊子們在無量無數恆河沙劫之前，當然也曾經是他的子女，但是那個情緣已經很淡薄了，爲牠們傷悲幹什麼呢？一定是往昔牠們不聽受教導，今天才會淪落爲蚊子。也許是過去無量劫前，教導牠們不要毀謗正法，牠們偏要謗，下墮阿鼻地獄中，漸次輪轉於各大地獄以後受生於鬼道中，然後再漸次來到畜生道中；現在變成蚊子，已經算是比較好的了，表示最重大的痛苦已經受完了，應該爲牠們歡喜才是。沒有智慧的人，這時卻是生起無窮無盡的悲心，這就是「功用抑摧過越」。

能夠證悟如來藏阿賴耶識以後，應該這樣想：「牠們雖然淪落到成爲蚊子虻蟲，但其實也沒有生死，和我一樣從來沒有生死。我今天證悟了，也沒有賢聖可得。所以牠們是在自己的如來藏中受報，受報時又不受諸苦；就讓牠們繼續受完果報，以後回到人間時我再來度牠們吧！」所以一切都只是如來藏，哪有賢聖與六道眾生的苦難？從如來藏自己的境界來看，根本沒有賢聖可說，也沒有佛法可說，當然也沒有世間法可說，一切苦樂皆無，所以就不必爲那些蚊虻傷悲了。也許還沒有悟得如來藏的人，聽我這麼說，就錯認爲是一切法空，那又跟印順法師一樣變成惡取空，跟著沈墜去了。如果證得如來藏了，有智慧作這樣的現觀，就不會產生「內抑過分」的現象，就不會無緣無故生起極度的悲心，不會再對那些目前還無法利益的有惡業眾生，再生起極悲之心。

凡是對有情生起悲心，應該要有正確的原因，不該看見一切人都起悲，或者看見一切人就掉眼淚。如果能夠悟如來藏，用如來藏的境界來觀察，也就是轉依如來藏來作現觀，自然可以「覺了不迷」，不會失去金剛三昧的正受。如果是在還沒有把煩惱修除盡淨的情況下修習禪定，也就是提早修定，萬一有這個現象出現時，一定要記得轉依如來藏阿賴耶識的境界來作現觀；就會知道這種強烈悲心的境界，並不是正法智慧的境界，與「聖證」無關。能這樣覺察了知而不迷惑，雖然悲心偶然生起來了，就冷眼旁觀，不跟隨強烈悲心去運作，這樣靜靜地冷眼看久了，過度的悲心就自己消失了。如果把這種過度悲心的境界，當作是證得上地菩薩的聖境來解釋，就會引生身外的悲魔進入身中；那時悲魔進入心腑之中以後，就更加幫助這個人生悲，見到任何人都生起極度的悲心，後來是逢人就哭，那就失去金剛三昧的正受了！從此以後無法在金剛三昧正受中安住。直到死前如果都還是如此，他死後將會隨著悲魔淪墜於鬼道中。

……（講經前的當場答問，移轉到《正覺電子報》〈般若信箱〉，以廣利學人，此處容略。2003.04.01）

「阿難！又彼定中諸善男子見色陰銷，受陰明白，勝相現前；感激過分，忽於其中生無限勇，其心猛利、志齊諸佛，謂三僧祇、一念能越，此名功用凌率過越；悟則無咎，非為聖證；覺了不迷，久自銷歇；若作聖解，則有狂魔入其心腑，見人則誇，我慢無比，其心乃至上不見佛、下不見人，失於正受，當從淪墜。」「受陰區宇」中的第二種岐路是說，住在金剛三昧中的諸善男子，因爲深入金剛三昧定境中，看見自己已經超越「色陰區宇」，色陰已盡了，所以「受陰明白」，也就是落在「受陰區宇」中。這時對於受陰，也就是對於覺知心的領受功能的內涵，還沒有觀行破除掉，所以住在「受陰明白」的境界中；雖然有能力捨棄五陰而入涅槃，但卻不曾理解受陰的本質，無法突破受陰的侷限，所以還是在「受陰區宇」中，不能達到「受陰盡」的境界。但是他繼續安住於金剛三昧中，持心不動而清楚分明地安住不動，同時也在繼續努力滅除染污種子；到後來「勝相現前」了，也就是「受陰明白」中的殊勝境界相出現了。

譬如一念不生而住在金剛三昧中，長時間住在大清明境界中，也就是住在「色陰盡」的境界中，住久了，心澄清了，自然會有「勝相現前」。但這個「勝相現前」以後，不應急求快速超越「受陰區宇」，應該是要平和地安住，自動轉進才是最安全的。可是當「勝相現前」以後，如果「感激過分」，也就是感應和激勵的作意太強烈時，超過了自動轉進的分際時，往往就在「受陰區宇」所顯現的「勝相」境界中，突然出生了無限的勇猛精進心情；那時心志非常猛利，認爲自己可以快速和諸佛的證量齊等，宣稱三大阿僧祇劫的修行過程，他可以在一念之中就超越了。這種狀況就名爲「功用凌率過越」。

意思是說，感應與激勵的作用淩駕超越了應該有的分際。

在「色陰盡」後的「受陰區宇」中，爲了追求快速的成佛，太過於勇猛精進時，對於「受陰區宇」中的勝妙境界加以太過強烈的感應與激勵，才會走上偏鋒；就是在「受陰區宇」的大清明境界中，一心想要立即成佛，於是超越了自己心地目前的能力，產生很大的落差，才會有這種岐路的出現。譬如性障還沒有除盡，專在金剛三昧中求快速成佛，與自己當時的心地境界落差太大，當然所施加以「功用」就會成爲「凌率過越」。於是覺得自己很行，已經跟諸佛平等了。

如果能夠了悟這種境界並不是無生法忍的增上修證，只是一種過程，就不會有過咎。如果能夠覺了這只是實證諸地無生法忍的過程，心中不被迷惑，時間久了以後就會自動銷歇。如果沒有智慧細加審判，誤以爲自己眞的證聖或成佛了，就會有狂魔趁機進入他的心腑中；然後看見別人時就自我誇耀，以自我爲中心而產生的慢心是沒有人能與他相比的。那時他心中尚且都看不起諸佛，何況是對一般人，當然更視同無見了。這樣的人就失去了金剛三昧的正受，退失於佛菩提道，死後就會跟隨狂魔沈淪下墜。

這就好像打坐修習禪定的人，常常都會遇見的幻覺一般。譬如打坐時眼睛閉著修定，有一天在定中突然感觸到自己的身體越來越廣大，覺得身體很高很大。會外有一個居士開示說這就是證得初禪天身，那眞是胡扯！是自我膨脹、自我標榜。這其實只是一種幻覺、幻境，但它卻是有眞實觸受的幻覺，而不是覺知心幻想或昏沈時作白日夢才顯現出來的；因爲那時覺知心是很清明而清楚了然，是完全不昏沈的。那時你的身體上的觸覺，確實在全身領受到身體變得很大。大部分人這時都會覺得很害怕，於是張開眼睛去看，才發現身體並沒有變大；可是當時身體的觸覺還是很大的，與眼睛的視覺所見完全不同。如果知見不夠，那時將會因爲眼見與身觸互相矛盾，於是心中覺得錯亂，心中害怕，就會在精神上無法適應；如果理智不夠，也有可能因爲自己妄想而變成精神錯亂。

如果有一些知見，打開眼睛看到身體實際上並沒有變大，只是在觸覺上面變大，知道這只是定境中的幻覺，知道這可能是魔來干擾。但是他心中害怕魔擾，不敢再繼續靜坐下去，於是趕快下座，走一走、動一動也就散掉了。但其實這不是很正確的做法，因爲如果害怕而下座，明天重新打坐時，它就會繼續出現。我有一位哥哥就是這樣，後來每一次打坐時都會繼續出現，於是他再也不敢打坐了。但我是不理會這種境界的，我也遇到這種情況，這時只有一個辦法，就是冷眼旁觀；並且心中確認這個觀念：在我打坐之中出現的這種境界，從來沒有人會變成眞實不變的境界，這都是幻覺。雖然觸覺感受上面確實是那樣的大身，其實全都是假的。

建立這個正知見以後就冷眼旁觀，靜靜地看上五分鐘，看它要再怎麼變，心中絕對不要害怕。如果五分鐘以後還不消失，可以再繼續冷眼旁觀十分鐘，心中對這種幻覺境界一點點喜樂都沒有，就只是冷眼旁觀來對治它。如果冷眼看它十分鐘以後還消失不了，那就二十分鐘、三十分鐘冷眼看它，終究會消失的。由於你心中都不害怕，也完全沒有欣樂那個境界，只是看著它漸漸消失了。然後你明天再打坐時，它就不會再來了。如果心裡害怕，逃離了那個境界，那麼它以後還是會重新再來。也有人打坐時觸覺上感受到身體變成很小，小到感覺自己好像掉進地毯縫裡面；這與觸覺上變大的情況相同，都是幻覺。雖然變大或變小的觸覺確實存在，但都同樣是定境中的幻覺，不要害怕而逃避，要面對它而不理它。如果遇到這種幻覺，就自誇是證得初禪天身，也是妄語業，只是業罪比未悟言悟輕一些，因爲這不涉及賢聖果位的竊取，不是果盜見。

這種住在「受陰區宇」中的勇猛心境也是一樣，如果那時覺得自己「志齊諸佛」了，且先不理它，只管繼續住在金剛三昧中，都不跟隨它；久而久之，它自己就銷失停歇了。如果把這個境界錯認爲證得諸佛聖位的境界，覺得自己已經成佛了，或者認爲自己已經是九地、十地聖人了，就會有狂魔潛進心腑中。這其實也是因爲自己的五陰魔猖狂起來，所以招引了身外的狂魔進來。如同俗話說的「內神通外鬼」，就這樣自己招來禍端。都因爲自己心中不正，所以就跟外面的鬼神相通；只要身外的狂魔進入心腑中，就安住下來不肯離去了。

當狂魔安住於身中以後，就會影響到這個進修金剛三昧的人，以後「見人則誇，我慢無比」。不管見到誰，他總是誇口：「你差我太遠了！我已經成佛了，你就算是初地菩薩，那又怎樣？」他總是覺得自己超越別人太多，連回話都懶，眞正「我慢無比」。這種人，我也見過，但你若是眞正要跟他說起佛法，他是啥也不懂！他只是嘴上不斷地說：「我是大阿羅漢，我是地上菩薩。」一直宣稱與堅持，但實際上你跟他談論佛法時，他什麼都不懂。因爲他根本就聽不懂，反而罵你說：「啊！你不懂啦！你這些都是從經典中讀來的！」這就是「狂魔入其心腑」了。這種人自認爲成佛證聖了，誰都瞧不起；所以說「其心乃至上不見佛、下不見人」，他連諸佛都不瞧在眼裡，當然更不把其他人瞧在眼裡。假使有佛來對他告誡說：「你這個不是實證聖境，不要再繼續大妄語了。」他是絕對不會聽從的，他連諸佛都不瞧在眼裡了，苦勸他也是沒有用的。這種人當然已經「失於正受」，離開了金剛三昧的正受境界，落到妄想中，死後「當從淪墜」。將來捨報時將會跟隨著狂魔而淪落下墜於三塗之中。

「又彼定中諸善男子見色陰銷，受陰明白，前無新證，歸失故居；智力衰微，入中墮地，迥無所見；心中忽然生大枯渴，於一切時沈憶不散，將此以為勤精進相，此名修心無慧自失；悟則無咎，非為聖證；若作聖解，則有憶魔入其心腑，旦夕撮心懸在一處，失於正受，當從淪墜。」第三種也是由五陰魔引起的外魔，當色陰盡的菩薩悟後住在金剛三昧中，還在「受陰區宇」；當他看見色陰銷盡了，「受陰明白」了，應該再往前推進求證時，因爲一時之間無法再往前推進，所以「前無新證」；但是若想要再退回到原來的「色陰區宇」境界中來，他又不願意退回去，所以「歸失故居」。由於智慧不夠，所以「智力衰微，入中墮地」，就只能在不住於前後境界的中間地帶安住下來；也就是還不能住進「受陰盡」的境界中，也不願意退回「色陰盡」的境界中，就只能住在中間地帶「受陰區宇」之中。這時什麼境界都看不見：

「入中墮地，迥無所見」。就好像古時人煙稀少時，在旅途中「前不著村，後不著店」一樣，叫作「入中墮地」。

講到「入中墮地」，我倒是想起南部一位蠻有名的比丘尼，她新發明一個境界，叫作「轉投天」，有些類似這裡說的「中墮地」。我也是讀了一位同修的見道報告時，才知道有人新發明這種天界——古今經論中都沒有人講過的「轉投天」。她施設一個新發明的天界，宣稱只要依靠她修行，死後可以由她安排先往生她所設立的轉投天，再往生六道或天界，或者往生諸佛的淨土。佛教中的法師竟然作出這種私設的說法，又是自己新設天界，好像她比諸佛還厲害；因爲諸佛說的諸天只是天界的事實，都不是由諸佛所創造，她卻有能力創造一個天界——轉投天，眞是天才比丘尼。看來她似乎要走上道教或一貫道的路子，但道教與一貫道可能都不會接受她，眞是末法荒唐事！

言歸正傳，菩薩住在金剛三昧「受陰區宇」之中，「前無新證，歸失故居」時，由於「智力衰微」而無法觀察「受陰盡」的境界，所以心中「迥無所見」，只能繼續停留於「色陰盡」與「受陰盡」二個境界的中間，也就是停留在「受陰區宇」之中，就名之爲「入中墮地」。既然捨了前所遠離的「色陰盡」的境界，又還沒有到達新證的「受陰盡」境界，當然是住在「迥無所見」的「受陰區宇」境界中。因爲「智力衰微」卻很努力時，心中忽然生起猶如完全乾枯後的很大渴愛；而這種很強烈的渴愛，「於一切時沈憶不散」，持續保持在渴望進入「受陰盡」的境界中，以爲這樣就是很精進在修行。

「一切時沈憶不散」，是所有時間都住在很深沈而憶念不忘的狀態中。深沈是因爲不想攀緣外六塵而無心於世間事，憶念是因爲對於「受陰盡」有非常深厚的期待。很深沈就不掉散，唯一的憶念就是「受陰盡」，所以這時一點點的掉悔都沒有，對世間事以及度眾等事都非常冷漠，只是一心憶想著要進入「受陰盡」的境界中，這叫作「沈憶」。在這種境界中持續不斷安住時，誤以爲這樣就是精進的行相，佛說這種狀態名爲「修心無慧自失」。也就是修鍊自心時沒有智慧而迷失了方向。

如果能夠了悟這種境界只是「前無新證，歸失故居；智力衰微，」就繼續安住於「受陰區宇」之中，一方面遠離六塵貪著，一方面在定中慢慢再作觀察而不急躁，摒除大枯渴的心境，不要錯把大枯渴心境當作是證得精進行的證量；若能知道這只是一種狀態，和聖智的修證無關，就不會有招引外魔的事情發生。如果不瞭解這個道理，把它當作是聖智境界的親證，「則有憶魔入其心腑」。「憶魔」的作用，是每天從早到晚憶念某一種錯誤的境界而不散失，會使人繼續執著某一個境界而永遠都不捨離，耽誤道業而走入岐途。於是就失去轉進「受陰盡」境界的機會，也失去了原來「受陰區宇」中的佛菩提金剛三昧正受；這樣錯把這種境界當作是新證的上地聖智境界時，將會成就大妄語業，死後不免淪墜於三惡道中。

「**又彼定中諸善男子見色陰銷，受陰明白，慧力過定，失於猛利，以諸勝性懷於心中，自心已疑是盧舍那，得少為足；此名用心亡失恒審，溺於知見；悟則無咎，非為聖證；若作聖解，則有下劣易知足魔入其心腑，見人自言我得無上第一義諦；失於正受，當從淪墜。**」另一種情況則是，菩薩住在受陰區宇的金剛三昧境界中，看見色陰已經銷盡，所以進入受陰境界的範圍中；這時對受陰境界是清楚明白的，但由於慧力超過定力，所以失之於慧力太猛利，也就是偏在慧力而缺乏定力，所以造成在修證上的損失，這就是失之於慧力，名爲「**失於猛利**」。於是抱持自己所有的種種勝性，已經在心中常常懷疑：自己可能就是 盧舍那佛。假使有時講起自己就是 盧舍那佛時，別人都沒有反對，他就眞的自以爲是 盧舍那佛了！於是認爲不必再修行了，眼前所得的少分聖境即是究竟佛地的一切功德了，認爲自己已經滿足佛道，所以都不再精進修行了，這就是「**得少爲足**」。這種境界其實不正確，世尊說這種人是用心精進時亡失了應該常恒存在的審度檢查之心，沈墮陷溺於自己的所知所見之中，無法跳脫出來。

如果當時能有正知正見覺悟到自己的過失，就不會以爲自己眞的是 盧舍那佛，就不會有過咎；也能了知這並不是上地聖智的實證，只是慧力勝妙而超過了金剛三昧的定力，自以爲是，並不是眞的實證上地聖智。如果正知見不足，也就是了義正法的聞熏不足，以前聞熏了錯誤的知見，如今又因爲慧力很好而自以爲是，因此就把它當作是已經親證上地聖智了，就會有下劣的易知足魔侵入他的心腑中；遇見了任何人，都會自稱已經證得至高無上的第一義諦——已經究竟成佛了。由此緣故，他失去了金剛三昧的正受，成爲退轉者。但是他一定會認爲自己是快速而且大幅度增上證境而成佛了，於是死後將會隨從易知足魔淪墜於三惡道中。

「**慧力過定**」，這種慧不是講般若的智慧，而是說他的了別慧與思慧。這種思慧與了別慧遠遠超過金剛三昧的定力，是對金剛三昧—對如來藏阿賴耶識—的信心不夠。譬如最近這一批退轉的楊先生等人，對阿賴耶識沒有具信，外於阿賴耶識而想要另外找到一個想像中才會有的如來藏心，不相信阿賴耶識即是如來藏，這就是金剛三昧的定力不足—對正確的金剛三昧還沒有具足信心—心不決定而沒有定力。然後由於私心作遂，就以世間法中的智慧力量，想要推翻我所說的阿賴耶識即是如來藏的正理，正是典型的「慧力過定」。但是即使是正法中的慧力強盛，而不是在世間法中的智慧強盛，還是應該要與自己對金剛三昧的決定心—金剛三昧定力—互相均衡，應該「定慧等持」；否則就會「失於猛利」，專向慧力方面發展而不能同時堅固金剛三昧的決定心；最後是「以諸勝性懷於心中，自心已疑是盧舍那，得少爲足」，就陷溺於自己所思所想的知見中，被「下劣易知足魔入其心腑」，不再認定原來所證如來藏的金剛三昧爲正確境界，從此改依自己所思所想的境界，認定即是盧舍那佛的聖境，於是陷入大妄語業中，都是「慧力過定」以致於不再信受原來所證如來藏而發起的金剛三昧境界。

至於台灣南部那位師承名氣很大的比丘尼，慢心就更強了，而且她是以毗盧遮那佛自居，認爲自己的證境是比盧舍那佛還要高超。她可能是以爲法身佛 毗盧遮那佛才是最高的境界，盧舍那佛只是報身佛的境界。可是她連我見都沒有斷除，連聲聞初果都還沒有證得，更別說是明心成爲實義菩薩；卻以凡夫之身而自稱爲最高的 毗盧遮那佛，你說她要不要命？這也是「得少爲足」的一種，但更大的成分卻是因爲慢心及知見不足，才導致她造下佛法中及三界中最大的妄語惡業。如果有正知見，也確實有一些實證，又對金剛三昧有決定心，就一定不會「**得少為足**」。然而產生大妄語業的人，大部分是沒有斷我見也沒有證得金剛三昧的人，像這位比丘尼，其實還談不上「**得少為足**」，而是**無得為足**，只在名聞利養上面用心，豈只是「**用心亡失恒審**」而已，根本就是無知。

台灣南部這位大妄語的比丘尼，以凡夫身而自居為毗盧遮那佛，密宗則是自稱證得報身佛，同樣是大妄語業，本來罪業比南部這位比丘尼輕微一些；但因為密宗喇嘛們都是邪淫及廣行亂倫，又加上破法特別嚴重，所以密宗喇嘛們的罪業其實是比這位比丘尼嚴重許多倍的。密宗的報身佛根本就不是佛法中的報身佛，其實應該說是「抱身佛」，因為密宗所謂的報身佛都是雙身佛，都是在一切時中抱著女人交合的「抱身」假佛。然而不論是台灣南部那位比丘尼，或者密宗的喇嘛們，全都沒有金剛三昧正受；且不說深一些的金剛三昧，連見道位的金剛三昧都沒有，也就談不上失去金剛三昧的正受了。

關於正受這個題目，也有法師在電視上說：「**對於五欲能夠如實領納，叫作正受。**」眞是匪夷所思！我看他可能戒疤都還沒有乾吧！因為還很年輕，只因身披僧衣作爲依靠，就敢妄說佛法。凡是對五欲境界的領受都不是正受，因爲是輪轉陷溺之法，只能說是世俗法的領受。只有禪定中才有正受，只有領受佛法中的三乘菩提智慧，才有正受可說。如今錯誤知見漫天遍野，那些法師們戒疤都還沒有乾，我見都沒有斷，就敢在電視宗教節目中胡說，只能說這眞的是末法時代。還有人把修定過程中出現的幻覺當作是初禪的證得，也有大居士把一念不生、語言文字妄想暫時不會生起來的欲界定，當作是第四禪的捨、念清淨定；全都「失於正受」，既非禪定的正受，也不是佛法中的般若或解脫正受。凡是有正受的人，都一定有見地；沒有見地或與見地相違，就是「失於正受」。我還是希望楊先生等人趕快回心轉意，再把原來的正受找回來，不要脫離金剛三昧的正受；別再自以爲眞的親證佛地眞如了，他連自稱親證初地眞如的資格都還不夠，應該趕快回頭。否則即是「失於正受」，也是犯下大妄語業。如果捨報前都沒有公開懺悔，死後「當從淪墜」，是令人很痛心的事。

「又彼定中諸善男子見色陰銷，受陰明白，新證未獲，故心已亡；歷覽二際，自生艱險；於心忽然生無盡憂，如坐鐵床，如飲毒藥，心不欲活；常求於人，令害其命，早取解脫；此名修行失於方便，悟則無咎，非為聖證；

若作聖解，則有一分常憂愁魔入其心腑，手執刀劍自割其肉，欣其捨壽；或常憂愁，走入山林，不耐見人；失於正受，當從淪墜。」第五種人也是色陰已盡而住在「受陰區宇」中，這時對於受陰的境界是清楚明白的，但因爲尚未獲得新證的「受陰盡」境界，又已經離開原來「色陰盡」的心境；這時重新再觀察已經捨離的「色陰盡」境界，也觀望尚未證得的「受陰盡」境界，覺得「受陰盡」的境界似乎是自己不太有可能實證的，於是就在心中生起了佛道修證很艱險的想法了。這時，心中當然是很憂愁的，於是忽然生起憂慮來了。如果只是一般的憂慮，倒也還好；怕的是那個憂慮無窮無盡，成爲心中很大的負擔。於是心中的感覺就好像坐在地獄中的火熱鐵床上一般，或者如同飲了毒藥卻還沒死的時候一般，痛苦無盡。

最嚴重時，甚至於心中根本不想再活下去了；於是下定決心尋死，常常央求別人來殺死他。也就是說，他這時已經不想努力修證佛菩提了，不想成佛了，退回聲聞法中想要提早取證解脫。世尊說這種人是修行佛菩提道的過程之中失掉了方便善巧。如果能夠悟知這種過失，不要使自己太悲觀，繼續安住於金剛三昧中，等待定境自然地轉變而進入「受陰盡」的境界中，就不會有弊害。這樣了知以後，知道這種境界只是失於方便善巧；這種厭世而想要捨壽的想法只是一種岐路邪見，已知道不是證得「受陰盡」的聖智證界，就不會下墜三惡道中。若是不懂這個道理，把這種境界當作是實證佛果的涅槃境界，誤以爲是證得佛地或上地的聖智，繼續憂愁求死，就會有一分常憂愁魔進入他的心腑之中；接著演變成爲執持刀劍想要割棄自己身上的肉，欣樂捨棄壽命，而不再是央求別人殺死他了。或者變成常常都在憂愁，憂愁到很嚴重時，乾脆狂走而進入山林裡面，不想看見任何人；如果不小心遇見別人時，他心中是很不耐煩的。像這樣的人都是退失金剛三昧的正受，已經成爲迷惑無明的人了，所以死後將會隨著常憂愁魔的引薦，於是淪落下墜於三惡道中。

證悟後住在金剛三昧中修習佛菩提道，是如此艱難，岐路處處，怎麼可以自大自尊而自以爲是，然後自己想了就認爲一定如此；接著認爲自己的想法絕對正確，就不依佛菩提道的內容與次序進修，想要一悟就成佛——想要在剛開悟時就悟得佛地眞如，成爲大妄語業，後果眞的不堪想像。這樣看來，這種被「常憂愁魔」附身的人，還算是好的，因爲他最多只是殺害自己而終止這一世的道業，至少是不會犯下大妄語以及破壞正法的大惡業。這些事相，都是修學佛道的已見道者應該注意的地方。

「又彼定中諸善男子見色陰銷，受陰明白，處清淨中，心安隱後，忽然自有無限喜生，心中歡悅不能自止；此名輕安無慧自禁，悟則無咎，非為聖證；若作聖解，則有一分好喜樂魔入其心腑，見人則笑，於衢路傍自歌自舞，自謂已得無礙解脫；失於正受，當從淪墜。」住在金剛三昧中的菩薩已經證得「色陰盡」的境界，轉入「受陰區宇」中，這時對於自己的受陰境界是很清楚明白的，夜暗之中所見也是清楚分明而不是昏暗不清的，始終如此；於是安處於「受陰區宇」的清淨境界中，不像前一種人老是憂愁的情況。這時心中已經很安隱了，覺得很滿足；但是有一天忽然在心中出生了無限的歡喜，對於自己可以超越「色陰區宇」而到達「色陰盡」的境界，轉入「受陰區宇」中，心中歡悅到極點時，無法自己制止這種非常歡悅的情緒。

其實這種無法制止的歡悅境界，是已經獲得輕安而沒有智慧自我約束，於是心就浮動起來，無法繼續深入「受陰區宇」之中，繼續邁向「受陰盡」的境界。如果悟知自己獲得輕安境界時，心大歡喜而無法制止的原因，只是由於「無慧自禁」，就不會有過失；因為接著一定會產生慧力，可以開始控制自己強烈的歡喜心了，所以不會有過咎產生，自然也會知道這不是上地聖智的實證。如果是把這種輕安歡喜的境界，當作是證得上地聖位智慧，就會繼續維持這種境界，然後會有一部分好喜樂魔進入心腑中；就在好喜樂魔的影響下，不論是遇見了誰，都會非常開心地歡笑著。不但如此，往往又會在十字路口旁邊，獨自唱歌與跳舞，向大眾自稱已經證得無礙的解脫了。然而這其實只是退失了金剛三昧的正受，已經不是住在金剛三昧的智慧境界中了。如果直到捨壽前都不知道懺悔和改正，這種人死後可就不免要隨從好喜樂魔而沈淪下墜了，因爲死時一定會被好喜樂魔接引而去，成爲鬼道一類的眾生了。

假使落入這種境界中，總是見人就笑，歡喜得很；乃至有人罵他是精神錯亂了，他也無所謂，反而會歡喜地說：「我得解脫了，只是你們還沒得解脫，不知道我的歡喜。」所以心中無限的歡喜，不論見了誰都笑；也可以放浪形骸，不理會別人對他的觀感。他心裡這樣想：「既然解脫了，離開凡夫境界了；而凡夫們不懂這種境界，所以我只管自己歡喜地唱歌跳舞，那有什麼關係？別人不懂而罵我是瘋子，那就算是瘋子，也沒有關係嘛！」他覺得什麼都沒有障礙，所以不論是誰罵他瘋子，他都覺得對自己的解脫或聖境沒有障礙。這時他已經忘了如來藏離見聞覺知的境界了，落入大歡喜心之中而離開金剛三昧境界的正受，早就是落入意識覺知心境界中了，而且還是與好喜樂魔相應的意識境界。這時他會認爲自己是八、九地菩薩，因此大妄語成就，「當從淪墜」，當然死後要追隨好喜樂魔去了。

「又彼定中諸善男子見色陰銷，受陰明白，自謂已足，忽有無端大我慢起，如是乃至慢與過慢，及慢過慢或增上慢或卑劣慢，一時俱發；心中尚輕十方如來，何況下位聲聞緣覺？此名見勝，無慧自救；悟則無咎，非為聖證；若作聖解，則有一分大我慢魔入其心腑，不禮塔廟，摧毀經像，謂檀越言：『此是金銅或是土木，經是樹葉或是疊花；肉身真常不自恭敬，卻崇土木，實為顛倒。』其深信者從其毀碎，埋棄地中；疑誤眾生，入無間獄；失於正受，當從淪墜。」還有一種住在金剛三昧定中的人，如果看見自己已經色陰銷盡，住在受陰區宇中清楚明白時；這個人若是很有自信的人，有一天突然向別人宣稱，佛菩提道中應修證的所有境界，他都已經具足圓滿證得了；這時他的心中忽然無緣無故生起了大我慢，以自我爲中心的很大慢心生起了。他就像這樣子住於慢心之中，於是漸漸引生其他的慢心來，後來甚至慢、過慢、慢過慢、增上慢或者卑劣慢，也能在一時之間同時發起。

這時他的心中具足一切慢，尚且輕視十方如來，覺得一切佛都不曾勝過他，何況是處在菩薩下位的聲聞阿羅漢與緣覺辟支佛？他當然更不會瞧在眼裡了。然而這種境界其實只是觀察慧的所見比較強勝，沒有更進一步的佛法智慧救護自己；在境界中的觀察慧只是聰明伶俐、觀察敏銳，並不是更高層次的佛法智慧，不應該作爲依憑。此時若有智慧醒悟這只是觀察慧的作用運作過分了，也就不會有過咎產生，也會知道這其實不是上地或佛地聖智的實證。可是往往有人太有自信，就將這種「受陰區宇」中的輕清境界當作是佛地聖智的實證，不肯聽人勸告，還向大眾宣稱他已證得佛地眞如了，就會有一分大我慢魔侵入他的心腑之中，不斷地對他搞怪，而他自己都不會覺知是被那些侵入他身中的大我慢魔所影響。

「一分大我慢魔」，是說有一些大我慢魔，不是單單一個大我慢魔侵入而已。有的人被侵入以後就受影響，變本加厲，從此以後都不再像以前那樣禮拜佛塔或佛寺了。不但如此，又被魔影響而起虛妄想，開始摧毀塔廟中的經典與諸佛聖像，公開向他的施主們說：「這些佛像只是金銀銅等金屬鑄成的，或者是泥土、木頭彫刻成的；而大家尊崇禮拜的經典，也只是樹葉或是疊花壓製成的。其實那些佛像與經典都是死物，自己的肉身才是眞實常住的；你們全都不知道要對自己恭敬供養，反而崇拜土木彫成的佛像與樹葉壓成的經典，你們眞的很顚倒。」而那些深深迷信的人就會聽從他們的話，將佛像與經典全都摧毀撕碎，掩埋棄置於深山土地之中。這種人都是在引起眾生對諸佛與經典中所載妙義的疑心，是在耽誤眾生的道業，將來一定會下墜於無間地獄中。像這樣的人，事實上是已經失去如來藏金剛三昧的智慧正受了，死後不免要跟隨大我慢魔一起沈淪下墜於無間地獄中。而大我慢魔如果不潛入這個人的身中，促使這個人作出這些毀佛滅法的行爲，他們就只是繼續當大我慢魔；可是這一些魔潛入人身而影響這些人造作大惡業以後，當這些人捨壽以後，大我慢魔就不得不與這些人一起下墮無間地獄了。

這種心存大我慢的人，其實心中同樣具有慢、過慢、慢過慢、增上慢、卑劣慢，這些慢都會跟極大的我慢一起運作。「**大我慢**」就是自認爲沒有人及得上他，他認爲自己的層次最高，三界內外沒有誰能跟他相比。我慢是認知自我確實存在而對這個存在有所喜樂，大我慢則是很嚴重的執著自己，不斷地高推自己，不但不許別人評論他，甚至不許別人表現比他好；如果有人表現比他好，縱使沒有評論或招惹他，他也會主動攻擊那個表現比他好的人。慢，則是比較微細的，這在一般人常常可以見到的，就是因爲他比某些人殊勝，別人不如他，所以在心中生起了看不起別人的想法。過慢則是有過失的慢，譬如與別人比較而不服輸，其實他只是跟別人一樣，並沒有超過別人，卻認爲自己高於別人，所以這種慢是有過失的慢，稱爲過慢。如果眞的勝過別人而不服輸，就屬於慢而不是過慢；如果只是和別人一樣，卻堅持自己勝過對方，要對方聽從他或接受他的觀念與理論，就是過慢。

慢過慢，就是經過比較之後，明知自己不是與別人層次相同，而且還是不如人的，卻依舊不服輸，反過來堅稱自己勝過對方；這是在過慢上面再增加慢心，所以成爲慢過慢。所以慢過慢是基於過慢上面再加上慢心，把不如人的自己高推在對方之上。換句話說，其實自己是不如別人的，卻反而堅持自己勝過別人，這就是慢過慢。這種慢過慢在當代佛教眞是太多了，我們會內其實也有，後來都被證明是慢過慢，所以不得不離開同修會，就是那三批退轉以後宣稱證量比我更高的人，後來都被證明其實只是退轉而回墮意識境界中，是退回去重新再當凡夫。對那些人，我們已經有一些辨正的書籍證明過了，且不說他們，就說會外的人吧，常常有會外的人在網站上化名責罵我：「蕭平實根本什麼都不懂，比我的徒弟還要差！」但其實連他自己都不懂佛法，更別說他的徒弟們。自己不懂而否定實證的人，貶抑實證的人，當然是慢過慢。因爲心中明明知道自己比人家差，卻說自己勝過人家，就是基於慢心而產生的有過失的慢，就是慢過慢。

增上慢又不一樣了，增上慢並不是去跟別人互較高下而產生的，而是未證言證、未得謂得；這種慢是特別嚴重的，所以說是慢心的增上，名爲增上慢。譬如禪定的境界，他根本沒有證得，卻對別人宣稱：「我證得初禪、我證得二禪的定境。」當代也有人宣稱證得第四禪，其實連初禪都沒有證得，這些人的行爲就是增上慢的表示。又譬如禪宗的明心或眼見佛性、過牢關，乃至地上菩薩的無生法忍果證或現觀，其實都沒有親證，卻對別人表示自己已經親證了，這更是增上慢。這是在世間人最恭敬的實證功德上面，或是在出世間法中大眾最恭敬的實證功德上面，把全無實證的自己加以增上，妄說自己確實有親證，藉此高推自己而生起慢心，讓大眾都恭敬他或大量供養他，這就是增上慢。

卑劣慢則是跟增上慢互相顚倒，比如你明心以後，想要指點以前曾經同學佛法的好朋友，就去向他們說：「眞的可以明心，你趕快來學！因爲我已經證得眞心如來藏了。」可是他們卻說：「哎呀！明心，那是像你根性這麼好的人，這麼有福報的人才有可能啦！我的根性不好，而我也不聰明，福報也不夠，我不行啦！」講話酸溜溜地，這就是卑劣慢。其實他心中是不認同的，是認定你所謂的明心是假的，不是眞的開悟，他心中是瞧不起你的；但他不明講，卻反過來說他自己很差，沒有資格修學：「那是你有智慧、有福報，我既沒有智慧也沒有福報，所以我不行啦！你行啦！」其實他是心中不認同你，認定你所謂的開悟明心是假的，當他口中說自己不行時，並不是眞的服輸，這叫作卑劣慢，正好與增上慢顚倒。這些慢，也就是慢、過慢、慢過慢、增上慢、卑劣慢，都會跟無端生起的極大我慢同時出現，有時則是同時出現一個、兩個不等，全都是由「大我慢」所引發的，所以或多或少，或一時俱發。

這種「大我慢」出現時，心中尚且對十方如來都不看在眼裡，覺得自己比十方如來還要殊勝；因爲他認爲十方如來若是化身佛，根本不値一提；而十方示現的報身佛也還不是法身佛，他自認爲是法身毗盧遮那佛。其實這類人都只是未斷我見的凡夫，更別說是明心開悟如來藏了。這種已經生極大我慢的人，「尚輕十方如來」，何況是下位的聲聞阿羅漢或者緣覺辟支佛，當然更看不在眼裡了。這種人其實只是世間法中說的聰明伶俐，自己認爲所知所見超勝身邊的人。實際上他的修證完全跟不上他的所知所見，因爲他全無觀行上的實證。

這種人其實很多，特別顯著的是專門研究經論，從來不下手觀行自己身中的十八界；每天專門在經論文字上研究，這種人即是「見勝」，一般人無法與他們對談的。但他們其實並沒有智慧自修，都救不了自己。這種人既不會自救，實證的菩薩們也救不了他，因爲他「心中尚輕十方如來，何況下位聲聞緣覺？」你若是三明六通的大阿羅漢，也不會想要去跟他說：「我是大阿羅漢。」就算你是八地菩薩，也不會想要跟他說明你是八地菩薩；因爲明知說了也沒有用，明知他尚且不把十方如來看在眼裡，八地菩薩又算什麼？所以這種人沒有人能救得了他，只有他自己能救他自己，所以說「悟則無咎」。如果他有一天突然想通了：原來這只是因定所產生的境界而已。突然間一念想通而覺悟自己的過失了，就不會有過失繼續存在了，自然會知道這其實只是禪定境界，不是聖智的境界。

如果不能了悟自己的過失，就會有一分大我慢魔，由於他心中的五陰魔作用而跟身外的大我慢魔相應，於是引進來住在他的心腑之內，互相融洽住在一起而使他不曾發覺被大我慢魔侵入，因爲脾氣相應、境界相應。直到捨報爲止都認定自己是親證十方如來所證的境界，依舊輕視十方如來，自然是要下墜無間地獄中。這種人會向施主們主張，佛像與經典都是無情物，不值得崇敬；目的只是要大眾恭敬他、供養他，意思是說：「師父我才是眞佛，泥塑木彫的佛像都是假佛。經典只是死物，師父我說的話才是眞正佛法。師父我這個肉身眞佛常住，你們不願意恭敬，去崇拜金木紙張，眞是顚倒！」

密宗那些喇嘛們正是如此，所以才自稱活佛，言外之意是說二千五百年前的釋迦佛已經死了，再也無法幫助你們了，你們要懂得供養我、恭敬我，我還在世，可以幫助你們。這其實都是籠罩人的假話，可是卻有人眞的深心相信。這種現象自古以來一直存在，連顯教道場中也一樣。所以悟錯的大師漫山遍野比比皆是，卻一樣有一大堆人繼續跟隨。所以永遠都會有這樣的人，也永遠都會有迷信名聲與僧衣的信徒繼續跟隨。即使師父有一些精神失常了，精神科醫師也判定他精神失常，但還是會有徒弟繼續護持不疑。

「其深信者從其毀碎」，跟隨著魔的大師把佛像搗壞，金鑄的佛像拿去燒熔變賣，如果是陶瓷佛像或石頭彫的佛像，就打碎了「埋棄地中」，經典也撕毀「埋棄地中」。這種人眞是「疑誤眾生」，是以錯誤的知見讓眾生對三寶生疑，耽誤了眾生的佛菩提道。這種事情曾經發生在古天竺的某些密宗道場中，現在台灣倒還不曾看見；因爲台灣人心性善良敦厚，無法認同這種無情無義的人。而這種人死後都會進入無間地獄去受罪，那時誰也救不了他們。

我們應該要有正確的知見：佛像與經典，是正法住世的表徵。佛像雖然不是佛，經典雖然不是眞正的法，但佛像存在時就代表人間還有佛教存在。經典還存在時，經典本身雖然不是眞正的法，但它所記載的文字如果有人讀懂了，經典就成爲正法。所以佛像和經典存在人間，就表示佛法還繼續住持在世間，修學佛法的人因此可以眞的進入佛法中來。有的人學佛只是因爲看見佛像很莊嚴，所以走進佛門來；有的人則是看見經典時，發覺經中講的妙理對他而言是聞所未聞，太勝妙了！雖然一時還無法眞的理解經中的法義，但就因此而走入佛門中來。如果佛像不存在了，經典也都不存在了，佛法就會跟著滅失於人間。經典若是都不存在了，就算有菩薩乘願再來人間親證了佛法，當他宣講出來時，不會有人相信的，因爲一定會有人否定他。也因爲他說的妙法與所有大法師們都不同，所以一旦有人否定他，大眾都寧可信受大法師而不會再信受菩薩。

今天正覺的法義會被人信受爲正法，而且是正法實證的代表，是因爲經得起經典、論典的考驗，也由經論來證明正覺的法才是了義而且究竟的。如今第三批退轉的人是第三次檢驗我們，但他們舉出來的經典、論典中的文義，都是在證明我們的正確，同時也指責了他們自己，而他們卻用來指責我們。這一本《學佛之心態》改版在今天出版了，你們回去讀了就會知道什麼才是正法，因爲我寫了〈略說第九識與第八識並存…等之過失〉，附印在這本書後。還有，再幾個月以後《燈影》出版了，你們讀了也會懂得見道與修道的判果等，不會再被任何人所影響。爲什麼我今天這麼說呢？比如上週有一位法師寫來的信，把他們所說認爲明心不應該是證解行位，認定我們的判教錯誤的內容，寫在信中告訴我們，所以我將會寫作一本新書，名爲《燈影》，詳細辨正。（編案：《燈影》已於二〇〇三年五月出版。）

一般都說見道是「勝解行位」，但我定位作「證解行位」。請問諸位：證解行位是不是在勝解行位中，還是已經到了初地以上？我說是「證解行位」，諸位的看法怎麼樣？（有人說：在勝解行位中）對嘛！還是在勝解行位。因爲我對明心證眞如的定位是七住菩薩，還在三賢位中，連十行位都還進不了。這樣判定菩薩果會有錯誤嗎？他們不應該把我這個「證」字解釋作證得初地，我從來不曾這樣說。我說的「證」是表顯親證如來藏而不是思惟或想像，因爲對如來藏心體已經親證了，不是讀經或想像來的，所以叫作「證」。因爲「勝解行」三字很容易讓人誤會是還沒有證得如來藏心體，所以我註解爲「證解行位」；而且我特別定位爲第七住菩薩，不曾主張明心了就是初地菩薩。他們用不存在的事實來責備我，有什麼意義呢？這是以對方不曾犯的過失來責備對方。

還有，他們一直主張說：「證眞如就是初地菩薩。」他們剛開始還自稱證得佛地眞如呢！如今則是主張說：眞見道就是初地菩薩。這個說法對不對呢？其實錯了！他們相信《成唯識論》的法義，所以舉出論中的法義來指責我，但他們信受的《成唯識論》中明講：眞見道是初見道，只是根本無分別智，還得要進修相見道位的後得無分別智，修到通達位時才是初地菩薩。他們斥責我說：「眞見道就是初地，蕭老師說眞見道不是初地果位，說錯了！」可是他們舉證出來的《成唯識論》和《大乘起信論》的論文中，都證明他們自己錯了，可見他們根本就讀不懂論中的法義。而且不論是《起信論》或《瑜伽師地論》、《成唯識論》，都說眞見道只是殊勝的解行位，也都是已經親證如來藏的，所以才能對如來藏的眞如法性有了勝解；但都只是在三賢位中，還沒有通達，當然還不是初地，所以證得心眞如以後還要進修才能成爲初地。在《起信論》中他們自己舉出來的文字中也說，勝解發心者要內門廣修六度萬行，具足後得無分別智而通達以後才能到達初地。換句話說，沒有在勝解行位中進修—內門廣修六度萬行的內涵還沒有實修—就無法通達而進不了初地心中。由他們舉出的論文中已經證明楊先生自己會錯意了，但他們卻還敢舉出來證明我錯，顯出他們的心想顛倒。

還有，他們舉出《成唯識論》那幾段文字，也自己舉出來說：「見道有二：一、眞見道，……；」可是楊先生舉出這些文字以後，論文中後面緊跟著講的「二、相見道，……」等等，他們卻故意省略不寫出來，故意遺漏，只斷取他所要的前半段，與他的主張相反的就故意不見而省略掉。可是，他們寫了一段長文以後還是不小心又露出馬腳，因爲他們在別的段落中講到別的部分時，又舉出來說：「具足此二見道，名通達位。」就是說，他舉出來的《成唯識論》論文中已經明白告訴他：要具足眞見道和相見道功德，才能成爲通達位，才算是初地心。

所以明心的眞見道只是觸證到七住位的眞如，初地眞如跟第七住的眞如有什麼不同？其實初地眞如依舊是七住位的眞如，但功德卻有不同。爲什麼說初地眞如還是七住位的眞如呢？因爲初地眞如就是七住位所證阿賴耶識的眞如性。但初地的阿賴耶識心中種子卻不一樣，所以初地眞如與七住眞如的功德還是有很大不同。這在《成唯識論》中說得很白的：阿賴耶識心中的異生性障種子得要除掉，阿賴耶識中最初一分道種智得要證得，才能成就初地眞如。也就是除掉異生性以及相見道的觀行具足了，也就是觸證阿賴耶識心體的眞見道，以及眞見道後才能進修的相見道，這二種見道位中各十六心的觀行完成時，才能把相見道完成而具足初地入地心的道種智；然後再發十無盡願，才能成爲初地菩薩，才成爲通達位，所以論中說「**具足此二見道，名通達位**」。這樣才是證得初地眞如。楊先生自己舉出的論文中已經指出是他們自己不對，還拿來否定我幹什麼呢？這些道理，我會在《燈影》書中寫出來。所以，他們的問題就是自創佛法，又對論中的法義沒有前後貫通，變成斷章取義，才會出生許多問題。

由楊先生等人的現成例子中也可以獲得證明：如果已經沒有三乘經論存在人間，今天我把佛法說得再勝妙都沒有用，別人只要一句話就把我撂倒了：「**那都是你講的，那不是佛菩薩的意旨。**」可是佛菩薩的意旨，或者說經論中的意旨是什麼？應該如實探究。如今有人說我們賣的不是黃金，那就用猛火再來燒一遍，再三再四燒煉以後證實還是黃金！今天我把那一封信中他們所講的，簡單的說明一下，諸位也就清楚他們的落處了。

他們現在想的是，眼前七住位心眞如的證得，他們不滿足，因爲一定無法超越我；所以他們想要略過將近一大阿僧祇劫修除異生性，也略過相見道位的後得無分別智的修行，想要在七住位中直接證得將近一大無量數劫以後才能實證的初地眞如。可是，等他們未來走完第一大阿僧祇劫時程而證得初地眞如時，將會發覺還是今天的阿賴耶識心體，並沒有楊先生等人今天所說的另有一個出生阿賴耶識的心體，結果還是一樣要把今天阿賴耶識中的異生性障礙修除。所以眞見道只是證得阿賴耶識心體，沒有另一個心可以給他們證得。結果仍然是要把心中的某些種子詳細觀行，完成相見道位的所有功德；但是這些相見道位的所有功德完成以後，依舊是今天七住位所證得的阿賴耶識心體，顯示出同樣的眞如性。

所以他們的說法已經成爲一種妄想，譬如想要把米煮成飯，你一定要加水，鍋子下面一定要燒火。他們既不加水也不燒火，就想要使米直接變成可以吃的飯；心想：「我一會兒就要吃這個飯，要米立即變成飯。一定有個辦法，只要我想一想，它就變成飯。」如今我已經證明他們都是在妄想。所以說他們都是知見嚴重欠缺，沒有貫通佛菩提道而產生了錯誤的知見。如果你們有人還不相信我的說法，回家以後可以把《成唯識論》好好讀一讀，主要是把卷九好好讀一讀，這正是他們舉出來否定我們說法的論文。等你們讀過以後就證明了我說的才是正確的，而他們舉證出來的文字，也一樣證明我說的才是正確的。

不過，他們也有進步了，因爲他們如今已經能夠寫信來質問，這算是第一個進步。他們以往都只是在口頭上說：「我什麼都沒有說，這都是經論中說的。」他們始終都用不負責的說法：「這是經論說的道理，不是我的意思。」但其實他們解釋出來的說法都不是經論中的眞義，而現在終於肯把他們的看法寫出來質問，確實是有進步了，可以和我們開始有一點交集了。我希望以後有更多的交集點，能夠把歧見化解掉。但是這些應知應見的道理，因爲有一些人根本沒讀過《成唯識論》，所以我得要稍微說一些，才不會有更多人因此生疑而跟著被影響、就退轉了。

老實講，明心回來以後，大多數人根本是讀不懂《成唯識論》的。跟隨了我十年的楊先生，親聞我講解《成唯識論》課程，如今都還會弄錯，還會把相見道等法義以及心眞如的道理弄錯；而你們之中剛明心的人根本都還沒有修學過，那就可想而知了。所以明心回來以後，只對般若經系列的經典能夠如實了知，但是第三轉法輪的經典，就不是你們所能立即了知的，還有待善知識的講授，才能深入了知（編案：自從楊先生等人退轉而否定正法以後，禪三勘驗標準提高很多；所以後來明心的同修們已能大約讀懂第三轉法輪經典了）。第三轉法輪的經典，是說給即將進入初地的十迴向位等菩薩們聽的。今天你剛明心回來，勝解行的親證位，還只是第七住而已，就想要瞭解地上菩薩所修學的法義，怎麼可能讀懂呢？但這個都是正常的。而明心以後，般若經卻是一定可以讀懂的，除非你是文盲，那就另當別論。

因此佛法經論恆久存在人間是非常重要的，因爲可以支持眞善知識弘法利生；而佛像的存在也可以維持表相佛教的存在，因爲只要佛像還存在，就表示還會有出家僧寶的形相存在人間。但是經典一旦不存在了，了義佛法就沒有辦法昌盛，錯悟而落入意識境界中的表相佛法，將會淹蓋了究竟了義的正法。所以當年白馬精舍倡印《大正藏》，以成本價在台灣廣泛流通，那眞是大功德一件！而我們把大藏經擷取一部分比較重要的經典，校對編印成二公斤重的一大冊《三乘唯識—如來藏系經律彙編》，免費流通給佛教界，也是一件大功德！我們那本《三乘唯識》，七、八年前光是打字（那時我還不會打字，都交給打字行作），打字費就花掉二十幾萬元，印製的經費還不算在內，但這是大功德。今天我們就是靠著經典、論典都還存在，讓別人無法隨意推翻或否定。因爲他們如果貫通了經典、論典，必定只能認同我們；除非誤會經論中的眞義，才會來質疑我們。所以佛像與經論的存在，當然很重要，缺一不可。

可是也有人從來都不讀經論，或者是讀不懂，所以根本就不依止經論；譬如南部那個假「毗盧遮那佛」！每當有人不如她的意，她就放話說：「**我要離開世間了，你們都不精進，不聽我的話！**」於是無知者就都苦苦哀求，然後她又假裝願意留下來了；其實她連我見都沒有斷，她能說走就走嗎？但這樣的戲碼演過一回又一回，還是有人願意相信，只能說是闔寺上下全都顛倒。事實上，在 彌勒菩薩下生成佛以前是沒有人能成佛的，如果有人在 彌勒佛之前自稱成佛了，那一定是魔。大家都要有這樣的知見，可是很多人沒有這樣正確的知見，只能由著那些假佛裝神弄鬼了；只能深信他的師父不會欺騙他，一直跟隨下去，浪費了寶貴的一生光陰。

這種人並不是只有古時才有，現代的台灣與大陸其實一樣很多，因此說佛像和經典的存在非常重要。如果這兩者都不存在了，正法就會漸漸跟著消滅了。今天若是沒有經典存在，任憑我怎麼說，他們都會說那是我講的，不是 佛陀的意旨，那我們還能弘揚如來藏妙義嗎？正法不就漸漸斷滅了嗎？如今密宗邪見流行，動輒自稱成佛，而且還說他們的樂空雙運淫樂境界是報身佛境界，宣稱是比 釋迦牟尼佛的證量更高；他們都覺得自己眞的很行，其實連我見都沒有斷除，卻又「**心中尚輕十方如來**」，當然會「**疑誤眾生**」。

所以密宗這些人捨報以後一定會下墜無間地獄，長劫住在地獄中受苦無間。密宗這些人全都沒有佛法的正受，也就是完全遠離眞正佛法的知見，所以根本就沒有如來藏金剛三昧正受，於是自己發明男性器官堅硬不軟而冒充爲金剛，騙人說他們的樂空雙運境界就是金剛三昧。其實完全沒有佛法中如來藏金剛三昧的正受，大妄語以後未來捨報就會跟著淪墜。

「又彼定中諸善男子見色陰銷，受陰明白，於精明中圓悟精理，得大隨順，其心忽生無量輕安；己言成聖，得大自在，此名因慧獲諸輕清；悟則無咎，非為聖證；若作聖解，則有一分好清輕魔入其心腑，自謂滿足，更不求進；此等多作無聞比丘，疑謗後生，墮阿鼻獄；失於正受，當從淪墜。」接著說「受陰區宇」中的第八種岐路。住在金剛三昧中的菩薩們，已經看見自己色陰銷盡了，而受陰區宇中的境界也很清楚明白；這時證得「受陰盡」境界的因緣尚未成熟，但他在「受陰區宇」等精明境界中，突然廣大圓滿地悟得「受陰區宇」中的精妙道理，所以能對「受陰區宇」中的境界非常隨順，於是在他的心中忽然生起了無量的輕安，讓他覺得全無負擔。由於智慧不足以了知其中的虛妄性，但發起「受陰盡」境界的因緣也還沒有成熟；而他不明了這些道理，就向別人自稱成就聖果了。這時他的心中感覺自己已經得到大自在境界了，而這種狀況其實是因爲定境的智慧而獲得種種輕安清明的境界。如果能覺悟到這只是一種定境而不是無生法忍智慧的實證，就不會有過咎，當然這種境界仍然不是上地聖智的實證。若是沒有佛菩提道中的深妙智慧，而把它當作是上地聖智的實證，就會有一分「好清輕魔」進入他的心腑之中，就會自稱已經滿足所有佛道的修行了，從此以後再也不想尋求上進之道。這一類人大部分都會成爲少聞寡慧的比丘或比丘尼，心中懷疑佛道，也會擅自加以毀謗而戕害後生學人，將來死後當然會因爲壞法及大妄語業，下墮阿鼻地獄中受苦無量。這種人其實是失去了如來藏金剛三昧的正受，退墮於意識相應的定境中，未來將隨從身中的好清輕魔沈淪下墜於三惡道中。

在現代佛教界中，這種事情很平常，都同樣是落入定境中，以定爲禪。不幸的是他們的定境又往往只是欲界定，連未到地定都談不上，當然更與第一義智慧境界無關，也和二乘聖人的解脫境界無關。可是這些人偏偏要強出頭，隨意否定如來藏正法。有一部分人還會自我高推爲八地、十地菩薩，甚至也有自稱成佛的人，然後就隨意月旦正覺同修會的正法。可是卻又同樣都不敢落實在文字中，都只敢以化名在網站上亂批評，或者都只敢在私底下以言語毀謗。我想這種人應該會越來越多，而且我們開始評論密宗以後，一定會漫山遍野採取人海戰術來毀謗我們，大家應該有心理準備。目前已經開始有無聞比丘在私底下無根毀謗我們了，將來或許會落實在文字上面來毀謗我們，那時我們再看情況，該怎樣就怎樣，不必顧慮人情。

如今的大小善知識們總是把最粗淺的定境，當作是開悟的聖智境界，誤認爲是聖人的智慧境界；其實諸地菩薩所證的境界，固然也有事相上的世間有爲法定境，但大部分都是無生法忍，屬於增上慧學。如今那些評論我們的人，卻是連我見都還分明存在的凡夫，卻個個自稱開悟證果了；但世尊已經預告說，這一類人「多作無聞比丘」。如今海峽兩岸的大師們也都是如此，每天從早到晚只知道打坐求一念不生，把修定當作是證悟的修行方法。教他們要讀經典，他們不要，因爲讀不懂；寺裡維持修行的活動，當然得要講經，但那些人心中都不樂意聽經聞法；說老實話，跟隨久了也知道師父根本沒悟，只是依文解義；所以師父上座說法時，根本不想聽，就在座位上打坐繼續保持一念不生，這種人都是「無聞比丘」。假使有一人有了清淨的輕安境界以後，就認爲自己已經證得聖境，認爲他的證境比師父還高，這種人就是「無聞比丘」。

如果是多聞比丘，自然知道這只是定中的境界，跟般若智慧無關，當然與第一義無關。但他不曉得，所以成爲「無聞比丘」，誤以爲自己證得聖人的境界了，就用這種境界來「疑謗後生」，也會毀謗眞實正法的聖智境界。乃至有可能徒弟眞的自己證悟了，他也會毀謗說不是開悟，這種人死後會下墮於阿鼻地獄中。阿鼻地獄具有五種受苦無間，痛苦無比。人間受苦時都還是有間，即使一般地獄中，有些地獄受苦時還是有間斷或間隔的；譬如沸屎地獄，那個地獄中都是屎尿，也都是滾燙的，但是受過痛苦以後會有一段休息時間不必再連續受苦，可是阿鼻地獄中是全身受而且沒有間斷的；所以不知道時就別開口妄評，更別因爲顧慮名聞利養而造下妄謗最了義正法的大惡業。

如今的佛教界中有許多人是談不上這種境界的，根本就進不了「受陰區宇」中，也無法證得「色陰盡」的境界；因爲他們連我見都斷不了，連明心的內涵都弄錯了，哪能證得這些境界？老實說，根本就不懂如來藏金剛三昧。當代的大法師之中，毀破淫戒及邪淫重戒的人，大有人在；根本不可能與這些境界相應，所以這些經文可以說都是爲你們明心的人所講的。凡是沒有佛法正知正見的人，根本就不曾有過如來藏金剛三昧的正受，更別說是失去正受了。當代許多大法師們全都無法正確受持佛法的正知正見，也同樣犯了大妄語業，所以將來捨報後會跟隨著錯誤的見解以及大妄語業而落入三惡道去。

因爲下地獄以後的果報並不是只有地獄苦，凡是下地獄的人都只是領受正報，正報即是地獄及鬼道果報；所以地獄報受完以後，將會生在鬼道中受種種苦，都屬於正報。在這些正報受完以後還有餘報，就是即將回來當人之前，要先去畜生道中償還業債很多劫以後，報盡才能轉到人間來生活；所以要在人間當畜生，剛開始都是要被人吃，後來變成獵食動物，然後再變成服勞役的馬牛或寵物而接近人類，最後把所有業債都償還完畢，才能生爲人類。所以，狗、牛等類就是這一類還債的有情，繼續爲往昔很多劫以前被牠負欠的人類服務。當狗、牛時就已經快要變成人了，或者被人家收養的猩猩，也都快變成人了。等這些餘報都受完了以後，才能回到人間成爲人類。可是才剛回到人間時，剛開始那五百世都是盲聾瘖啞，而且生在邊地不聞佛法；過了五百世以後來到中土聽到佛法，心生不忍又毀謗正法，又下墜三惡道去。在《大乘方廣總持經》中就有這樣的開示，這是因爲他們謗法、謗賢聖的習氣種子還沒有滅除，而且一向都是膽子很大，所以敢大聲毀謗正法；因此在人間才剛聽聞所未曾聞的妙法時，心中不信又繼續毀謗，死後又下墮三惡道中，繼續輪轉不停；直到很多劫以後心生悔改，也信受聞所未聞的如來藏妙法了，才不會繼續毀謗及下墜。因此說，大妄語的人都會下墜於三惡道中，都會先去地獄受苦以後，回來人間以前都一定要經過鬼道與畜生道，最後才能回到人間來，所以「當從淪墜」。

「又彼定中諸善男子見色陰銷，受陰明白，於明悟中得虛明性，其中忽然歸向永滅，撥無因果，一向入空；空心現前，乃至心生長斷滅解；悟則無咎，非為聖證；若作聖解，則有空魔入其心腑，乃謗：『持戒名為小乘，菩薩悟空，有何持犯？』其人常於信心檀越飲酒噉肉，廣行婬穢；因魔力故，攝其前人不生疑謗，鬼心久入。或食屎尿，與酒肉等，一種俱空；破佛律儀，誤入人罪；失於正受，當從淪墜。」接著說「受陰區宇」中的第九種岐路，依舊是由自己的五陰魔引導外魔進來身中。在如來藏金剛三昧中的善男子，色陰已盡而住在「受陰區宇」中，當一切法空無的心想現前以後，逐漸發展乃至最後心中生起永遠不變的斷滅空的認知；如果能覺悟這是斷見就沒有過咎，這不是空性的聖智實證；若是當作聖智實證來解釋這種境界，就會有空魔侵入他們的心腑，於是他們開始毀謗：「持戒的人名爲小乘人，菩薩證悟空性，有什麼持戒與犯戒可說？」這種人常常在對他們有信心的施主面前飲酒吃肉，廣泛地實行貪婬不淨；因爲有天魔神力的緣故，能攝受他面前的所有人不會生起懷疑及毀謗，其實已經是鬼心入住他的心中很久了。這種人有時會當眾吃屎喝尿，說是和酒肉平等，永遠都說一切是空而不分別；這種毀破諸佛施設的律儀戒，錯誤地引導別人同樣入犯重罪；已經失掉了金剛三昧的正受，未來將會隨從空魔沈淪下墜。

住在金剛三昧中的人，若已經看見色陰銷滅了，轉入受陰的境界中；有一天住在金剛三昧中的時候，出現了清楚明白的覺悟境界，這當然只是他自以爲是的證悟；當時他了知虛明的體性，認定一切皆歸於空，也就是現代的印順等人所主張的一切法空、緣起性空，又否定涅槃中有本際常住不變；於是在這種認知之中「忽然歸向永滅」，開始不相信因果，連地獄與鬼道的存在也不相信了，從此以後「撥無因果，一向入空」，就敢無根據地公然否定大乘法了。

顯教中繼承密宗應成派中觀的法師們都是這一類人，落入斷滅見中，就是台灣釋印順門下的法師們。但密宗裡的應成派中觀卻是回頭認定意識常住不壞，才能與雙身法的樂空雙運相應，否則雙身法就不能成立了，於是就認定樂空雙運中的意識覺知心常住不壞，又落入常見外道見中。密宗在台灣公開弘法時也曾學著當代表相禪宗那一套，教人打坐，然後教人要修證明性。密宗認爲覺知心一念不生的境界，就是明性，就是禪宗的開悟境界，與蓮花戒、支那僧的說法完全一樣。他們認定覺知心一念不生時具有明性，爲什麼能「明」呢？因爲了了分明，在六塵境界中一念不生時都可以觀照得很清楚。密宗在不便傳授雙身法的公開場合時，都一樣弘傳明性意識境界法，密宗四大派都一樣。他們認爲：覺知心清明而一念不生時，能夠了了分明的了別性，就是禪宗所證的眞如。其實都只是常見外道的意識境界，與凡夫完全一樣。所以他們根本就無法理解「色陰區宇」與「色陰盡」的境界，這些修道岐路等法義都與他們無關。

但是有的菩薩悟後，在「受陰區宇」之中安住時，智慧不夠，所以有時退回緣起性空的認知中，「忽然歸向永滅」，認爲除了如來藏心以外，自己的覺知心只要能夠不受六塵，所有因果自然都不會存在了，所以就「撥無因果」。認爲除了一念不生的清明心存在以外，全都是虛妄法；只要覺知心不住在五塵中，就沒有因果可報應了。這也是智慧不夠而產生的邪見，不知道因果還是會繼續存在；誤認爲只要永遠住在不觸五塵的境界中，就不會落在因果報應中，於是想要滅盡一切法，只保持覺知心不滅。從此以後「一向入空」，一直都趣向空無所有的離五塵境界，只剩下覺知心清明存在的境界。然後「空心現前」，退失金剛三昧了，認爲空性就是清楚明白而離五塵的覺知心。繼續進展下去，「乃至心生長斷滅解」，如同顯教中的印順法師「長斷滅解」；以六識論的應成派中觀修到最後，就是「長斷滅」的一切法空，所以印順恐怕落入斷滅空，不得不回頭再從意識心中建立一分細意識，宣稱細意識是常住不滅的心，於是又成爲常見外道了。印順法師這麼講，達賴喇嘛也一樣落在意識心中，同樣是未斷我見的凡夫。

我聽說達賴喇嘛最近在台灣發行一本書，專門講雙身法，我現在才突然想起來。不曉得有沒有人買到了？有買到的人請舉手！喔！有人買到了。談到達賴喇嘛，我才突然想起這個事，我們《狂密與眞密》出版了以後，不是有一家出版社爲一個西藏喇嘛印出一本《西藏慾經》嗎？現在又有一家出版公司出版達賴喇嘛專門講雙身法的著作。我聽一些讀過的人說：「內容跟蕭老師你破斥的完全一樣，就是講樂空雙運。」密宗的宗喀巴說：樂空雙運時，觀察淫樂中的樂觸也是空性，因爲無形無色；那時也要觀察受樂的覺知心也是空性，因爲覺知心在受樂時也是無形無色的，這樣就是樂空雙運。這是宗喀巴在《密宗道次第廣論》中說的，其實在他的《菩提道次第廣論》後半部的止觀中，也是一樣的說法；因為《菩提道次第廣論》後半部的止觀也是在教樂空雙運的意識境界，只是用語比較隱晦，一般人讀不懂。而讀懂的法師們也不敢教，所以研讀《廣論》的人都是重複修習前半部，後半部都是讀不懂也沒有法師敢教的。

但密宗認為樂空雙運時如果不會洩漏精液，也能長時間住在樂空雙運境界中，就是證得報身佛，宣稱比釋迦佛的證境更高。宗喀巴說密宗行者要每天常常住在樂空雙運境界中，所以宗喀巴才說要「每日八時而修」，是要每天用十六個小時努力修練雙身法，長時間保持性高潮的境界，說這樣就是精進。以前密宗的陳淳隆、丁光文還罵我說：**「我們黃教是禁止雙身法的，我們絕對沒有雙身法，我們的至尊宗喀巴是禁止修雙身法的，所以你蕭老師是無根毀謗我們。」**現在我們舉證出來，宗喀巴的《密宗道次第廣論》與《菩提道次第廣論》中都有教授雙身法。如今達賴喇嘛是黃教的法王，他也親自寫出來了，還能說沒有嗎？還能狡辯嗎？這些事情，在在處處都證明我說的完全正確！可是達賴為什麼要在台灣出版雙身法的書籍呢？我想，他們一定這樣想：**「反正蕭平實都已經鉅細靡遺寫出來了，我們不如面對它，乾脆就把它說明：為什麼雙身法是眞正的佛法。」**他們應該是認為，不如面對這個事實，就把雙身修法樂空雙運公開辯稱是最究竟的佛法。反正在台灣已經無法保密了，乾脆就明著弘揚了。

至於在顯教法中，達賴喇嘛等人在般若上的見解就是一切法空，然後恐怕墮入斷滅空中，就無法繼續弘揚雙身法的樂空雙運了，於是回頭重新建立意識爲一切法的本源，又落入常見中。宗喀巴就是這樣，而宗喀巴最重要的徒弟克主杰，寫出來的書中也是這樣講，全都沒有差別；所以密宗應成派中觀見，絕對不止是「長斷滅解」，不只是說一切法空就是般若，同時還具有常見外道見。他們當然有想到：一方面講一切法空是般若，等於是否定意識了，另一方面卻又說樂空雙運是究竟佛法，那不是會互相衝突嗎？當然要回頭重新建立意識爲常住法，於是又與一切法空矛盾，只好解釋作意識心常住，但在意識心中都沒有一切法可得，樂空雙運時一念不生，專注於全身受樂的境界中，無一切法，所以是一切法空。他們以爲這樣就與般若一切法空說，沒有矛盾與衝突了，可是卻完全成爲具足常見與斷見的外道見了。樂空雙運是世間法，世間法都是有爲有漏法，竟然可以說是眞實法；而意識境界中的一切法空的認知，畢竟也只是意識境界。意識是因緣所生法，那麼密宗的意識境界，不論是一念不生時了了靈知的明性，或是樂空雙運中的專注受樂的覺知心，依舊是因緣所生法，其實是與佛法完全矛盾衝突的，可是他們戴上眼罩視而不見，就不覺得有衝突了。

密宗對無法實證的佛法，一向都只用一個態度或方法來應付：凡是無法證得的，就發明另一個境界來取代，然後宣稱他們已經證得了。譬如阿賴耶識如來藏既然證不到，就發明一個中脈、再發明中脈裡的明點，說明點就是如來藏阿賴耶識。其他的佛法修證也都是如此，只要是證不到的法，就新創另一個法來取代，密宗就這樣以世俗境界全面取代佛教的正法。所以一切佛法名相，到了密宗裡，全都改了個樣兒，都已經不是佛教中的正法內容了；但密宗卻這樣全面取代佛法修證名相以後，向佛教界宣稱他們都已經全面具足證得顯教的三乘菩提了。這就是印順說的「密宗入篡佛教正統」，印順因此而說古天竺是「密教興而佛教亡」。如今這個天竺的故事正在台灣重新上演當中，所以我們才需要把密宗的祕密全部公開，讓他們不能再欺騙台灣佛教界。話說回來，落入一切法空的見解而「撥無因果」的人，如果能夠了悟這種見解的過咎，就不會有過失，也不會把這種認知當作聖智境界。如果把這種境界當作是聖智境界，就會有空魔進入他的心腑之中；既然他喜歡一切法空，空魔也喜歡一切都空而「撥無因果」，把因果否定以後，就可以爲所欲爲了。於是就會與空魔共同毀謗佛法。至於毀謗佛法的事情，且聽下回分解。

……（講經前的當場答問，移轉到《正覺電子報》〈般若信箱〉，以廣利學人，此處容略。2003.04.08）上週講到一百八十八頁：「則有空魔入其心腑，」當一個人在「受陰區宇」中安住於金剛三昧時，如果沒有依照佛所開示而作觀行，只是急著要求證世間有爲法上的境界，就會產生邪見「撥無因果，一向入空」，這在大乘法中就叫作惡取空。現代台灣佛教的惡取空代表，就是印順法師。印順在書中常常斥責惡取空，指責別人許多種講法屬於惡取空，可是印順卻沒有想到他自己才是眞正的惡取空者。因爲印順認爲一切法空，堅持六識論而把阿賴耶識否定，並且把第七識意根也否定。同修會中最近離開的第三批人，也落到印順的落處中，他們主張說：「阿賴耶是阿賴耶，如來藏是如來藏；阿賴耶識是由如來藏出生的，所以是生滅法，如來藏才是眞如。」把好好一個如來藏心分割成阿賴耶識與如來藏二個心，與印順一樣。但我在書中早就評論過印順的這種過失，沒想到他們如今依舊落入印順的邪見中。既然主張阿賴耶識是如來藏或眞如所生的，那他們所說的如來藏或眞如，不正是第九識嗎？如果不是心、不是第九識，怎能出生阿賴耶識這個心呢？然後又否認說他們不曾主張有第九識，依舊是強詞奪理。

而這一段經文中說的是惡取空的邪見，「一向入空」，就直接認爲已經證得聖境了。既然認爲自己證得聖境而不知道已經走入岐途中，於是「空魔入其心腑」，有空魔暗中爲他撐腰而他自己並不知道，就敢開始公然毀謗說：「持戒？那是小乘人所持的，菩薩已經證悟空性了，一切法都空，還有什麼持戒可說的？一切都空啦！」如果是眞正證得如來藏的人，也可以這樣說：「確實是這樣呀！因爲世間法都無所得，智慧也無所得。」你若是用無分別智來觀察如來藏，祂何曾在哪一法上有所得呢？又何曾在哪一法上有所失呢？根本就沒有得失，果然如是。可是初聽這個誤入岐途的人所說的話，好像都對，實際上卻完全不對，因爲他的無所得跟你證如來藏以後，依如來藏的境界來說的無所得，可完全不一樣。你認爲證悟了以後，所觀察的如來藏自身境界中，根本沒有所得也沒有犯戒可說，而如來藏從來無所得也從來不曾持戒，哪有什麼戒可持可犯？所以「持戒名爲小乘」，因爲那都是聲聞戒。你這樣講也有道理，確實也是如此；但這是從如來藏自身的境界來說的，若是從五陰十八界來說時，可就不許如此了！一切菩薩都是這樣看待持戒的。所以悟後還是脫離不了因果律的，是如來藏不受限於因果律，但世世行菩薩道時所取得的每一世五陰，都還是要受因果律感報的；所以五陰還是要持戒的，不許「撥無因果」。

有的人是實相法界與現象法界渾沌不分的，因此才會「撥無因果」而成爲犯戒者，死後就下墜三惡道中。我記得在〈南山律〉中似乎有這麼破斥過：既然你說戒是小乘，我就勸你捨掉；然而「勸令捨之，又不肯捨。」是說：你既然說聲聞戒是小乘，自認爲是大乘比丘，那你乾脆把小乘戒捨掉吧！他偏又不敢捨、也不肯捨。既然不能捨，那你就好好受持；然而「勸令持之，又不肯持，豈非與煩惱相應？」我記得〈南山律〉曾經這麼斥責，可見這種人並不是現代才有，而是古時候就有了。既不肯持，又不肯捨，那不是自己找煩惱嗎？好好持戒，不就沒事了嗎？所以〈南山律〉中曾經作了一個結論：「卒難諫曉。」終究還是很難勸諫他瞭解這個道理，於是就加上八個字說：「魔力所惑，誰能奈何？」確實是沒有人能夠奈何他，因爲他已經被空魔所迷惑了。

佛說這種人常常和一些對他有信心的施主們，也就是常常布施財物給他的在家信徒們，一起喝酒作樂，也一起吃肉：「飲酒噉肉」。現代廣義的佛教界中，有哪些人都在做這種事呢？當然是密宗嘛！不論他們是做交合供或是別的供養，總是要五肉與五甘露，他們都是要吃肉與喝酒的；因爲酒喝了以後再修雙身法時比較持久，這就是西藏密宗的眞實面目，所以是「廣行婬穢」的附佛法外道；因爲他們不是只有每晚與不同的女信徒合修雙身法，有時還會很多人一起一一合修雙身法而輪座雜交的。但他們來到台灣時比較不敢這樣明目張膽，所以有時在公開場合時還會裝模作樣說他們很喜歡素食，但在背地裡可是每天吃肉飲酒的，而且是每天晚上都等待女信徒來合修雙身法的。這些人其實都是被魔的力量所導致的，由於有魔的力量幫助他攝受徒眾們，不會產生懷疑和毀謗，所以密宗的在家信徒們，沒有人會毀謗他們。我們現在不但引教，而且還據理將他們破斥了，他們還反過來說我們在毀謗他們，眞的是「鬼心久入」。

這一類人有時候又會公開吃屎吃尿，所以 世尊說這一類人「或食屎尿」。曾經有比丘尼吃飯時，故意把狗屎放在餐桌上，信徒實在吃不下飯，她卻說：「我沒有垢淨之分。」就曾經有比丘尼這麼搞過。而這個「鬼心久入」的人也是一樣，宣稱：「屎尿與酒肉，其實都是一樣的。」甚至還故意喝一口酒再喝一口尿，吃一口肉以後再吃一口屎。你做不到，他做得到，所以他覺得自己的證量眞的很高。而且一般人不懂，又在魔力所持之下，就相信他的證量眞的很高。其實這種人正是「一種俱空」的「撥無因果」的邪見者。他誤認爲所有佛法都要歸納到一種，就是一切都空，於是「撥無因果」，開始「破佛律儀」，廣泛誤導信眾同樣落入嚴重的戒罪中。這種人當然失掉了佛法中的如來藏金剛三昧正受，一定會在捨壽後淪落而墜落三惡道中，當然首先是下墜地獄去。

……（講經前的當場答問，移轉到《正覺電子報》〈般若信箱〉，以廣利學人，此處容略。2003.04.15）

這次禪三陰氣一掃而空，完全沒有上次禪三時的陰氣籠罩，到了第三天才知道原來都是佛菩薩加持。這裡先要感謝兩位監香老師很辛苦，陪著我好像在拚命一樣；也要感謝所有護三菩薩們，讓這次禪三功德可以圓滿。也很感謝道場的常住法師，很多地方我們沒注意到的，她們都幫我們準備得好好的（編案：當時尚未有自己的禪三道場，是借用別人的道場舉辦禪三）。另外，還要感謝 觀世音菩薩的指點，也要感謝 韋陀菩薩盯著我。因爲第三天實在太累了，所以中午特地去睡半個鐘頭，因爲眼睛也痛起來了，畢竟開始有些年紀了，那幾天跟著大家一起熬夜，實在是體力不濟了。這一回禪三，特地買了某一品牌的感冒液，因爲它的咖啡因含量很高，我想藉它提神，計劃一天用兩瓶；沒想到一天只要一瓶就夠了，咖啡因分量眞的很多。

可是這樣透支體力到第三天，實在很累了（編案：當時每天的小參都由平實導師親自主持），心想中午休息時間就躺半小時吧；因爲恐怕起不來，就設了鬧鐘；沒想到睡到一點二十分時，不曉得誰對我敲引磬，好大的聲響。每一響之間大約間隔五秒鐘，總共敲了五響，我想：「奇怪？才剛躺一會兒，怎麼時間就到了！」心想實在很累，不想起來，於是翻個身又睡；可是又想：「如果時間眞的到了，不起來也不行。」伸手拿了鬧鐘一看，原來我設定錯了，把預定的半個鐘頭時間設定成一個半鐘頭，於是有人提前十分鐘猛敲引磬喚醒我，還讓我有十分鐘時間可以洗把臉。但是那個引磬聲敲得不合轍，我就上大殿問人：「你們剛才是誰敲引磬的呀？」我起身洗臉再去大殿，時間大約過了五分鐘，我問：「是誰剛才在這裡敲引磬呀？敲好大響，引磬沒有人那樣敲的呀！」沒有人答腔，我又問糾察，糾察師兄說：「沒有聽到引磬聲呀！都沒有人敲呀！」我說：「那麼奇怪！我聽到有人敲那麼大聲，怎麼說沒有人敲？」後來問常住師父，她說：「那是韋陀菩薩敲的。」我說：「妳怎麼知道？」她說：「以前祂曾經爲我們打過早板了，那天我們大家起床時累得要死，後來起床時發覺並沒有人先起床打板，雲板又好好的在那裡，沒人動過。」這已經證明是韋陀菩薩喚我起床的。所以這回眞的要感謝觀世音菩薩指點，讓我在晚上普說時警覺到已經講得太白了；當然也要感謝韋陀菩薩盯著我，沒有讓我睡過頭，荒廢了大眾的光陰，因此這回全都要感謝。

不過這次禪三我並沒有什麼機鋒，主要就是晚上的普說與每天三次過堂，講得比較白。其餘時間在大殿中，我都沒使機鋒。所以好像聽到有人說：「本來聽說，去了禪三就沒問題，一定可以悟；反正老師機鋒多得很，也講得很白，等於是明講的。沒想到這一次都沒有機鋒。」不過這次其實也講得很白，所以也有一半的人破參明心。至於眼見佛性，這一回從缺，因爲報名見性的人，他們因緣都不是很具足，我寧可保留到下一次再看看。希望今年十月底、十一月初，改爲連著兩梯次的禪三，再看會不會有幾個人見性，再說了。所以今年總共要辦三次禪三，秋天的兩次是要在十月底、十一月初舉辦。

另外，每週講經前當場提問而回答的〈般若信箱〉，準備要先暫停一、兩個月；因爲我們每週都要花很多時間，針對離開的楊先生等人不斷放話過來的法義稍微辨正一下，每週都要講個一段、二段，否則法義的大是大非被他們混淆了，將會非常的嚴重，就沒有時間接受當場提問而作回答了。就如同上週跟諸位講的「相見道、眞見道」的問題，又如「唯識性、唯識相」的問題，他們也都弄顚倒了，傳回同修會中人心惶惶，所以又得要跟大家說明。因爲他們用虛構的法來代替 世尊的正法，那是地獄業；他們否定阿賴耶識，也是地獄業，這是很嚴重的。我希望把法義上正確的知見、見解說給諸位瞭解，不希望再看見有人繼續跟著他們退轉而自以爲增上。如果能夠挽救他們不要再毀謗阿賴耶識，那也是功德一件，這是我的希望。因此，如果再有〈般若信箱〉的問題同時請問而全部解答時，就沒有講經時間了，所以每週都會只針對楊先生等人提出的問題講解一些。

在這裡也要宣布一件事情，從今天開始取消法蓮法師的親教師資格。這是不得不的忍痛宣布，因爲他已經在台南班公開否定我們的阿賴耶識正法，事先也都沒有與我商量，就直接否定了。因此不得不作這樣的宣布，否則就會對正法繼續造成很嚴重的打擊而增加他的過失。我也希望他能夠趕快修正，不然將來後果難以思量。他剛剛還打電話來，還對我說阿賴耶識是生滅法，不聽我的解說。想起他們未來捨壽後的果報，我眞不敢想像，所以我覺得很難過；想到他未來要怎麼去承受業果，這個我說是不可承受之業，是任何人都無法去承受的，而他已經造下了，因此我爲他覺得很難過，心情有些激動，也有些沈重。因此，我必須要解除他的親教師職務，希望他破壞正法的行為能夠稍微遏止下來（編案：後來正覺同修會把台南講堂送給法蓮法師，不想與他相爭，隨後即另立台南新講堂）。但是針對他們所否定的說法，我們應該要每週講一點，讓大家瞭解得更深入一些。聽說他們最近在台南講堂發給同修們一本《百法明門論解疏》，但是他們卻把經典、論典誤會了，而說他們的看法跟經典、論典相符，我們現在就針對他們所說的提出一些辨正，讓大家來聽聽看，然後再來講經。

……（以上是講經前的法義辨正，移轉到《正覺電子報》〈般若信箱〉連載，以廣利學人，此處容略。）現在回到《楞嚴經》來，上週講到一百八十八頁第五行，今天要從第五行開始：

「又彼定中諸善男子見色陰銷，受陰明白，味其虛明，深入心骨，其心忽有無限愛生，愛極發狂，便為貪欲；此名定境安順入心，無慧自持，誤入諸欲；悟則無咎，非為聖證；若作聖解，則有欲魔入其心腑，一向說欲為菩提道；化諸白衣平等行欲，其行婬者名持法子。神鬼力故，於末世中攝其凡愚其數至百，如是乃至一百二百，或五六百，多滿千萬。魔心生厭，離其身體；威德既無，陷於王難。疑誤眾生，入無間獄；失於正受，當從淪墜。」

這是「受陰區宇」中的第十種岐路。住在金剛三昧定中的善男子們，看見色陰銷盡，而「受陰區宇」中的境界清楚明白，然後體會領納「受陰區宇」中的空虛與光明；「味」就是體會領納，領納以及細細體會受陰境界中的空虛和明淨，深入體會以後深入心骨之中，就是徹入骨髓的意思。然後在如來藏金剛三昧定中，住在空虛光明的境界中產生了強烈而無盡的慈愛；當這個強烈的慈愛繼續發展到極致時，就從慈愛轉變成貪愛，不論看見誰都愛，已經演變爲無限制的貪愛了。這種無限制的貪愛發展到極點時就演變爲發狂性質的貪愛，於是不論看見了哪一個女人，他都有強烈的貪欲而設法要與所遇見的一切女人交合，因爲他已經貪愛所有的女人；這是由極強烈的貪愛演變成的，於是開始宣揚「博愛」的主張。達賴喇嘛近來常常講「博愛」兩個字，因爲喇嘛們的宗旨就是要對天下所有女人「博愛」——見了女人就應該貪愛，應該與所見的一切女人合修雙身法，使所有女人都因他而獲得性愛淫樂。所以密宗的博愛不是政治上或基督教講的博愛，而是與所有女人上床，要以自己的力量使所有與他接觸的女人，都獲得性愛的歡樂。但密宗四大派的古今法王與喇嘛們，都是未斷我見的凡夫，更別說是證得金剛三昧，當然更未證色陰盡的境界，他們對一切女人的「博愛」當然不是「受陰區宇」中生起的貪愛。即使住在金剛三昧的「受陰區宇」境界所產生的無限制貪愛，其實也是貪欲生起而下墜於欲界中了。

親證金剛三昧的實義菩薩有時誤入種種貪欲境界中，其實是因爲住在金剛三昧定中，由於定境的安穩平順狀況已經深入心中，可是他自己沒有智慧守持住定境，誤入各種不同狀況的貪欲境界中。既然實義菩薩尚有可能會誤入貪欲境界中，那麼尚未證得三乘菩提的喇嘛凡夫們，就更加難以遠離貪欲的繫縛了；譬如密宗四大派，全都以弘傳雙身法爲宗旨，就只有一個覺囊派是明弘雙身法，暗地裡以如來藏爲中心而破斥雙身法；後來乾脆明確地提出「他空見」中觀，破斥自續派與應成派中觀，是從根本上破斥雙身法。雙身法是意識境界，不可能否定意識，一定會落入常見與我所中；所以他們必定會以意識心取代如來藏，或以中脈裡的明點取代如來藏心。覺囊派既已公開提出「他空見」的中觀，既然是公開弘揚第八識如來藏，當然一定要破斥意識常住的邪說，自然更要破斥意識的我所——時輪金剛所說的雙身法樂空雙運淫樂境界。當然，在不民主的時代中，強者爲王、敗者爲寇，於是最後被達賴五世以政治勢力消滅，誣指覺囊派爲破壞佛法者；他空見的所有書籍都被焚燬，並且被強行改換所有著作的刻版，誣指爲同樣是弘揚雙身法的宗派，於是覺囊派的第八識如來藏教義，在西藏就從根本上被徹底剷除了。

對西藏密宗而言，覺囊巴的他空見是異見異說異行；因為第八識如來藏是金剛心的說法，與密宗各大派主張意識是金剛心的說法互相衝突；覺囊巴又不肯改變妥協，當然最後要被格魯派利用達布派與薩迦派聯合消滅，並且被誣指為破壞佛法者。所以說，密宗四大派中沒有一位祖師是有智慧的人，明明是自己在破壞佛法，卻都積非成是而誣指回歸正教如來藏妙義的覺囊巴為破壞佛法者，並且聯合加以消滅。同理，如果沒有般若慧自己守持，就會從本屬善法的慈愛，錯誤發展而轉變為強烈廣大的貪欲。實義菩薩若能覺悟這只是金剛三昧引生的慈心境界，就沒有過咎，也會知道這不是諸地聖智的實證；如果能夠明白悟解這個境界只是一種岐路，知道這只是深入金剛三昧時附屬的一種假象，知道這個境界與無生法忍的進一步取證無關，就不會產生過咎，自然會知道這種境界與聖智境界的親證無關，就可以一笑置之，天下太平。

如果把「受陰明白，味其虛明」而產生的慈愛心境，當作是證得聖位無生法忍的境界，這時正在身外窺視的五欲魔，就會被自己的五陰魔引進心腑之中；從此以後不論何時何地，只要遇到人，都會強烈主張貪欲就是菩提道。

而不懂真正金剛三昧的宗喀巴寫的《菩提道次第廣論》中的止觀內容，正是如此，絲毫不差，全屬貪欲。所以新竹鳳山寺的日常法師，一生努力廣弘宗喀巴的《廣論》；卻也一如往例，都是再三、再四略過後半部的止觀；每次講到止觀的部分就停止不講，又從頭把前半部再講一遍。就這樣子，所有跟隨他們學習《廣論》的人，學了二十年以後還是在學同一部廣論的前半部。他們永遠都在學習前半部，卻還不知道後半部的止觀就是雙身法，也不知道前半部的菩提道次第也都是錯誤的。

當五欲魔侵入心腑以後，當然會影響他，使他一向都說：「貪欲就是佛菩提道。」於是開始度化許多在家人，與他一起共同實行貪欲雜交，那些與他一起共同行婬的所有弟子們就被他稱為「持法子」。今天的密宗不正是這樣子嗎？達賴喇嘛的書中說，雙身法其實是最高的成佛境界，就是以男女交合的樂空雙運作為成佛的最高境界。當我們努力在破斥時，他們還是繼續這麼講，繼續大力主張樂空雙運就是佛菩提道，這就是「一向說欲為菩提道」。一向都這樣主張的結果，當然是「化諸白衣平等行欲」。所以古天竺的佛教後期，就這樣被密宗引進印度教的雙身法，以意識我所的淫樂境界，在佛教中逐漸取代第八識正法，於是佛教開始了名存實亡的過程，到波羅王朝時已經是本質全屬外道雙身法的密宗，只剩下佛教的寺院、僧人與佛法名相了，那時的佛法名相都已經被密宗以外道法來解釋了。到了十三世紀，波羅王朝被回教軍隊滅亡時，其實只是滅亡佛教外殼而不是實質上滅亡佛法。佛教其實早在十世紀末就已經全面滅亡了，那時從表相上看還是佛教，因爲佛像、僧人、佛法名相都還一樣，但本質已經都是外道法了。所以那時的佛法名相都已經被解釋成外道的境界了，如同今天的密宗對佛法名相以及果位名相的解釋一般，並無二致。

十三世紀的天竺佛教外殼被回教軍隊滅亡以後，密宗轉進西藏立足，然後再轉進中國大陸；自從大陸廢除密宗的政教合一政策以後，達賴喇嘛逃亡到印度，爲了籌款而開始向全球散布出去，如今密宗已在歐美取代正統的佛教地位了。但是不論密宗去到什麼地方，一定都以同樣的宗旨弘法，就是像以前在天竺然後移植到西藏時一樣；民眾被他們度化以後，就在寺院中與他們修起雙身法來；而且還彫刻了雙身「佛」像，在像前合修雙身法。並且在密灌時，一定要有許多女人與喇嘛同在一個房間裡雜交，收集淫液來爲求受密灌的徒弟灌頂，以及給受灌的徒弟吃。密宗說，在雙身法交合中，如果達到全身遍樂時就是成佛的最高境界，而且還宣稱是超越 釋迦佛的報身佛境界；宣稱他們有樂空雙運的淫樂果報，所以認爲是已證佛地的究竟常「樂」。因此他們每天都要與女人合抱而「常樂」，宗喀巴因此要求黃教的喇嘛們要「每日八時而修」。

這就是世尊斥責的「一向說欲爲菩提道；化諸白衣平等行欲」。凡是被密宗喇嘛作過密灌的信徒，就是他們的「持法子」。凡是曾經與喇嘛上床合修過雙身法的女信徒，她們的心都已經歸向喇嘛而不再歸向丈夫了，都想著要常常與喇嘛合修雙身法；因爲喇嘛們都練過性交功夫，而且性技巧都很高明，讓女信徒迷戀不已；但是所有已經常常與喇嘛合修雙身法的女信徒們，都同樣向丈夫完全保密；絕大多數密宗女信徒家中的丈夫們，終其一生都不知道自己頭上已經被喇嘛們暗中戴上了綠帽子。而這些密宗女信徒的丈夫們，從來都不知道要動手摸一摸自己頭上有沒有綠帽子。這些密宗喇嘛，正是古時天竺密宗上師的翻版，同樣與被他們所度的世俗的女人，進行多人雜交而稱爲「平等行欲」。

也許有人對我的說法抱持懷疑的態度，但是你們可以讀一讀陳健民上師的《曲肱齋全集》，他已經公開說：有時是兩對、三對一起行淫雜交，有時是很多對的男女一起行淫雜交，有時是他一個人與幾位女人共同行淫，有時則是一對一行淫。現代特種行業的三人行、五人行，根本是小巫見大巫。這就是「**化諸白衣平等行欲**」，喇嘛們都是奉行這樣的密法，要跟每一個他認識的女人都合修雙身法，叫作平等、博愛。達賴這幾年常常掛在口上的博愛，就是這樣的含意，不要以爲他的博愛與我們所認知的博愛相同，而是要「平等」與所有女人交合受樂。但是如果遇到年紀大或長得醜的女信徒，卻沒有喇嘛願意再談博愛了，這就是喇嘛們的嘴臉。你們看！這樣的假佛教，是不是眞的要命呢？在西藏跟那些喇嘛修雙身法的，都是世俗女人，倒也還好，因爲西藏密宗並沒有比丘尼。他們如今在台灣，卻開始接引一些比丘尼，在他們座下合修雙身法。玷汙僧尼，那可是地獄罪，而且是無間地獄罪，那些喇嘛與比丘尼們，未來該怎麼辦呢？可是我們不論怎麼說明，他們始終都不放在心上，反而狡辯說：「**這是比顯教佛更高的報身佛法，顯教的佛只是化身佛，我們證的是報身佛。**」他們都說 釋迦牟尼佛只是化身佛，而他們已經是報身佛了。這是天下最大的妄語業，也是天下最大的破法行爲，將來就只有阿鼻地獄一條路了，卻還不想悔改，眞是可憐。

但是這種人背後都有神鬼的魔力加持著，都是藉著神鬼的魔力，「**於末世中攝其凡愚其數至百**」，被度進密宗的人，大部分是民間信仰的程度，只有極少數人是初學佛就被引進密宗裡，因爲還不知道密宗的底細，所以暫時還跟隨密宗在學法。密宗這一類人，在末法時代（正法時代不可能發生這樣的事情），度化凡夫與愚癡的民眾，「其數至百」；就這樣子逐漸增加「乃至一百二百，或五六百」，最多時可以攝受到「一千」個「萬」人，所以說「多滿千萬」，也就是招集到一千個「萬人」來篤信密宗。從學術研究者所謂的「天竺晚期佛教」（其實並不是佛教，只是披著佛教外衣的外道），全面取代正法的佛教，可以印證世尊的預記是完全正確的。當然，密宗那些人都因此而指責《楞嚴經》是後人僞造的，都指稱是在密宗興盛以後才被人創造出來的，才會講到密宗的狀況。但是世尊難道都沒有預見未來的能力嗎？豈不見世尊在諸經中，而且也是在《阿含經》中就已經預記未來一億四千萬年後（或如大乘經中說五億七千六百萬年後）會由彌勒菩薩下生成佛。那麼久的事情都能預記了，何況不過千餘年後的事情，竟然有可能看不見而無法預記？可見密宗的發展早就在世尊預見之中，所以世尊入滅前才會爲末法時代的佛教學人悲哀，預記末法時期天魔派來魔子魔孫「住如來家、穿如來衣、吃如來食，說如來法、破如來法」，說爲「獅子身中蟲，自食獅子肉」，不禁爲末法愚癡迷信眾生流下二行清淚。

由此可見《楞嚴經》中的預記確實是世尊親口所說，我今天縱使有無生法忍，也只能加以解釋而沒有能力創造這樣深妙的經典；而且這部經中的法義，是連八地、十地菩薩都無法演說出來的；何況末法時的弘法者，如何能有智慧創造出來？那些誣謗《楞嚴經》是僞經的人，也正是誣謗大乘經是僞經的人，同樣都是主張「大乘非佛說」的人。而那些人都有一個共同的特色，就是同樣落入意識境界中，不離凡夫我見；也都同樣是執持六識論邪見的凡夫，連聲聞初果都不曾實證，何況是明心證得第八識眞如心？而他們誣謗大乘、誣謗《楞嚴經》的行爲，是阿鼻地獄的無間重罪，因爲這種大量的邪淫屬於阿鼻地獄業，又是以外道法全面取代佛教正法，更是必墮阿鼻地獄的極重罪。

在律經中曾經這麼說：「林中比丘，忽然禪發；不避死馬，因定引魔。」所以修禪一定要很小心，千萬不要被誤導而走入歧途，般若智慧才是最重要的。律經中這四句話是說，在樹林中獨住修定的比丘，有一天忽然禪定善根發起，或許是未到地定，律經中沒有明說；但我判斷應該是在初禪善根發的時候，出現了猗觸而產生邪念。初禪善根發以後有很多境界相，我當年有筆記下來；在記憶中是有一些忘掉了，後來把當年的記錄拿出來重讀時，才發覺還有很多種情況，我幾乎忘記了。而其中一種情況可能會與律經中這幾句話有關的，就是猗觸。初禪善根發以後，會自動演變，當猗觸發生時就會舉陽，但我的經驗那時卻是清淨而沒有欲心的；可是也許有的人會因爲這個生理現象而出現欲心；所以「林中比丘忽然禪發」，應該是說他的初禪離欲並不堅固，他的心還沒有完全離欲，屬於會退失的那一種初禪；於是因爲禪發時舉陽就突然產生了慾念，所以「不避死馬」；那時沒有女人，他連死掉的母馬都不避忌，就在死掉的母馬身上行淫，這就是「因定引魔」。

所以修學禪定時，有許多知見應該先熏習，別自以爲是，然後盲修瞎練。所以在實際修學禪定前，對於禪定的很多內容、次第、魔境，都應該先瞭解，否則一旦被欲魔入心，後果就難以收拾了。因爲在未到地定中，或者淺的初禪中，會有這種虛明的現象：正當禪發時，一不小心「則有欲魔入其心腑」，難以善了。所以修學禪定前，一定要建立正確知見：般若的見地與解脫道的見地才是最重要的，禪定境界只是世間境界，不可貪求。雖然般若智慧與解脫智慧，對世俗人而言沒有吸引力，因爲無法一入定就是十天、半個月，不能讓眾生迷信崇拜；也沒辦法顯現神通而上升虛空，上身出火、下身出水。所以般若智慧、解脫智慧都不被世俗人所重視。

如果有禪定證量，也可以做一些特異於常人的示現，就會有很多世俗人、凡夫、愚癡人信受崇拜；但是往往大多數示現這類神異境界的人，並不是自己有這種能力，而是藉神鬼的力量所達成的境界。但是每天都這樣示現神異而邀得世俗凡夫崇拜，藉以獲得名聞與利養；每天都這樣做，時間久了以後，欲魔心中突然厭膩了；因爲每天行欲時，總是這幾百個女人，欲魔想要再找新的女人，所以要到別人身上來與新的女人接觸，就離開這個人身上。所以這個被欲魔附身的人就突然間沒有任何神力了，後果就立刻來到他身上了：「魔心生厭，離其身體；威德既無，陷於王難。」古時如果有欲魔在身上顯現威德時，官府是不敢辦他的。現在法治時代可不管這些，只要他淫人妻女或者勾引人夫，被人舉出明確證據來，不管他有多大的威德，警察一樣會來抓人，送到法院判刑就關起來。

但古時的縣官是可以欺上瞞下的，看見他示現威德：忽然浮起身子來，又在空中來回移動。那縣官看了，覺得自己惹不起，就放人了，不會治他的罪。即使有家屬去告訴，縣官也不會治罪，直接放人。這是因爲欲魔附身而有威德，以各種神通境界示現，讓官府誤以爲他是聖人，於是縣官就放了他。可是一旦欲魔離開了，他沒有神通可以示現，再也沒有絲毫威德了，縣官就認爲自己以前被他所騙，於是就抓起來嚴辦，這個人當然是「陷於王難」之中。而這種人—正像喇嘛們—都是在「疑誤眾生」，是用錯誤的邪法在耽誤眾生的道業。「疑」是說他們以錯誤的說法導致佛弟子對三寶起疑，不再信受三寶與正法，於是遠離佛教正法。這樣的人死後當然要進入無間地獄中，追究原因則是因爲失掉了如來藏金剛般若智慧的正受，這種人將來會隨從所造的惡業，沉淪墜入阿鼻地獄之中。

以上講的是十狂，是在「受陰區宇」中引生的十種貪魔境界，成就了貪欲而走入岐路。這些全是由於邪見五陰魔而引進的身外鬼神，猶如台灣的諺語：「內神通外鬼。」如果家裡供奉的不是正神，而是鬼神一類。他因爲心性與野鬼相似，於是引進一些外鬼來，使供奉者每天都要大量供養，滿足他的貪欲，否則家裡就不平靜；也就是製造事端，讓供奉者求他解決而常常供養豐盛飲食，滿足他的欲求，導致供奉者漸漸家財耗盡。因此說，由自己的邪見產生五陰魔，必須要很小心覺察；五陰魔非常厲害，常常會引進身外的鬼神進入心腑中作祟。而且死後受報前的離身階段中，所有的業風也都是從邪見產生五陰魔來引生的。如果不是由於邪見的關係，就不會產生「欲魔入其心腑」的現象，因此學佛或者學解脫道，首要之務就是除邪見，千萬別落入五陰我見中；最重要的是，法義正訛千萬不能弄錯，道次第也絕不能像宗喀巴那樣前後顛倒，而見道與修道的內涵也不能有錯誤，一定要完全依照諸經中 佛陀的開示一一實修。講完十種魔境以後，佛陀對這十種禪那引生的邪見作了一個說明：

【「阿難！如是十種禪那現境，皆是受陰用心交互，故現斯事；眾生頑迷不自忖量，逢此因緣，迷不自識；謂言登聖，大妄語成，墮無間獄。汝等亦當將如來語，於我滅後傳示末法，遍令眾生開悟斯義，無令天魔得其方便；保持覆護，成無上道。」】

講記：「阿難！如同我剛才所說的這十種禪那靜慮的現前境界，全都是在受陰區宇中用覺知心與受陰境界交互運作，所以顯現了這一些事相出來；而眾生頑劣又迷惑，不能自己思惟衡量，逢遇這些因緣的時候，被這境界迷惑而不能自己識別正訛；就頑固地向別人聲稱已經登上聖位了，大妄語業成就，死後下墮於無間地獄中。你們所有人聽完我的開示以後，也應當將如來所說的這些話，於我入滅以後傳播顯示於末法時代，普遍教令眾生開顯智慧而悟知這些法義，不要使天魔在眾生身上得到侵入的方便；也要保持如來藏密意，並且遮覆保護眾生遠離魔境，共同成就無上的菩提道。」

佛陀針對「受陰區宇」中的金剛三昧可能引生的這十種境界，作了結論說：如同這十種金剛三昧的定境，其實都是在「受陰區宇」之中，都是以覺知心跟金剛三昧中的受陰境界交感而互相激盪；也就是覺知心融入「受陰區宇」中的金剛三昧境界定境，與其中的受陰境界互相激盪，所以產生了這十種境界。而「眾生頑迷」，固執而不肯受教就是「頑」，譬如你以正確法義教導他們，但他們固執原來錯誤的知見而不接受你的正確教導；「迷」是因爲沒有正確的知見或見地，所以迷惑而不能辨別。「不自忖量」，是沒有智慧自己思惟打量：自己究竟有沒有那麼大的福德與智慧，來取證無生法忍。

因爲「不自忖量」的緣故，因此遇到這十種受陰境界因緣時，迷惑於三昧定境而不能自己正確的認知，跟著錯悟大師自稱已經證入初地或五地、八地了，於是大妄語業成就，死後便墮入無間地獄中，受苦無量。佛陀接著交代說，你們大家都應當把如來今天開示的語言，也就是將 釋迦牟尼佛的開示內容，在世尊入滅以後，廣爲傳揚出去，說給末法時代的眾生知道。並且不是只說給少數人知道，而是應該要普遍教令眾生都能夠開解，不再被五陰魔、鬼神魔所影響。要這樣弘揚正法，不要讓天魔得到方便來欺矇眾生；

而且要保護如來藏密意，不讓眾魔知道，以免他們用來毀壞正法；並且還要遮覆保護眾生，避免眾生曝露於魔境中，而被天魔所攝受，要盡力保護眾生善修佛法而成就無上的佛菩提道。

大妄語是所有學佛人最需要避免的行爲，密宗的雜交邪淫也是必須遠離的惡行；因爲在佛門中，這二種都是阿鼻地獄業。大妄語的結果，會使眾生誤認爲他確實開悟了，是聖人了，或者誤會他是地上菩薩，就會對他所說百依百順，共同造就破壞正法的大惡業。如果是隨順密宗的雙身法，學密的男眾與許多學密的女眾都交合過了，學密的女眾也與許多學密的男眾都交合過了，便成就三界中最大的邪淫業，也是阿鼻地獄業。特別是出家人而與女信徒行淫，又是藉著密宗的雙身法作藉口，而與許多出家女弟子行淫，更是阿鼻地獄重業。如果沒有實證的本質，無生法忍智慧還沒有生起，千萬別明說或暗示自己已經證得聖位；如果還沒有明心，或者明心時悟錯了，落入意識心中，而向人**暗示**自己成賢證聖，一樣是大妄語，這叫作方便大妄語，一樣是要墜入無間地獄的。所以奉勸當代所有大法師們，千萬別隨意明說或暗示已經成賢證聖了，因爲當代大法師們至今還不曾看見有誰是斷我見的初果人，更別說是明心證眞了。

所以，楊先生剛離開同修會時自稱證得佛地眞如，宣稱佛地眞如是現在就可以親證的；被我據理破斥了以後，改口說：「我們還沒有證得佛地眞如，但我們已證初地眞如。」這樣在同修會中傳來傳去，我也都公開加以辨正，證明他們的說法都是想像不實之說。現在他們又改口了，因爲有一位師兄向他們說：「你們既然說現在就可以證初地眞如，要我來學習；那我請問：你有沒有證得初地眞如？」結果現在又改口說還沒有證得。楊先生又主張佛性不可能眼見，而初地眞如也不能實證，又把阿賴耶識否定了，於是這位師兄就問：「那麼請問，你這樣是不是全部證量都不存在了？」他們說：「對啊！我們現在歸零。」所以我想，是不是該有人去中藥店買一罐「龜苓膏」送給他？我們這位師兄就說：「既然你們全部歸零了，也就是沒有一法可以幫助我增上道業，請問：我來跟你們修學什麼？」

楊先生把阿賴耶識否定了，如今又改口，說他以前所證的初地眞如錯誤，現在是連初地眞如也不能證得，所以全部歸零，等於剛剛開始學佛的人一樣。因此，以前跟隨他們離開同修會而跟他修學的人，他們私底下的傳說全都是妄語。他們曾經向同修會裡的同修們這樣努力傳揚：「人家早就證得佛地眞如了。」因爲他們先傳出一個訊息：「人家說，二○○三年時將會有大善知識出現。當這位善知識出現時，正覺同修會的法義就會被全部推翻。因爲那位即將出現的善知識是地上菩薩，早就證得佛地眞如了，當然是地上菩薩。」後來這位師兄看穿他們的手腳了，便直接請問，他們現在卻回答說：「我們楊先生還沒有親證初地眞如。」「那什麼時候你們才可以親證？」「楊老師說那是無量劫以後的事。」這位師兄又問：「請問：如果無量劫以後，我來跟你學法才能實證眞如；而我現在就能在同修會中證眞如，那我現在來跟你學法，有什麼用呢？」對方就說：「楊老師有說，我們會努力啦！半年、一年後看看能不能證得初地眞如。」那我們就等待半年、一年後，大家再來看他們能不能證得初地眞如。但我預先在這裡公開宣示：如果除掉阿賴耶識，另外還有初地眞如，他們只要能證實這一點，我這顆頭可以讓他們斬下來當作椅子坐！因爲初地眞如就是阿賴耶識所顯示的眞實與如如的法性，阿賴耶識心體以外別無眞如可證。

《成唯識論》中也告訴大家：阿賴耶識在別教法中是到什麼時候才捨棄的？是八地才捨。在初地、二地、三地乃至七地滿心位中，還沒有轉入八地初心之時，全都還是稱爲阿賴耶識。楊先生怎麼可能發明一個阿賴耶識心體以外的初地眞如？永遠都是不可能的事。但是其中的法義有一些差異，如果從聲聞解脫道來說，六地滿心就可以稱爲捨阿賴耶識了，因爲證得滅盡定了，但還是第八識阿賴耶識心體。其實初地菩薩捨壽時都有能力入無餘涅槃，但因爲都是故意留惑潤生，所以還不能改稱爲異熟識，都還保留著阿賴耶識的名字；若是論初地菩薩的解脫證境，其實早就可捨掉阿賴耶識名了。然而大乘別教的菩薩們，爲何要到八地的入地心，才會開始單稱之爲異熟識而不再稱爲阿賴耶識？其中是有法義差別的。因爲六地滿心菩薩雖然已證滅盡定，與俱解脫阿羅漢證境相同，可是卻都故意再起一分思惑，用來滋潤未來世重新受生的種子；如果不是由於悲願及成佛之願，再起一分微細思惑，捨報時一定入無餘涅槃；但因爲是證了滅盡定以後再起一分思惑，是故意生起的，所以依舊稱爲阿賴耶識。而滅盡定是三地滿心菩薩都可以實證的，卻都不想證滅盡定，所以阿羅漢們是無法想像諸地菩薩無生法忍的。

至於這一分思惑是在什麼時候才會斷盡呢？是在七地的滿地心中斷除，才能轉入第八地中，因此也可以說是入八地心時斷盡。但是菩薩在七地滿心位斷盡故意保留的最後一分思惑時，是連煩惱障的習氣種子也一起斷盡的，這就不是三明六通大阿羅漢們所能想像的。然而這時的八地菩薩也還沒有證得佛地眞如，而不迴心的三明六通大阿羅漢，是連第七住位菩薩所證的因地眞如都還不知道的。楊先生等人卻住在所退轉的意識境界中，宣稱已證佛地眞如，再改口爲已證初地眞如，如今卻又說還沒有證得初地眞如。他們當然無法實證眞如，因爲他們否定了阿賴耶識以後，就沒有眞如可證了；總不可能自己想像出另一個眞如心，就說那是實證的吧？因爲將來一定會被人揭穿的。

大乘別教菩薩都是由十無盡願無上大悲，不怕未來無量世的生死痛苦，都願意特地再生起一分微細思惑，滋潤未來世重新出生的種子，所以死後都重新再去受生於人間，這叫作留惑潤生；這是故意保留的思惑，而不是不能斷除。若不是故意再提起一分思惑來，捨報時就會入無餘涅槃，不可能再長遠利益眾生了。所以從凡夫位到進入八地心以前的第八識，全都叫作阿賴耶識；在七地滿心位捨盡第八識的阿賴耶性以後，不可能再執藏分段生死種子了，因爲故意保留的最後一分思惑也斷盡了，所以改稱爲異熟識，不再同時被稱爲阿賴耶識了，就方便說爲「捨阿賴耶識」而改名爲異熟識。既然到七地滿心前的眞如都還叫作阿賴耶識，那麼楊先生否定了阿賴耶識心以後，又如何證得初地眞如？這不是想像的虛妄法嗎？想像的當然不可能是眞正的佛法，因此我就讚歎這位師兄說：「**你倒是有大功德，因爲能幫助他們銷除**

大妄語的惡業。」這眞是好事一椿。

這意思就是說，即使證得實相而出生般若以後，都還會被五陰魔誤導而害了自己的佛菩提道；何況世間人還沒有證得般若，由於正知正見的欠缺而有許多無知，就更容易被鬼神魔所誤導，因此在貪著定境時產生了錯誤的見解，心不清淨而有貪愛或瞋恚時，外魔就會被五陰魔引進來了。而這十種全都屬於欲魔，欲魔是由誰指使的呢？正是由天魔波旬指使的；因爲一切鬼神魔都在天魔波旬的指掌中，由他指使所有鬼神魔。爲什麼這些外魔都是鬼神魔呢？因爲都是在鬼道中的眾生。諸位可以觀察西藏密宗，他們不論是修誅殺供、交合供或其他名目的供養，宣稱是供養佛菩薩、護法神；但是爲了派遣這些假菩薩與假護法神出去辦事而作供養時，是要用新鮮的眾生血，都不要煮熟的；而且還要以屎、尿、酒、淫液來作供養，這究竟是層次很高的或是很低的神？諸位想一想就知道了！根本不必用大腦，單用膝蓋想一想就知道了。

這意思是說，那些密宗的護法神都屬於還沒有歸依三寶的夜叉、羅刹，不然就是山精、鬼魅、鬼道眾生，所以才會供人差遣，如同前面經文中世尊所開示的鬼道眾生那樣。密宗喇嘛們派來層次很低的鬼神，想要對付佛教中弘揚正法而破斥密宗的法師，有可能成功嗎？當然是不可能的。因爲一般法師身披僧衣，說法又是如法的，護法神的層次絕對比密宗愛樂不淨供養的護法神高很多，所以密宗的護法神是無法毀壞顯教法師弘法正行的。既然密宗喇嘛修了誅殺供，想要殺害顯教弘揚正法之師，卻始終不能成功時，就改在事相上來破壞正法，或者由天魔派遣魔眾滲透於有私心者的身中，從正法道場中加以破壞。

然而弘揚正法的法師如果證悟了，他的護法神層次就會跟著提升。護法神也想要得法證法，如果法師證悟了，層次更高的護法神都會爭相前來護持，當然他的護法神層級就會跟著提升上來。還沒有悟的護法神之中，層次比較高而威德比較大的神，聽說某某比丘或某某比丘尼證悟了，他們就會來護持，於是原來層次低的護法神就得讓位，開始聽從層次高的護法神，共同護持那位證悟的法師弘法，同時就從法師那裡獲得佛菩提的親證。所以護法神也會有層次差別不同，這原則是永不改變的，唯一不同的是，全都要歸依韋陀菩薩的意旨來護持正法。既然證悟者的護法神層級很高，藏密那些人修誅殺供而派來的極低層次的鬼神，能有作用嗎？根本就沒有用。

有許多密宗喇嘛對我很生氣，他們各自或聯合對我修誅殺供；他們對我修誅殺供太多了，可是有用嗎？根本沒有用，我一點都感覺不到（大眾笑…），因為老早就在外面被擋掉了！說實話，他們派來的鬼神看見正法的護法神威德時，早就知道不妙而溜走了，哪裡還敢靠近？所以我們只要心地正，法義勝妙，鬼神就進不來，當然無法影響正法的弘傳。只有心裡有鬼，才會引進鬼神在自己身中，護法神才無法干預；因此千萬別讓天魔得到方便而侵入自己身中，因為這些鬼神魔都是天魔派來的。

這就是說，沒有解脫智慧與般若智慧，偏修禪定時；或者剛才開悟如來藏金剛三昧，就急著想要進入初地，無法定慧等持而滿心妄想，才會有這十種禪那岐路。所以我們一向要求定慧等持，在我們三個講堂中都有掛著《楞嚴經》講的「攝心為戒」和六祖惠能講的「定慧等持」。而我們所說的持戒，並不是在戒相上做，而是以《楞嚴經》說的正法為戒，不是制止覺知心不起語言妄想；這樣攝心為戒，以道共戒自持，心中尚且不會亂想，當然就不可能犯戒了。當我們都能戒心住於金剛三昧，不退失於如來藏金剛三昧時，智慧還得要同等增長，才能「定慧等持」。所以來正覺共修，至少要有基本的智慧定，再修除性障一段時間以後，時節因緣到了才會再教禪定的實證。不能「定慧等持」的人往往無法安忍，就會急著求證禪定有為法境界。那時解脫慧與般若慧沒有跟著增長，修定時就會走入岔路，被鬼神魔誘引而落入各種魔境中，不免造成無間地獄罪。

【「阿難！彼善男子修三摩提受陰盡者，雖未漏盡，心離其形如鳥出籠，已能成就；從是凡身上歷菩薩六十聖位，得意生身，隨往無礙。譬如有人熟寐寱言，是人雖則無別所知，其言已成音韻倫次，令不寐者咸悟其語，此則名為想陰區宇。若動念盡，浮想銷除，於覺明心，如去塵垢；一倫死生，首尾圓照，名想陰盡。是人則能超煩惱濁，觀其所由融通妄想以為其本。」】

講記：「阿難！那些善男子修金剛三昧境界而成就『受陰盡』境界，雖然不一定是斷盡思惑的人，然而覺知心離開他們的身形，猶如飛鳥出離鳥籠一樣，這樣的境界已經能夠修習成就了。從這個凡間的色身往上經歷菩薩道中的六十個聖位，已經證得意生身，十方世界可以隨意往返而沒有障礙。譬如有人睡覺眠熟了，正在說夢話時，這個人雖然自己沒有其他的各種所知，但他夢中所說的言語已經成就語音的韻調與前後次序，能使還沒有眠熟的人都能了悟他所說言語中的意思，這就名之爲想陰的區宇。如果心動而產生的念頭都已經斷盡了，三界虛浮妄想銷除了，是已經在妙覺光明中產生了智慧的覺知心，如同已經除去各種塵垢一般；這時看待一世的死與生，已經頭尾圓滿互相映照而無遺漏了，名爲想陰已盡。這個人修到想陰盡時，就能超越煩惱濁，觀察煩惱濁的由來，是由融通妄想作爲它的根本。」

「**阿難！彼善男子修三摩提受陰盡者，雖未漏盡，心離其形如鳥出籠，已能成就；從是凡身上歷菩薩六十聖位，得意生身，隨往無礙。**」住在「受陰區宇」中，深入修學金剛三昧境界很久以後，終於成就了「受陰盡」的境界了；這時雖然還不是斷盡思惑底人，因爲他是留惑潤生而不是沒有能力斷盡思惑的；但他畢竟還有最後一分思惑存在，所以世尊說：「**雖未漏盡。**」然而這時他的覺知心已經可以離開自己的身形，猶如有人打開鳥籠，使飛鳥出離於鳥籠之外一樣地自由飛行了。鳥籠譬如身形，飛鳥譬如覺知心；這時覺知心已經可以離開色身的限制，自由自在來去十方世界了。這位菩薩對於受陰盡的這種境界，已經修習成就了，也就是生起意生身了。生起意生身，根據《楞伽經》中的說法，至少是三地滿心菩薩；也有菩薩是修到第四地、第五地才發起意生身的，這已經證明有些菩薩是到五地或六地時才完成「色陰盡」境界，所以不是一切三地滿心以上菩薩都能完成「色陰盡」的境界。「**從是凡身上歷菩薩六十聖位，得意生身，隨往無礙。**」是說菩薩在人間，經由這個凡間的色身來修行，要往上經歷菩薩道中的六十個聖位，才能完成佛道的全部修行。「菩薩六十聖位」，依《楞嚴經》中所說的菩薩修行過程，總共分爲六十個位階，就是三種漸次的三個位階、乾慧地、十信、十住、十行、十迴向、四加行、十地、等覺、妙覺，總共是六十個位階。三漸次是：**「一者修習，除其助因；二者眞修，刳其正性；三者增進，違其現業。」**這三個漸次修習完成時，進入第四個位階，成爲乾慧地，總共有四個位階。四加行則是準備入地之前所應作的四種加行位，這八個位階再加上五十二個菩薩位，總共就是六十個位階。所有菩薩都必須經歷這六十個位階以後，才能成爲究竟佛；因爲三世諸佛都同樣要經由這六十個位階才能成佛，所以這六十個位階有其神聖性，就把這六十個位階通稱爲聖位——「六十聖位」。

至於意生身，總共有三種：**「三昧樂正受意生身、覺法自性性意生身、種類俱生無行作意生身。」**（《楞伽阿跋多羅寶經》卷三〈一切佛語心品〉）已經證得意生身的菩薩們，可以隨意往返十方世界而沒有障礙。這三種意生身，在這裡就不必重複解釋了，請直接閱讀《楞伽經詳解》。至於初地菩薩是否全都沒有意生身？也不盡然。譬如原來即有三明六通的大阿羅漢，迴心大乘而明心、見性、進修到初地時，由無生法忍的緣故，就能使原來的神足通意生身，轉變爲三昧樂意生身，所以他是在初地就有意生身而不是原來的神足通。若是戒慧直往的菩薩們，進入初地以後乃至到了三地未滿心前，都是沒有意生身的。但是，有一種特殊狀況，可以使這類初地菩薩獲得意生身，也就是在世尊加持下，進入大乘光明三昧中，然後世尊再爲他演說發起意生身的道理，並且再度加持他，使他發起三昧樂意生身，同於三地滿心菩薩的意生身。

可是有一個問題，已經破盡「色陰區宇」而證得「色陰盡」的人，爲什麼其中有一些人還不能發起意生身？必須等到進入「受陰區宇」之中，才能發起意生身？乃至有人要再證得「受陰盡」以後，才能發起意生身呢？這當然是有原因的。這是因爲證得「色陰盡」的人，已經破除色陰境界對他的限制了，所以能夠於色法中而得自在；因此即使在暗夜之中也能清楚分明看見一切事物而沒有障礙，但是他仍然受制於五色根所成就的覺知心境界，還無法破盡覺知心對自己所依五色根的限制；因爲這時的覺知心還是無法離開色陰而獨自存在的，所以必須等到破盡心所屬的受陰境界——「受陰區宇」，證得「受陰盡」的境界以後，才能不被覺知心所依的色陰、受陰所限制，才能發起意生身來，名爲三昧樂正受意生身，是《楞伽經》所說較一般四、五地菩薩遲鈍的人。而「色陰盡」的境界，必須具足四禪八定、四無量心、五神通以後，在無生法忍智慧的大前提下，才能發起意生身，那當然就是三地滿心菩薩的事了！但是也有許多菩薩智慧不夠深利，要等到五地或六地滿心時才發起意生身，所以六地滿心菩薩，一般而言都是已經突破「色陰區宇」及「受陰區宇」的，這時的覺知心卻可以不依意生身來運作，而可以自己離身運作了。

若是戒慧直往的菩薩們，又沒有獲得世尊加持進入大乘光明三昧中，爲他說法了知意生身發起的道理，再加持他，幫他發起意生身，那麼在三地滿心前都是不可能有意生身的。有一些祖師將這裡說的意生身，當作是三明六通阿羅漢的神足通意生身，顯然與事實不符；因爲阿羅漢雖然能捨棄五陰而入無餘涅槃，但是他們對於五陰的細相都是無法破除的，也都還在色陰區宇之中。他們是只能捨棄五陰而不曾破盡五陰的，所以他們的神足通意生身，不是菩薩破盡色陰與受陰以後才生起的意生身，因爲三明六通大阿羅漢並沒有無生法忍智慧。捨棄五陰很容易，但是要破盡五陰是很困難的；因爲破盡五陰是要依如來藏金剛三昧來深入觀察才能完成的。三明六通阿羅漢們在迴心大乘以前並沒有證得如來藏，連七住位菩薩的大乘無生忍金剛三昧都不懂，如何能懂得諸地的無生法忍？所以不該把「色陰盡」與「受陰盡」的破盡二陰智慧境界所得的意生身，與聲聞解脫道中所斷的我執齊視等觀，就把他們的神足通意生身當作是三地滿心或六地菩薩的無生法忍意生身。

所以，菩薩破盡色陰時，不但已斷盡對色陰執著的現行，也是同時斷盡色陰相應的習氣種子；並不是像三明六通阿羅漢一樣，只斷盡對色陰執著的現行。同理，當菩薩破盡受陰時，也是同時斷盡對受陰執著的習氣種子了，不是單單斷除對受陰的執著而已。因爲，菩薩入地以前就已經和阿羅漢一樣斷盡對五陰的執著，同樣是斷盡我執的了；只是爲了悲願及實證佛道，所以特地再起一分思惑留惑潤生，並不是無力斷盡我執的。所以在斷盡我執以後，進入諸地中破盡色陰與受陰，不只是斷盡對這二陰的執著而已，是在破盡色陰與受陰時連這二陰的習氣種子也同時斷盡的；所以菩薩到了七地滿心位斷盡最後一分思惑時，是連同我執的三界受生習氣種子全部斷盡的，不是像三明六通大阿羅漢一樣只斷現行而不斷習氣種子的。因此，部分祖師把這裡講的無生法忍意生身，解釋作三明六通大阿羅漢們所有的神足通意生身，是不恰當的；因爲這是有無生法忍才能證得的佛菩提智慧境界，也唯有依無生法忍智慧及三賢位中所證的如來藏金剛三昧爲基礎，才能證得「色陰盡」

與「受陰盡」的境界，這樣發起的意生身，當然不可能只是阿羅漢們的神足通意生身。

「譬如有人熟寐寱言，是人雖則無別所知，其言已成音韻倫次，令不寐者咸悟其語，此則名為想陰區宇。」已過「受陰區宇」而進入「受陰盡」的境界以後，不久就轉入「想陰區宇」之中，進入第七地了。在「色陰盡」時，雖然不再受色陰所遮障，能在暗夜中見一切色了，但是還無法發起勝妙作用；後來轉入「受陰區宇」中繼續進修金剛三昧，終於破盡受陰而證得「受陰盡」的境界，這時才能發起作用，把三地滿心或四、五地出生的意生身顯發更大的功德，乃至到六地滿心時「受陰盡」的覺知心可以不依靠意生身，而直接可以用來利益眾生了，但卻仍然處在「想陰區宇」中。在「想陰區宇」之中，就好比有人睡覺眠熟以後，當他正在說夢話時，他自己對於夢境外的所有境界都是沒有了知的，只是在夢中說夢話，也不是要說給清醒位中的別人聽；但他夢中所說的言語，也就是夢囈，其實也是有語言的韻調與說話時的語句前後次序，所以依舊能使還沒有眠熟的人聽了以後，都能了悟他所說的那些夢話裡的意思，這就名之爲「想陰區宇」。也就是說，他仍然沒有破除想陰境界對自己的限制，既然還有想陰，也就是還有對了知性的自我執著習氣種子存在，是說菩薩對於想陰—了知性—的習氣種子還沒有斷盡，所以有時還會處於對人間六塵的了知性當中，還沒有完全脫離想陰的區宇。所以證得「受陰盡」而住在「想陰區宇」中的菩薩，仍然沒有斷盡想、行、識等三陰的習氣種子，依舊會有想要了知諸法的習氣種子隨眠於心中，一時還無法脫離，就會使發起能知能見的習氣種子流注出來，於是會有意生身顯現而為眾生說法等事相；他方世界眾生聽聞時，就能理解這位菩薩在說什麼道理。這就是依覺知心的習氣種子流注，仍然保有取相成想的習氣。所謂取相成想，其實正是由於覺知心的習氣不滅，時時攝取六塵相，由此緣故，了知相成就，即是「想」的法相；阿含所謂「想亦是知」，也正是這個意思。阿羅漢可以連同想陰一起滅除而入無餘涅槃，然而阿羅漢在世時仍然是取相成想的，這種習氣是絲毫未滅的；菩薩若是要破盡想陰，到達「想陰盡」境界，必須滅除取相的習氣種子，想陰才能破盡，而不是只像阿羅漢可以滅除想陰而已。

至於阿羅漢或六地滿心菩薩們，他們的覺知心為何會繼續取相而成就想陰？都是因為覺知心現行了知五塵相或法塵相的習氣種子仍在，尚未滅除，所以才會取相成想。譬如慧解脫阿羅漢的覺知心，仍然有常欲了知五塵或法塵的習氣，如同世俗人一般；俱解脫阿羅漢雖然仍有這種習氣，但已經很輕微了；但菩薩在七地滿心位就必須完全斷除想陰的習氣種子，才能了知意生身是自己的心變化所成，也了知是如何變化成就的，才能現觀意生身的非有似有；於是進修而對於世間六塵的了知性已經全無所著，對六塵的了知性習氣已經斷盡了，這才是破盡想陰，圓滿七地心，不是猶如阿羅漢只能捨棄想陰而不能斷除想陰的習氣種子。所以七地滿心以上菩薩對六塵的了知性習氣，已經完全斷盡了。

「**若動念盡，浮想銷除，於覺明心，如去塵垢；一倫死生，首尾圓照，名想陰盡。**」如果覺知心有時會心動，因此而產生了無語言文字的念頭；乃至覺知心動了一下——心動，但不知道那個「心動」是什麼意思；只要有這兩種情況存在，都是還有「動念」，就表示還有想陰的習氣種子存在，尚未斷盡。必須這二種動念都已銷盡了，才是「浮想銷除」。菩薩如果住在「想陰區宇」中，繼續深入金剛三昧中清淨自心，直到「動念盡，浮想銷除」時，一切三界虛浮妄想已經斷盡，想陰的習氣種子就已經斷盡了；這時生起妙覺光明而產生了智慧的覺知心，如同已經除去各種塵垢一般的清淨。到這個時節，再來返觀一世的死與生，已經頭尾圓滿互相映照而沒有遺漏了，也就是看清楚自己從出生到捨壽爲止的所有能產生想陰的因素，都已經銷除淨盡了，這就是「想陰盡」的境界。

這就是說，浮動客塵的習氣種子已經消除的緣故，所以覺知心已經究竟清淨光明覺照，不再有煩惱障上的客塵污垢可以使覺知心動念了，連心動的現象都不存在了。既然已經心無所動了，一世生死之中的一切生滅想，自然也就全部消失不見了；這時覺知心的覺照功德是清淨而圓滿的，自然不會再有與覺知心的覺照自性相應的習氣種子出現，當然是已經圓照一倫死生的首尾了，接下來就只剩下行陰與識陰的習氣種子了。

「**是人則能超煩惱濁，觀其所由融通妄想以為其本。**」當這個人修到「想陰盡」的時候，自然就能超越煩惱濁；這時已經能夠觀察煩惱濁的由來，就是由融通妄想作爲根本。說到這裡，我們就必須回想一下煩惱濁的意涵了。世尊說：「**憶識誦習，性發知見，容現六塵；離塵無相，離覺無性；相織妄成，是第三重名煩惱濁。**」意思是說，想陰無法斷除的原因，都是因爲煩惱濁；而想陰的習氣種子無法斷除的原因，則是煩惱濁所攝的習氣種子不曾斷除；所以阿羅漢們不能斷盡想陰的習氣，只要六塵突然有大變動，阿羅漢一定會因爲好奇而不自覺地轉頭觀察；但是七地滿心菩薩是不會有好奇心的，都不會轉頭去察看是什麼事情，除非他當時正在處理日常生活中的事務。

想陰習氣種子不斷現前的原因，正是因爲無始劫以來不斷在世間法中熏習聞誦不絕，所以想陰的自性（也就是了知六塵諸法的自性）不斷地發起，時時刻刻都有好奇心，不斷地想要對六塵有知有見。因此，當六識生起而具有了知性時，也就是想陰現起時，就會顯現六塵在六識覺知心中；而六識的想陰法相，若是離開六塵時就不可能存在了；若是離開能知能覺時，想陰的自性也就不存在了；正因爲能知能覺與六塵等種種法相的存在，二者互相交織而成就想陰的法相，這就是煩惱濁。所以煩惱濁就是想陰之體，如果能滅盡想陰的習氣種子，也就是不再想要了知六塵中的種種法相，就能超越煩惱濁了。（編案：煩惱濁與想陰的關聯性，其詳細內容請見第六輯 320 至 327 頁的解釋。）

「融通妄想」是說，想陰的了知性可融通於色陰之中，使色陰產生變化；也就是心的運作會隨著境界而轉變，而境界的轉變可以促使心跟著轉變。譬如部隊行軍而無水可喝時，長官宣稱前面樹林中有酸梅可以吃，於是軍人想到酸梅時，口中水出，就暫時解了口渴；又如將某人推在懸崖邊站立，他的腳心自然有痠楚的感覺出生，於是腳心與手心開始冒汗。然而覺知心無色而非物質，爲什麼能影響物質性的口舌中出生了物質性的水呢？又爲什麼能影響色陰的腳與手出生了汗水呢？這就是說，覺知心本身是心，沒有物質或形色，當然不能與色陰四大五色根相應，所以不可能與身中的水大相應；然而覺知心與如來藏有聯繫，如來藏自身雖然對六塵不覺不知，但如來藏的見分—佛性—能了知覺知心的心想，能與覺知心互相融通，於是就以大種性自性反應在口中或腳上手上，使口中或腳上手上產生瘮覺，於是口水或汗水就出生了，這就是「融通妄想」。

菩薩修到七地滿心位，已經斷了煩惱濁的現行與習氣種子，所以能夠觀察及詳細證實：想陰的自我執著與習氣，全都是由煩惱濁的現行或習氣種子引生的。如此一一詳細現觀的緣故，四聖諦及因緣法的細觀都完成了，於是盡知「融通妄想」的根由，所以在七地滿心位就將煩惱濁的現行與習氣種子全部滅盡，想陰的我執與習氣種子自然就跟著全部滅盡了，於是證得「想陰盡」的無生法忍智慧。

……（第一個宣布是事相上的宣布，無關法義，省略）第二個宣布，我們那一本《燈影》打算提前在五月底出版。剛剛有接到一封信，是《燈影》的緣起者那位法師再寫信來；不過這一次沒有寫「淡水鎮一八三號五樓」，這一次發信地址是我們同修會的郵政信箱。這封信的主要內容，我在《燈影》書中都已經有詳細答覆了，所以不在這裡重複答覆（編案：後來因爲預計出版時間仍足夠答覆，所以又補作答覆而寫在書中了）。不過他在信中表明一個意思，說他寫信來是誠心請教而不是公開挑戰。但因爲他的來信並沒有留下地址，所以我們只好用出書的方式來答覆。我一直都沒有認爲他的來信是挑戰，因爲我的《燈影》書中從開頭到結束，都對他使用恭敬的口語，我都稱呼他爲大德，並且提到他的時候也都在大德二字之前特地空一格表示恭敬。這是因我對他心存感激，原因是楊先生等人離開同修會以後，都只在私底下對同修們以口說方式提出質問，從來都不落實到文字上；而他把楊先生那些口頭質問的所有內容，都寫在信中寄來給我，我才有明確的證據，確認他們具體質疑的內容，也才有機會出書辨正他們的質疑。所以我對這位法師是心存感激的（我判斷他應該深知楊先生從來不落實於文字的質疑內容的人，身分應該是法師），我對他沒有任何敵意，等你們在五月底讀了《燈影》時就會知道。

我希望這位法師如果聽到有人轉述我這些話，可以使他心中有一點安慰；因爲實際上我對他沒有任何的反感，反而是感謝他能夠促成這本書寫作與出版的因緣，而這本書的出版可以利益很多大師與學人。爲什麼我要趕時間而提早二十天出版呢？是因爲我已經知道跟隨楊先生離開的人，現在有很多人心中很後悔，也很痛苦，一直在掙扎著，不曉得該怎麼辦；想要作出抉擇時，又沒有辦法抉擇，因爲慧力不夠。所以我想提早結束他們的痛苦，讓他們可以儘早作出抉擇而遠離掙扎的痛苦。當一個人五、六十歲了，學佛二十年了，竟然要爲了法義上的大是大非而掙扎，心裡痛苦不堪；甚至有幾位大男人都私下痛哭，不知自己該怎麼辦，眞的痛苦不堪。我想起來總是覺得很不忍，所以把第二校的工作提前，也就是初校與二校同時並行，可以提前二十天出版，希望他們可以提前免除這二十天的痛苦。

第三個要說明的是，他們退失的人之中，會有一些人口頭上說他們是更上一層樓；不過實際上他們現在已經有很多人（人數就先不談），又落回悟前的離念靈知中，然後又找了一些錯悟的古德或今人的著作，來支持他們的看法，認爲離念靈知就是眞如心，就是能出生阿賴耶識的另一個眞心。換句話說，他們現在是回到常見外道法中，把意識覺知心除掉了語言文字的妄念以後，認爲就是眞如心了，所以實際上是下墮、退轉，不是增上，不曾離開我當初的斷定。當他們明白表示已經證得佛地眞如時，我在親教師會議中已經預先斷定：他們除了回到意識離念靈知以外，最後就只能偷偷地回歸阿賴耶識心中；除了這二條路，以外沒有別的路可走。如今證明我預記的第一條路應驗了，將來也會證明我斷定的第二條路也會應驗（編案：二〇〇六年時已經應驗了），因爲離念靈知心有許多過失，也無法使人生起實相智慧，所以他們幾年以後還是得要偷偷回歸阿賴耶識法義來。雖然說這些人的退轉非常可惜，入了寶山卻又丟棄眞寶，回頭再撿拾地上的石頭當作妙寶；但因緣既然是這樣，我們也只能作到哪裡算到哪裡，只能盡量寫書辨正法義，救一部分人回轉到正法中來；但不可能全部都救得回來，因爲大部分人會顧慮面子而不敢回來同修會。

今天有人提出來質問：「有人說，楊老師沒有講過有第九識，爲何蕭老師你會說楊老師是講第九識？還寫出〈八、九識並存的過失〉的文章來指責他？這個第九識，究竟是蕭老師你講的？還是楊老師講的？」他這張問題的內容，是指週四班的助教陳老師，但其實陳老師並沒有說到第九識三個字，楊先生也沒有說第九識這三個字，第九識這三個字確實是我講的。但我爲什麼會用第九識這個名稱指稱是楊先生講的呢？是因爲他們所說的眞如體性，本質正是第九識；不因爲沒有講是第九識，就使他的第九識本質不存在。就好像一個人叫某甲去把某乙幹掉，但是卻辯說：「我沒有叫你殺死人，我只是叫你把他幹掉，所以不算教唆殺人。」這二者的邏輯是一樣的。

因為楊先生說的眞如或如來藏，本質正是第九識。當他把阿賴耶識否定，主張如來藏或眞如是一個心，而阿賴耶識是另一個心，二心並存，所以如來藏或眞如不等於阿賴耶識，那他所謂的如來藏或眞如當然就是第九識呀！楊先生說阿賴耶識從眞如中出生，說阿賴耶識是眞如的性用，既然這樣，阿賴耶識是第八識，他說的眞如當然就是第九識。因為只有心才能出生心，譬如阿賴耶識是心，所以能出生前七識心，不能說阿賴耶識不是心，所以阿賴耶識當然是第八識。同理，他說的眞如既然能出生阿賴耶識，縱然他後來把阿賴耶識收編為眞如的性用，當然他說的眞如就一定是心，本質正是第九識。不能從他有沒有指稱為第九識，來確定他說的眞如是不是第九識，要從他說的本質來說才對。

就如一個人指使某甲去幹掉某乙，雖然他不用殺或殺死等字樣，本質依舊是殺；所以教唆殺人的罪，他必須承擔。同樣的道理，不因為某某人沒有講眞如是第九識，就表示他說的眞如不是第九識。所以，陳老師從來沒有對我說楊先生有講第九識，陳老師也一再對我澄清說，楊先生沒有使用第九識三個字。但是，由於楊先生說的眞如本質正是心，上於第八識而能出生第八識，那當然是第九識，所以我會用第九識這個名稱，這其實只是把它作個明確的定義。

如果依楊先生的說法，是由眞如出生了阿賴耶識，然後又說：想要找到眞如，得要從阿賴耶識裡面去深觀、去尋覓。那就是自相顚倒。如果眞如是在阿賴耶識中，如同七轉識是在阿賴耶識中一樣，那就應該是阿賴耶識出生了眞如，不應該是眞如出生了阿賴耶識。如果眞如是在阿賴耶識中出生的，是含藏在阿賴耶識中，眞如就應該是阿賴耶識心的某一種性用，不應該是阿賴耶識的體，當然不該能出生阿賴耶識。如果說眞如是阿賴耶識的體，說阿賴耶識是眞如的性用，就應該只有兩條路可以走：第一、阿賴耶識是眞如的心所法，不然就是眞如的性用，那麼阿賴耶識就不該說是心或第八識。第二、如果阿賴耶識不是心所法，那就屬於眞如心的性用；若只是眞如心的性用，卻又具有大種性自性等法而能出生一切法；這樣一來，就會有很多的過失，所以改稱阿賴耶識爲眞如的心所法，這講法當然也不能成立。所以楊先生的說法講不通。如果阿賴耶識眞的是眞如的心所法，就不應該放在八識心王中，應該放在心所法中，但佛法聖教以及實證的現觀之中，又都不是如此；所以楊先生他們的說法是進也不行、退也不行的，是前進會走入死路、後退也是一條死路，於是只有杵在那裡動彈不得，由著別人繼續指稱他的法義錯誤連篇，楊先生等人是沒有辦法正式提出辯解的。因此，楊先生等人的說法正是第九識的本質，所以我說祂是第九識，不因為他們沒有講「第九識」這個名詞，就可以說不是第九識。

……（以上一段省略的內容，是講經前的〈般若信箱〉當場答問，移轉到《正覺電子報》〈般若信箱〉，以廣利學人，此處容略。這是最後一次的講經前〈般若信箱〉的當場答詢，於此之前數月，於講經前當場答覆之問題，多由楊先生等人委由最後離開的人提出，意在公開質難，影響會眾對阿賴耶識正法生疑。彼等諸人於此期間所提問題若欲全答者，皆必須超過兩小時，則無法講經，故皆略答釋疑，但往往要用掉將近一小時來答覆。然平實導師如是每週當場略覆之後，並未達到攝受彼等諸人回轉之目的；以此緣故，於確定楊先生等人已經不會回歸正覺同修會以後，即取消了講經前當場答覆提問之方式，將所有時間都用來講經，故這是最後一次講經前的答詢。2003.04.29）現在我們回到《楞嚴經》來，上週講到一百八十九頁倒數第五行：「**觀其所由融通妄想以為其本。**」我們的八識心王能夠融通色法，這個道理，上週已經為諸位解說了。

但是這個「融通」正理中，有一些地方大家要了知：融通色法是真心阿賴耶識的事，妄心作不到，七識心王都無法融通色法，一定要透過阿賴耶識才有辦法融通色法。所以，當我們意識心想到酸梅時，嘴裡開始出現了津液；當我們站在懸崖邊，意識心知道危險時，腳底開始痠起來，癢癢的不自在；有人拿著刀子，把刀尖漸漸戳近你的眉心，他說無論如何一定要戳到你的眉心；又告訴你說，這刀尖有愛滋病的病毒，那你的眉心一定很痠癢；如果又想起家裡的眷屬，眼淚就開始流出。又譬如現在被隔離在和平醫院中的那些SARS 患者，也就是大陸說的非典型肺炎患者，他們的眷屬想到那些人時都很憂心，於是眼淚就會掉下來。

這些現象都是從「融通妄想」而來的，是因爲七識心起了心想，而如來藏阿賴耶識能完全了知七識心的心想，所以阿賴耶識就把七識心的想，在色身上顯現出來，所以只有阿賴耶識才能夠融通色法；而阿賴耶識融通色法的功能差別，就是《楞伽經》中說的大種性自性。只有心，而且必須是實相心，也就是能出生萬法的實相心，才能擁有大種性自性；所以說阿賴耶識不可能是別的心的性用，而是獨立恆存的心。能出生萬法的阿賴耶識心，是萬法的根源，不論聖教或理證上，都是如此不可推翻的，所以阿賴耶識不可能是其他某一心的性用，更不可能是某一心的心所法。

但是，如來藏阿賴耶識的這些特異功能，之所以會據實出現，則是由於七識心王的「融通妄想」配合而產生的，但事實上這種「融通妄想」卻是阿賴耶識心本有的自性，而不是七識心王所擁有的；可是眾生從無始劫以來都把這種「融通妄想」功能據爲己有，一向認爲是覺知心自己所有的功能。因爲眾生都有這種「融通妄想」的執著而不能捨棄，所以導致眾生在三界六道中，一世又一世不斷地生死輪迴。所以當菩薩滿足三地心以後，修到第五地滿心或第七地住地心時，有這種智慧能觀察一切眾生都是因爲這個「融通妄想」無法斷滅，所以世世執著生死；眾生都在這個「融通妄想」上面貪著而放不下，無法遠離煩惱濁而落入想陰之中，所以捨報之後隨即又去投胎了！因爲如果不去投胎受生，了知性—想陰—不現前，「融通妄想」就不能現行運作，就不能在人間生存。所以，因爲有「融通妄想」作爲根本而深入觀察，眾生的「一倫死生」就很清楚顯示出來了。

這個「融通妄想」，就只能講到這裡，更深入的地方則是悟後體驗觀行的事了，不能公開宣講。如果你懂得「融通妄想」，不管你今天有沒有破參，至少有知見可以作一番分析思惟整理，知道想陰了知性全屬虛妄法，也就能了知五陰全都屬於虛妄法。若是已經破參明心的人，就更有能力分析思惟整理，產生更深妙的別相智；如果已經眼見佛性的人，當然更加有這個能力深入別相智中。所以，還沒有明心的人聽我所說，得到的思惟觀行智慧，結果一定和已明心的人所得不同；而明心的人又跟眼見佛性的人聞後觀行所得不同，但是已經眼見佛性的人觀行所得，又會跟我所知道的內涵不一樣。這就是說，佛法智慧有很多層次差別，不能一概而論；所以同樣一個「融通妄想」，不同修證的人，所知會有很多不同的層次差別，因爲會有粗細廣狹的不同。

所以說，「融通妄想以爲其本」，就會有「一倫死生」的生死現象。對自己和眾生的一倫死生，能不能首尾圓照，就看自己的福德因緣高低差別。福德因緣好，就可以聽到聞所未聞的勝妙法；福德因緣差，根本聽不到，甚至聽到了還會毀謗。至於「融通妄想」這種法，已經很久沒有人講了，因爲上到法座來講「融通妄想」的人，自己也不懂「融通妄想」的眞實意涵，根本不知道那就是如來藏與七轉識間的相知相應緣由，他又如何爲人宣說？所以他們會想像而講出很多道理來，但始終只是想像來的，沒有眞的懂。聽聞者再從別人的想像法中聽聞，當然更不懂了！師徒之間含糊籠統混過講經的時間，就當作是弘法志業完成了。

所以，只有實證如來藏而能深細觀察八識心王互相聯繫運作的人，才能「首尾圓照」地觀察「一倫死生」，了知一切有情每一世的「一倫死生」都是由「融通妄想」作爲根本而來。假使不是如來藏與七轉識之間，有著「融通妄想」可以互相呼應，眾生是無法在三界中生存的；當菩薩悟後現觀這個事實時，才能「一倫死生，首尾圓照」；如果還無法全部圓照時，就無法到達「想陰盡」的地步。所以已證如來藏的人，都還需要很長遠的時劫努力修行，才能「一倫死生，首尾圓照」而達成「想陰盡」的境界；那些未證如來藏的大法師們，竟在書中暗示已經證得五地、十地境界，其實都是大妄語業。

證悟如來藏的菩薩們對「融通妄想」的觀察，有深細和狹略的差別，各不相同，但是要到達六地滿心位才能夠圓滿，所以三地、六地住地心的所知也不是圓滿具足的。爲什麼七地滿心能圓滿具足呢？這就牽涉到十種現觀的問題，從十住位的如幻觀、十行位的陽焰觀、十迴向位的如夢觀、初地滿心猶如鏡像、二地滿心猶如光影、三地滿心猶如谷響、四地滿心如水中月、五地滿心變化所成、六地滿心非有似有、七地滿心如乾闥婆城，要到了七地滿心時具足這十種現觀，「融通妄想」的觀察才能具足圓滿，才能「一倫死生，首尾圓照」。

這十種現觀並不是觀行的方法，而是觀行的結果，是修學無生法忍的結果而不是方法。關於我所提出的前九種，楊先生他們質疑我說：佛經中沒有說這九種現觀怎麼觀，是蕭老師自己創造的。事實上這九種現觀，與各個階段的實證結果都相符；這也不是我創造的，而是經論中早就講過的；而且這九種現觀並不是用觀想法觀來的，而是修學到某一些法而且融會貫通以後，自然會成就的。譬如十住位的如幻觀，並不是每天觀行某一些法無常如幻，而是眼見佛性時當下成就如幻觀。這九種現觀都是個結果，不是個法門。當菩薩到了六地滿心位，不得不證滅盡定時，是依無生法忍而不是依滅盡定來現觀自己所變化的無量無數百千萬億化身，本質非有但卻可以讓眾生感應受益，所以非有似有。

這是要根據五地的變化所成——一切化身都是自心如來藏變化所成，然後進修六地的無生法忍以後，到六地滿心位完成非有似有的現觀，才使他不得不取證滅盡定。所以六地滿心位的非有似有現觀與滅盡定，都是結果而不是方法。但六地的現觀要以五地的現觀為基礎才能達成，五地的現觀要以四地的現觀為基礎才能達成；乃至十行位的陽焰觀要以十住位的如幻觀為基礎才能達成，而十住位的如幻觀要以七住位的明心為基礎才能達成。同理，要這樣次第完成七地滿心位的現觀以後，才能具足了知「融通妄想」的內涵。

所以，不要在剛剛證到一些些法，才剛剛進入內門修行就自我膨脹。自我打氣是可以的，但是千萬不要變成「吹牛皮」。打氣是鼓舞自己，不是教他們把空氣往身體中灌；他們眞的灌了氣以後，就變成「膨風水蛙」（編案：此是台語，意思同於吹牛皮），並不是對他們有利的事情。所以說，「融通妄想」的智慧境界，以及六地滿心位無生法忍的具足證得—非有似有的現觀—是要具備前面的八種現觀作基礎，漸修到六地滿心時才能圓滿的。而「融通妄想」圓滿智慧的實證，沒有到七地滿心是不可能圓滿的，卻是要把前九種現觀都具足親證了，轉入七地破盡「想陰區宇」，證得如乾闥婆城的現觀，才能夠圓滿。當「融通妄想」已經圓滿現觀時，就能將一切有情的「一倫死生，首尾圓照」，就能了知前面所講的三界各種有情受生的因緣與境界相了，因爲已經破盡煩惱濁與想陰境界了。這時可以斷盡故意保留的最後一分思惑而證得念念入滅盡定，這樣才能稱爲七地滿心位而成爲準備轉入八地心的菩薩。這不是那些自稱成佛或八地、十地的大法師、密宗法王們可以假冒的，他們連我見都還沒有斷除，尚且不能成爲聲聞初果人，何況能知第七住位菩薩明心的智慧呢？色陰區宇的五陰魔、受陰區宇的鬼神魔說完了，「想陰區宇」和「想陰盡」的境界也說完了，接著要回到「想陰區宇」中，再來討論「想陰區宇」中會出現的天魔，以及想陰區宇的邪見魔之間的關係，才能順利破盡「想陰區宇」而不會招來麻煩：

（想陰區宇第一種魔事：）

【「阿難！彼善男子想陰虛妙，不遭邪慮；圓定發明三摩地中，心愛圓明，銳其精思，貪求善巧。爾時天魔候得其便，飛精附人、口說經法。其人不覺是其魔著，自言謂得無上涅槃，來彼求巧善男子處敷座說法；其形斯須——或作比丘令彼人見，或為帝釋、或為婦女、或比丘尼，或寢暗室、身有光明。是人愚迷、惑為菩薩，信其教化，搖蕩其心。破佛律儀、潛行貪欲、口中好言災祥變異，或言如來某處出世，或言劫火，或說刀兵，恐怖於人，令其家資無故耗散，此名怪鬼年老成魔惱亂是人。厭足心生，去彼人體；弟子與師俱陷王難；汝當先覺，不入輪迴；迷惑不知，墮無間獄。」】

講記：「阿難！那位善男子住在想陰區宇中，由於想陰區宇境界清虛微妙，又沒有遭遇偏邪的思慮，所以沒有前面所說的五陰魔與鬼神魔的干擾；由圓滿的金剛定發明了三昧的境界中，心中貪愛金剛三昧定中的圓滿作用，所以在想陰區宇中不斷銳利他的精細思察，貪求善巧方便。這時天魔終於等候到擾亂他的方便時機了，於是飛出精魂來寄附於某人身中，經由某人的口中說出佛經中的妙法；而某人不能覺察出自己是被天魔所附著，誤以爲是自己突然有勝妙智慧，就宣稱自己已經證得無上的涅槃，前來這位住在想陰區宇中的善男子處，敷設法座爲這個善男子說法。而那個被天魔所附身的人，身形就在短短時間內，或者變作比丘身形使這個善男子看見，或者變爲天帝釋提桓因，或者變爲婦女身相或比丘尼身相，或者睡在暗室之中而身上顯示光明出來。由於這個緣故，這個住在想陰區宇中的善男子因爲貪求善巧的緣故，一時愚癡迷惑，誤將被天魔附身的人認爲是大菩薩，於是信受他的教化，對原來的如來藏金剛三昧境界的決定心就搖蕩不定了。那個被天魔附身的人，毀破諸佛所制定的律儀戒，在暗地裡偷偷進行種種貪欲的行爲，口中卻喜愛預言各種災患或吉祥等變異事相，或者狂言如來已經在某處出世了，或者述說劫火即將出現，或者預言刀兵劫即將到來；當這個住在想陰區宇中的善男子正被自己的邪見魔所祟的時候，天魔用種種說法來恐怖還在想陰區宇中的善男子，使這個善男子不斷地花費錢財，不久以後家中資財就這樣無緣無故不知不覺地耗散了，這種情形名爲怪鬼年老成魔，來惱亂這個還在想陰區宇中的善男子。當天魔或變怪魔有一天厭惡、滿足的心生起以後，就離開那個被附身的人體；於是隨學的弟子與原來被附身的人，就全部都陷入王難之中。你們應當事先覺悟會有這種現象，不要因此投入輪迴之中；迷惑於天魔附身的境界而無所知，死後下墮於無間地獄中。」

因爲在「想陰區宇」的階段中，會有天魔來擾亂的現象，原因則是自己先出生了邪見魔；對於這種現象必須先有所瞭解，才不會被邪見魔所迷再被天魔作弄而造下惡業，死後下墮於無間地獄中。佛說這位善男子在「受陰盡」的「想陰區宇」中，是一種很微妙的境界，雖然還不曾遭遇邪謬的思慮，而自己也不被邪見魔所干預；可是在圓滿的如來藏金剛定發明出來的三昧境界中，由於心裡貪愛金剛心圓滿作用的境界，想要趕快使自己的心可以隨意所作，早日圓滿方便波羅蜜多，他就以聰明智慧開始思索，使他的聰明智慧變得非常銳利，深入「想陰區宇」中加以精細地思惟觀察，心中貪求各種善巧方便，希望快速達成目標。「圓明」就是圓滿而具足了知，「光明」是指作用。「貪求善巧」並非不好，只是不應該在自己的條件還不成熟時就要強求；應當要在三昧境界中久住，已經到達某一個層次時，自然就會有某一些升進的境界出現，那時再以方便善巧智慧來作抉擇，才是正確的。

金剛三昧中的某些上地境界出現，應該是在定境功深、心地清淨時自然出現的，不應該是強求得來的。凡是在自己的因緣條件還不具足時，仍然想要強求，這就是自己的邪見魔，往往就會引來外魔誤導自己。這一位住在「想陰區宇」中的善男子也是一樣，無法老實安住繼續加深金剛三昧的定境與清淨自心；當他開始強求時，天魔固然無法附入他的身中，但天魔還是看見機會了，於是去找另一個體質比較適合被附身的人，去附在那個人身中；然後驅使那個人來到正在「想陰區宇」中的善男子所住的地方，開始講經說法。往往被附身的人自己並不識字，卻忽然可以宣講勝妙的經典，似乎也沒有破綻，也能為人講解許多境界上的勝妙法。而那個被附身的人，自己也不覺得被天魔附身了，他也以為自己眞的證得無上涅槃了；就在被天魔附身的情況下，來找這個證得金剛三昧而證得「受陰盡」境界的人——來接觸這個住在「想陰區宇」中的善男子。

來到以後，就在那個住於金剛三昧「想陰區宇」中的善男子面前，自己把座位鋪好，坐下來就直接為這個善男子說法。這時善男子因為急著想突破「想陰區宇」而「貪求善巧」，所以天魔才會有機會來擾亂他，知道他這時候願意聽別人解說方便善巧。如果不「貪求善巧」，老老實實安分修行，天魔附身的人來了，不論說什麼方便善巧一類的法，他也是不會接受的，就不會被天魔所誤導了。天魔來到以後，常常會在極短時間內，變現不同的身相，讓人感覺他的證量非常高，就會聽信他所說的各種法。所以往往在很短時間裡，有時變作比丘相，有時突然變作天帝釋提桓因相貌，有時又突然變作婦女、比丘尼的身相；或者有時睡在暗室之中，卻在他所睡的黑暗寮房中，顯現出他的身上有光明。當然，這種光明並不是自心如來藏的心光，而是示現出物質性的世間光明來，使凡夫肉眼沒有神通也可以看見。

這個安住於金剛三昧中的善男子因爲求速成的邪見而「貪求善巧」，一時迷惑愚癡，就把那個被天魔附身的人誤認爲是眞正的大菩薩，於是相信他的教化，漸漸對原來所證的如來藏金剛三昧智慧境界產生懷疑，於是對金剛三昧的決定心就開始動搖了。但是那個被附身的人，等到修學金剛三昧的善男子信受他的教化以後，就漸漸開始毀破諸佛施設的律儀戒，暗中開始進行各種貪欲的行爲；爲了取信於善男子，於是又喜歡常常預言未來會有什麼災禍或吉祥事發生，又會如何變異轉變；有時或者宣稱某一尊如來已經在什麼處出生了，或者又預言火劫的大火何時會發生而燒盡世界，或者預言不久以後就會有刀兵劫來到，死人無數。以這樣的種種言行來嚇唬這個善男子，騙取善男子的錢財，使善男子無緣無故導致家中的資財耗散了，這就是「怪鬼年老成魔」而「惱亂是人」。正是怪鬼年老以後轉變成天魔了，成爲天魔的眷屬了，所以前來惱亂這個修習如來藏金剛三昧的善男子。

不但如此，「口中好言災祥變異」；譬如現在SARS（編案：大陸稱爲非典型肺炎）正在流行，也許他今天會向大眾宣布說：「你們都不必擔心SARS，下個月以後就全部消失了。」果然下個月以後就全部結束了。或者預言說：「到了下個月還會大流行。」果然下個月眞的大流行了。這就是「好言災祥變異」。有時甚至預言說：「一個月後會發生大地震。」或者說有大颱風，到時一定都準確。這其實只要有天眼就可以看得見，但一般人不知道，就認爲他眞的是大菩薩。他有時又會告訴大家：「某某如來已經在某一個地方出現了，現在眞的有如來。」彌勒菩薩都還沒有來人間降生成佛，他就指示說現在已經有如來出世了。或者說：「多久以後會有劫火出現。」或者說：「明年就會開始刀兵劫了。」意思是說，大眾留著錢財那時都沒有用，應該都捐出來，由他拿去花用。這就是「或說刀兵，恐怖於人，令其家資無故耗散」。他就是要把善男子家裡的錢財資源都耗散掉，讓善男子以後沒有修道的資糧，這就是「怪鬼年老成魔惱亂是人」。

怪鬼，原是以前在人間時貪習爲罪，也就是「貪習交計」造大惡業而下地獄受苦；地獄受罪完畢以後，來到鬼道中「遇物成形」而住於鬼道中，後來「年老成魔」而被天魔所驅使的鬼道眾生。是生前在人間時，愛搞怪來籠罩人，後來搞到沒得搞了，開始大妄語而成就大妄語業，也就是「未證言證，未得謂得」而詐騙眾生的錢財與色身。這種愛搞怪的大法師，古今不乏其人；他們明明不懂某一個階位的證量，明明沒有證悟，完全不懂卻硬要裝出一副證悟聖者的模樣，用來籠罩徒弟與佛教界。像我這麼平實地弘法，都不搞怪，很難讓人信受，只有已經具備抉擇慧的人們才會相信。如果沒有抉擇慧，是很容易被騙的；不信，你看社會上被喇嘛等凡夫搞怪騙入密宗的人，實在數不盡啊！喇嘛們何曾有什麼證量呢？譬如宗喀巴等人，連我見都沒有斷，連聲聞初果都還沒有證得，更別說是般若開悟的明心智慧了，但是他只憑二本《廣論》，就籠罩了佛教界，還不必談到其他的幾本著作；到如今，二十世紀末的佛教界都還在被他矇騙呢！有誰知道他的錯誤與外道、凡夫本質呢？宗喀巴既然未悟言悟而又喜歡搞怪籠罩大眾，其實正是「貪習交計」而成為貪習為罪的人；他死後下地獄受報完了，來到鬼道世間時，當然是要當怪鬼的。變怪之鬼當久了，當然是「年老成魔」，成為天魔的眷屬了。

怪鬼最喜歡籠罩人，所以每天都會作種種變化來籠罩人，讓人們相信他眞的是大神通、大證量者。各種鬼類有情的五陰都可以活很久，活到很老時，由於神通不斷修練很久了，所以「年老成魔」，就以神通力住世，成為天魔的眷屬了。這就是會誤導學人的天魔之屬，這種魔附在別人身上，驅使被附身的人去找到住於金剛三昧「想陰區宇」中的善男子，以各種方便善巧誤導他；當然會不斷地弄出一些很風光的境界，讓那個善男子以及其他人都相信崇拜，認爲他眞的是大菩薩。這個「怪鬼年老成魔」以後所說的經法，不會一開始就偏離很多，一定會逐漸引導善男子偏離原來所住的金剛三昧境界；於是善男子對自己原來所住的金剛三昧境界產生了懷疑，信心逐漸動搖。

信心動搖以後就會跟著這個被魔附身的人，開始「破佛律儀、潛行貪欲」。那時當然已經毀破五戒、菩薩戒、比丘戒、比丘尼戒了，於是怪鬼所成的鬼神魔就達成目的了，當然就「厭足心生，去彼人體」，離開那個被附身的人了。這時跟著魔所附身的人修學假佛法的善男子開始覺得奇怪了，就問那個原來被附身的人：「師父啊！您既有神通，又很會說法，如今怎麼既不會說法，也沒有神通了？」古時只要有神通，地方官都不敢治他的罪，因爲都認爲有神通的人一定是聖人，絕對不要招惹。可是一旦失掉了神通，又不會說法了，地方官就知道他原來是騙人的；又覺得很沒面子，當初怎麼會被他瞞騙了！心中覺得氣憤，就全部都抓了來，全都下獄去，這就是「弟子與師俱陷王難」。

原來那個師父什麼也不懂，只是被魔附身，所以才會說法以及顯現神通；當附身的魔退走以後，他就什麼都不會了。我也曾遇到過這樣的現成例子：以前在士林的文林路有一位朋友，他的兄弟被魔附身，甚至把家裡供奉的媽祖神像都丟進臭水溝裡，亂搞一通；別人認爲他著魔，他卻以爲自己修行很了不得。我說：「這是有鬼神附身，你就去幫他超度鬼神。」我就指導他該怎麼做超度的內容。後來他找上士林大市場邊一家古廟辦超度，所做的內容就跟我說的一模一樣。法事圓滿以後，鬼神被度往西天去了——往生極樂世界去了；這個人就沒有以前那樣伶俐了，從早到晚癡癡呆呆地就像失神一般，似乎是在等待原來自己的神異境界再度出現，都不知道自己是被鬼神附身。後來過了差不多一年才回復正常，又上班去了，也就沒事了。那就是被魔所附身，或是被鬼神所附身了。

所以 佛陀交代說：阿難啊！你們應該要先覺悟，如果福德與三昧力都還不夠時，心中便貪求自己眼前還不該有的方便善巧，這就是邪見魔，這時天魔部眾就有機可乘了。如果能先覺悟到這一點，自然不會被鬼神魔所矇騙，就不會墜入輪迴之中。如果迷惑不知，就會「破佛律儀、潛行貪欲」，死後不免要墮入無間地獄中，受苦無量。

今天（編案：2003.06.17）是我們回復共修的第一天（由於 SARS 流行了九十天的緣故，政府規定停止一切聚會，所以我們的共修與講經也就停止了。如今又經過一個半月，疫情似乎已經控制住了，可以繼續進行各種群聚性的活動了，我們也回復講經和共修上課。在政府停止群眾團聚的九十天期間，我們也在五月底出版了《燈影》，我想大家也應該已經讀過了），諸位若是有細心觀察，就會發覺我們把座位排列得比較寬疏一些；晚一點到的人，義工菩薩就請他們到十樓去聽經（編案：當時同修會在台北市只有二個講堂），視訊與音訊同步傳輸的工程已經完成了。我們希望把大家的距離拉開一點，避免可能的感染。停止共修的一個半月很快就過去了，這段時間我也忙得不亦樂乎。不曉得諸位怎麼樣？我是很忙，所以時間很快就過去了！不過這段時間我作了很多事，也完成了對未來佛教很重要的一個工作，就是把「如來藏、眞如、阿賴耶識」三者，作了很清楚的釐清。我希望這一次把它作徹底一點，以後未來世就不會有人重新再來炒這一盤冷飯。

這盤冷飯，在過去玄奘大師的年代就有人炒過了；也爲了界定到底應該是八識或是九識、十識，因此玄奘大師特地到天竺去。他去天竺回來，總共三十年把這個問題解決了。玄奘菩薩在天竺停留十八年，把天竺的佛教復興了。當時天竺的佛教很亂，有說人有九識，有說人有十識，小乘中的凡夫僧則是持六識論，而且當時外道的密法也已經滲透到佛教中來，即使當時最有名的那爛陀寺都已經淪陷了。他去到天竺學成以後，把佛法作了很清楚的界定。所以玄奘前往印度時，就對佛法有了很深入的理解；但在天竺時當然是從學生身分開始，後來學完而成爲大師，然後把佛法作了很清楚的界定。當時天竺有十幾個國家，還沒有統一；所以他每到一個國家，都有人來向他請法。可是當時外道與小乘凡夫僧的六識論都很盛行，於是戒日王主動爲他召開了法義辨正無遮大會，玄奘菩薩建立宗旨：「眞唯識量。」戒日王將這個立量通告五天竺，並且請來當時佛教界與外道中很有分量的出家與在家眾共有數千人，提供住宿，徵求論議；整整十八日，都沒有人敢上去辨正，連當時最強勢的小乘眾僧也都不敢上去論議。

無遮大會有二種，一種是布施財物或食物的無遮大會，由施主定下期間廣作布施，凡是有人來時，不論身分都可以獲得同樣的財物或飲食。第二種是法義辨正的無遮大會，由論主建立宗旨；如果有人不服論主所立的宗旨，不論身分，都可以上來辨正；勝者爲師，敗者爲徒；若是敗者不願爲徒，就應該當場自裁，以防無理取鬧者終日擾亂。所以法義辨正的無遮大會，誰都可以前來辨正，不遮止任何人，也不限定是佛教界中的人，更不限定本國人，各國的修行人都可以前來辨正法義。玄奘大師的法義辨正無遮大會整整十八天，都沒有人上台去辨正，所以他的「眞唯識量」就被當時的佛教界與外道所接受了。玄奘在天竺時，也曾寫了《制惡見論》的偈頌，廣破小乘正量部僧人般若趜多的《破大乘論》。

般若趜多寫成《破大乘論》時，送往大乘寺院，請求大乘法師論難，非常強勢，當時也沒有大乘法師敢向他論難。可是後來玄奘菩薩獲得論文時，發覺其中處處錯誤，於是把小乘正量部僧人般若趜多的《破大乘論》中的種種錯誤，以《制惡見論》全部破除了！可惜的是玄奘回國後並沒有把他的《制惡見論》印行流通，而戒日王得到他的《制惡見論》以後，也沒有想到要印行流通，如今可能已經找不到論文了。當時戒日王爲玄奘菩薩舉辦法義辨正無遮大會時，邀請了佛門與外道修行人數千人，一一都有供養；然後由玄奘菩薩建立宗旨，寫在金牌上面公告出來，整整十八天中，都沒有人敢上來論議。那十八天中連最強勢的般若趜多也不敢上來論議，由此可見當時很強勢的小乘僧人，他們平常每每非議大乘法義，到了重要關頭時個個都不敢強出頭了。那些非議大乘法義的小乘僧人，其實都是聲聞法中的凡夫，才敢非議大乘諸經妙法。但也因爲當時大乘法中的證悟者很少，如果沒有接觸到他們的邪論，就不會加以辨正破斥；於是那些凡夫位的小乘僧人總是暢所欲言，非常強勢。

玄奘菩薩回國前，完成了無遮大會以後，戒日王拜他爲師；也有一位國王希望留住他傳授佛法，不想讓他回到中土，就提議把國家送給玄奘菩薩，國王想要當他的弟子學法，玄奘沒有接受。國王又提議分一半國土共治，要玄奘留下來教他佛法，都沒有被玄奘接受；所以玄奘還是回到中土，開始了翻譯經典的大事業，我們今天都還在承受他的恩德。玄奘不貪世間法，心中只記得自己來到天竺的本意，所以攜帶了很多經典回到中土大唐，那時好像是貞觀幾年的事（編案：貞觀十九年正月回到長安），應該是唐太宗吧？那時皇帝已經不再計較玄奘當年私自離開大唐去西天取經的事，因爲那時的玄奘大師已經是名震諸國如日中天，所以唐太宗也歡迎他回來，並且以國庫支持他開始譯經。

玄奘回國以後，因爲那時小乘的俱舍宗很盛行，他恐怕有人把法義亂傳亂說，隨意毀謗大乘法，所以在當時的國都長安城門，懸掛「眞唯識量」四字，徵求法義辨正，終其一生都無人前來辨正。這也就是說，不論是大乘法所說的如來藏、眞如，都**唯是阿賴耶識心體的現量：唯識所生，唯識所顯。**二乘菩提的聲聞涅槃、緣覺因緣觀，也都一樣是眞實唯識之所生顯，虛妄唯識的七識、六識才能出生及存在。因爲這是眞實理，也是法界中的現量境界，無可推翻，因此他的宗旨貼出來以後，終其一生都沒有人向他要求法義辨正，所以就這樣在他那一生將佛法底定爲八識論的教法了。

不過有個缺點是，玄奘菩薩寫作《成唯識論》時，本來是指名道姓辨正外道與小乘僧人的錯謬法義，這些正是《成唯識論》中大部分的「有義」之中所說的。但因爲窺基法師有些鄉愿，他爲了佛教界的和諧，所以建議都改爲「有義」而舉例出來；以「有義」的名義舉出各種不正確的說法以後，再由玄奘大師以最後一個「有義」，作出正確的結論。這在《成唯識論》剛開始流通時並沒有問題，因爲當時的人都知道那些「有義」所舉的法義是誰講的。就好比現在我如果舉例說「清清楚楚、明明白白、處處作主就是眞如佛性」，諸位聽了就知道是誰講的；但是再過三、四十年以後，大家就不知道是誰講的了。所以《成唯識論》因爲沒有指名道姓寫出來，當代的人雖然知道，二、三十年後就沒有人知道那是指稱什麼人了！所以安慧、清辨等人的邪見，漸漸又被繼續弘揚起來，而弘傳者及聽講者也都不知道早就被玄奘大師在《成論》中破斥過了；於他們的錯誤說法到現在都還有人承認是正法而繼續弘傳著，就因爲當初沒有指名道姓，所以那些邪見直到現在都還在遺毒今人，今天台灣的釋印順及古時的宗喀巴等一派人就是被害者。

又加上《成唯識論》的文字很洗鍊，因爲古時印經的費用很貴，而玄奘大師的國學造詣又很高，所以遣詞用字很洗鍊；洗鍊的另一個代名詞就是簡略，所以造成很多人讀不懂，往往誤以爲所有的「有義」都是他所講的。因此前些年我還親耳聽到有人批評說：「《成唯識論》中所講的法義，自己都前後矛盾。」其實不是這樣，是他誤會了，我也當場向他說明原因。其實論中所說大部分的「有義」，都是針對外道或者佛門中的小乘凡夫法師的錯誤法義，加以舉例辨正。正因爲沒有指名道姓的過失，所以《成唯識論》中的深妙法義並不容易弘揚，因此我們才會把它列爲悟後在增上班進修的課程，不講給未悟的人聽聞，因爲未悟者一定聽不懂。窺基建議不指名道姓以後，過了一段期間，他也發覺自己有這樣的過失，所以後來他註解《成唯識論》時，作了補救，反而承擔起責任，把論中的許多「有義」究竟是指什麼人？一一指名道姓而作澄清。

由於玄奘對正法延續的豐功偉績，也因爲他譯經的功德到現在都還在利益佛教大師與學人，所以我才會把玄奘大師造像供在佛龕中，目的只是要讓大家尊敬他所造的論，正法就可以綿延流長。我們供奉玄奘菩薩，這在其他寺院中是很少見的。因爲我很清楚知道：他對佛教正法護持上面的貢獻，也因爲他的威德力一直存在。只要眾生有需要，他還是會繼續在人間護持正法的。但是要使他的威德力繼續存在、繼續發揚開來、繼續產生作用，就必須先把他的造像供起來加以崇隆；更要把他的論加以註解、加以闡釋，讓佛教界容易理解而避免誤會，否則就會使他的義學變成玄學。

如今有誰能讀懂《成唯識論》呢？都讀不懂！乃至研究唯識學的專家也讀不懂，所以處處講錯了。甚至於你們諸位可以自己觀察，破參明心回來以後還是讀不懂的。我當年一次過兩關，當時也是讀不懂，所以讀了大藏經中的《成唯識論》，只讀了一頁半，第二頁只讀了半頁就放棄了。後來專在各部經典中用心，直到宣講《成唯識論》之前，由於有人一再建議，我說可以考慮。後來回家以後再把它請出來重讀一遍，竟然發覺我懂了。懂的原因是因爲有了別相智、有了一些道種智。而這些智慧從哪裡來的呢？是從消除性障、證得禪定，以及從般若、種智的進修之中，也就是後來通達了《楞伽經》、《解深密經》，所以回過頭來懂得《成唯識論》了，終於才能詳細講解，因此才開始講解《成唯識論》。在破參後不久卻是讀不懂的，而我在正式開講之前也只是把全論略讀一下；然後我準備講到哪裡，就在那一天把它深細閱讀到那裡。這意思是說，玄奘大師在佛教正法的護持上面，貢獻非常之大；但可惜文辭古樸而又簡略，所說的法義又是甚深微妙難解，如今已經沒有人能懂了，因此才讓這個正法的眞實妙義，在今天不能彰顯。

言歸正傳，今天我們就藉著這次楊先生——因爲他們背後有人支持，想要把阿賴耶識從根本上否定；因此我們有機會藉楊先生等人的否定而加以全面釐清，並且針對最重要的根本法義作個釐清。這是非常重要的事情，對未來的佛教也是非常重要的，也就是促使佛教回歸八識論，以後不要再有人提出六識論、七識論、九識論、十識論，混淆法義上的大是大非。

法義辨正有很多的題目，其實大多是不重要的枝節。最重要的法義辨正重點就只有兩點：第一點、就是心眞如的本體，究竟是哪一個心？第二點、是道的次第，成佛之道的次第是什麼？如果學佛時能夠把握住這兩點，那麼成佛之道就在你心中了。針對第一點、我們應該要說明的是「三界唯心、萬法唯識」。所以，當然所有法、所有境界相，都是依據實相心如來藏而來，實相心就是第八識阿賴耶識，又名異熟識、無垢識，也是有情一切位次中的眞如的所依，所以有時又以眞如來稱呼如來藏阿賴耶識。所以具體說明成佛之道的《華嚴經》主旨就是：三界唯心、萬法唯識。我們必須針對這個主要重點來作說明，譬如楊先生他們近來又說：「阿賴耶識是生滅法，你證得阿賴耶識以後，要在阿賴耶識裡面再找出眞如來。眞如是體，阿賴耶識是性用。」他們的意思是說：阿賴耶識心中含藏著不動不變的眞如心。這種說法當然有很多的漏洞與過失，我們就暫且不細談，因爲我們隨即要回到《楞嚴經》來解說。

但是必須要讓大家理解的是：如來藏、眞如，不是隱藏在阿賴耶識心中，而是因爲阿賴耶識運作的過程中，由阿賴耶識心體顯示出眞如性，所以眞如是阿賴耶識心體運作過程中顯示出來的第八識的相分，也是阿賴耶識的眞實性，是阿賴耶識的**所顯性**而不是**所生法**，並無作用，不可能出生阿賴耶識心體。《大乘起信論》中說一心二門，也就是說阿賴耶識心體就是如來藏，這個心體含藏著一切種子流注的功能，所以由於各類種子的流注生滅，說阿賴耶識的「心生滅門」。所以，一心二門中的「心眞如門」，就是指如來藏心體自身的眞如性；而這一個如來藏阿賴耶識心體還有另一門，叫作心生滅門，就是指八識心王的種子不斷地流注生滅。必須如此一心具足二門，才是眞正的佛法；不能單取其一，否則就成爲破碎而不完全的佛法。

在《入楞伽經》中也說：如來藏不在阿賴耶識中。如來藏如果在阿賴耶識中，那麼如來藏就應該像七識心王一樣，會從阿賴耶識中生出來不斷地運作，應該依附於阿賴耶識而有祂自己的體性在運作著，那麼就應該每一個人都有九個識在運作了。這就是說，主張如來藏在阿賴耶識中的說法，會有很大的過失！既然《入楞伽經》說如來藏不在阿賴耶識中，那麼他們就不該想要從阿賴耶識心中去找出另一個如來藏心來，因爲阿賴耶識心體就是如來藏，是一心二名，怎麼會由阿賴耶識心體含藏著如來藏？而阿賴耶識心體也能夠顯示出祂自己確實是具有眞實與如如的法性，所以是由阿賴耶識來顯示出眞如性。所以阿賴耶識本身就是如來藏，眞如法性則是阿賴耶識心體在運作過程中所顯示出來的法性，所以眞如是阿賴耶識心體的行相，是阿賴耶識許多相分中的一種。

如果主張如來藏是被含藏在阿賴耶識中，顯然如來藏和阿賴耶識是兩個心並存，應該就是第九識，也符合印順法師的說法。印順認爲：如來藏和阿賴耶識本來是兩個識，後來《楞伽經》把祂合而爲一。但事實上是這樣嗎？根本就不是如此！從四阿含以及從般若系列經典的考證，都可以證明不是印順說的那樣。從初轉及二轉法輪諸經中的證據，都可以證明：如來藏本來就是阿賴耶識的別名，在第三轉法輪的方廣唯識諸經中，更可以證明確是如此。所以，楊先生等人的思想，其實是把印順所註解的《起信論講記》內容，取作他們的思想之一，這是退回凡夫猜測想像的境界中。

但《起信論》的內容並不是他們所講的意思，所以當我把《起信論》的一心二門舉出公開辨正，他們從此以後就不再提《起信論》了。然後，改依《成唯識論》說了一大堆，我又把《成唯識論》提出來辨正：眞如亦是識之實性，眞如亦是假名施設，眞如是所顯法故無作用，非如色、心等有其作用。舉出來辨正以後，他們現在又不談《成唯識論》了，又說《成唯識論》說的也不一定正確。如今又提出《釋摩訶衍論》，主張阿賴耶識只是現識，不是根本識，所以不是根本心、不是最終心；可是我考證了《釋摩訶衍論》以後，證明是僞論，論意違背了它的根本論《起信論》，因爲《釋摩訶衍論》是在註解《起信論》，而《起信論》中明明說現識是意根（編案：詳見《燈影》書中的附錄：《釋摩訶衍論》之考證）。

我公開舉出來辨正以後，他們現在又不提《釋摩訶衍論》了，現在專提《宗鏡錄》，說：蕭老師不是我們唯一的老師，《宗鏡錄》也是我們的老師，我們現在以《宗鏡錄》爲老師。但因爲我們要講經，沒有很多時間辨正，否則我會把《宗鏡錄》重新拿來再辨正，讓他們以後又不再提《宗鏡錄》。但這樣子將會永遠沒完沒了，因爲他們又會找來另一本論繼續胡謅不停。（編案：後來楊先生等人以《宗鏡錄》的文字大力攻擊正覺同修會，依據《宗鏡錄》主張阿賴耶識是生滅法，是被眞如所生，亦主張永明禪師的所悟也是他們所「悟」的離念靈知。當時因爲孫正德老師的《眞假禪和》書中，針對大陸釋傳聖法師的來信中主張永明延壽禪師所悟亦是離念靈知意識心，便將平實導師拈提的永明禪師公案附入書後，證明永明禪師是悟得如來藏阿賴耶識，不是離念靈知心；亦舉證《宗鏡錄》中永明禪師明說如來藏就是阿賴耶識的說法，既回覆了大陸傳聖法師的謬說，也間接回覆了楊先生等人的主張，以後即未見楊先生等人再提其他的論典來質疑。）

這意思是說，阿賴耶識心體就是眞如心，就是如來藏，不能建立爲另一心，不然就否定了經典，因爲《入楞伽經》明明白白說了：如來藏不在阿賴耶識中。爲什麼楊先生他們要故意推翻經典的說法，另外主張如來藏在阿賴耶識中？然後向同修們謊稱：「你們來跟我學吧！我可以爲你們明講阿賴耶識的所在，然後你們再從阿賴耶識中找出如來藏、眞如。」結果楊先生他們找出來的如來藏、眞如是什麼呢？不過是離念靈知意識覺知心。聽說他們現在又改為推崇傸虛和憨山德清的著作，因為這二位古人所「悟」的也是離念靈知心；這二位古人的著作是樂崇輝老先生的大乘精舍印行的，追隨楊先生的一位鄭師兄也在大陸鼓吹我們的兩位法師，要求他們改信離念靈知，就送他們那二本書；二位法師受不了，就離開了鄭師兄提供的安單處。然後大陸那兩位法師就把那兩本書簽了名寄來台灣給我，證明是那位鄭師兄送給他們的，要求他們改信離念靈知。

像這樣一變再變，三變四變而成為五、六、七變的說法，眞是很荒唐！因此，我說「過與不及」都會有問題。他們是在我義務幫助下證得阿賴耶識心，我從來不曾接受他們點滴供養；但他們卻畫好蛇以後再添上四隻腳，不倫不類，已經不是眞正的蛇了，那叫作特長的變種蜥蜴。所以，在阿賴耶識上面再添加了東西以後，已經不是如來藏了，成為想像所得的如來藏，不可能是佛所講的如來藏。而這種人是古來就有的，不是今天楊先生他們才開始這樣瞎搞的。所以法義的中心主體一定要釐清，不許頭上安頭，否則一定會出大漏子，因此我們今天一定要努力釐清法義的大是大非，將所有說法定於一尊，也就是確定為八識論：人類唯有八識心王，不增不減。

確定八識論以後，第二個要點就是道的次第。道的次第絕對不能混淆，如果道的次第混淆了，就算是眞正證得眞如之體阿賴耶識，也沒有什麼大作用，轉到未來世時，三位十地一切皆失；因爲必然會認定自己明心時就是初地心了，或者如同楊先生一開始就宣稱是證得佛地眞如了；乃至於最後如同楊先生他們一樣退回常見外道法中，返認離念靈知爲佛地眞如；不免成爲大妄語業，下一輩子鐵定不在人間了。不在人間，當然不會是生到欲界天、色界天去，更不會入涅槃，只有無間地獄，果報很嚴重。因此明心之後對於道的次第，也就是對於眞見道和相見道，以及見道後的修道位定義，都必須弄清楚；然後才能眞正懂得般若智慧的如實通達，也知道通達了以後只不過是進到初地的入地心而已。

在初地的入地心中，一切種智的證量還不到十分之一，得要到達初地滿心位時，才具足十分之一的一切種智。所以即使是進入初地的入地心中，其實還有很多妙法依舊不懂。再繼續次第進修、地地增上，到了十地滿心位時，才算是即將成滿一切種智。所以，十地滿心菩薩的一切種智，可以說已經證得大約十分之九點九了；剩下那十分之零點一，要等你成佛時才圓滿證得。但是在成佛之前的等覺位中，得要「百劫修相好」。「百劫修相好」不是一般人所能修的；譬如有人來要眼睛，就把調羹拿來當場挖給他；有人來要手，當場就剁給他；死了就再去受生取得另一個色身，繼續布施，內財外財都布施。受生的目的只是要取得內財與外財，用來布施，修集大福德。諸佛的三十二大人相以及八十隨形好，就是這樣修來的，這是十地滿心轉入等覺位以後才能作得到的。

因此，道的次第不能混亂，混亂以後就會落入大妄語業中，便會散失一切功德，來世就不在人間了。所以修學佛法時，請大家要把握兩個要點：第一、法的主體不能悟錯了，也不可以在善知識幫助下悟對了，然後再頭上安頭新創另一個主體識，所以法的主體是第一要緊、最最要緊的事。第二、證悟之後要懂得道的次第，不可以自己誤會了以後隨便加以創造，或者自己隨意加以前後互調。這兩個要點若是不能遵守，遲早都會造成破壞正法以及大妄語的極重惡業。所以法的主體與道的次第都非常重要，都不可以自己創新、自己發明，全都要依照經典和正確的菩薩論進修，這就是修學佛法時最重要的兩點。

現在回到《楞嚴經》來，本來我們今天是應該開始講《優婆塞戒經》了，但是因為預防 SARS 的廣泛傳染而停止共修一個半月。現在請大家翻到一百九十頁，今天要從第二段開始。

對了，還有一件事情要向大家報告，我們已經確定要把當場問答的〈般若信箱〉從週二的講經時間取消，不再維持講經前當場提問與答覆的模式。但〈般若信箱〉還在，改由各班親教師答覆（編案：後來增設了《正覺電子報》，就在電子報中增設了文字版的〈般若信箱〉）。因爲我們檢討了以後，認爲講經前當場答覆的〈般若信箱〉存在這麼久了，而他們在退失之前、之後都不斷地投書進來質問，回答了以後依舊無法攝受他們；既然功效不彰，所以決定取消。其實在他們爆發退轉潮之前半年，就已經陸續在講經前的〈般若信箱〉時段提出質問了，我們也都作了說明；但是顯然〈般若信箱〉的說明並沒有達到對他們釋疑的作用，對他們確實沒有達成解答疑惑及攝受的作用。當他們心中堅定的認爲：「**我想出來的才對，你所答覆的我全都不信。**」這時我的答覆就落空而沒有作用了。但我們把〈般若信箱〉維持著，只是改由各班親教師在班上解答，不在週二講經前來解答。我們以後每週二的講經方式將會改變，以後將不再答覆任何問題；以後要把這個講座專門講經說論，不再浪費時間來作無法達到攝受目的之解答，免得延遲了講經的速度。現在的想法是，把時間全部用來講經，講完以後整理成講記出版，可以利益現代以及未來世的學佛人，不想再把講經時間撥出來用在答覆問題上面而浪費許多時間。

另外，我們也考慮到台中、台南地區的同修們，所以將會把講經內容攝影錄成光碟，這一週所錄的內容，下一週就在台中、台南同時放映出來。我們不使用電波即時傳輸，因爲怕被中途截錄——我的相貌暫時還不想公布出去，因爲我沒有侍者爲我作事，凡事都得親自出門去作，就免掉出門辦事時常常被人當眾頂禮的麻煩事。而且電波即時傳輸的費用也很高，所以我們就用光碟錄影方式來作。以後每一週都會錄影起來，可以在台中、台南講堂，於每週二同一個時段以 DVD 機器放映出來；這樣可以疏散一些同修們，免得大家那麼擁擠；而遠路的同修們也不必每週南北奔波，眞的很辛苦。這是幹部會議作成的決議，也已經在進行了。所以爲了要錄下來的關係，我們就把〈般若信箱〉的時段也排除掉，只有講經而不再當場答覆問題。這樣以後要整理爲文字時也比較方便，而中部與南部的同修們聽起來也比較順利，這件事情同時爲大家附帶作一個說明。今天要從第五行開始：

（想陰區宇第二種魔事：）

【「阿難！又善男子想陰虛妙，不遭邪慮；圓定發明三摩地中，心愛遊蕩，飛其精思，貪求經歷；爾時天魔候得其便，飛精附人、口說經法，其人亦不

覺知魔著，亦言自得無上涅槃，來彼求遊善男子處敷座說法；自形無變，其聽法者忽自見身坐寶蓮華，全體化成紫金光聚；一眾聽人各各如是，得未曾有；是人愚迷，惑為菩薩，婬逸其心、破佛律儀、潛行貪欲，口中好言諸佛應世：某處某人當是某佛化身來此，某人即是某菩薩等來化人間。其人見故，心生傾渴，邪見密興、種智銷滅，此名魃鬼年老成魔惱亂是人。厭足心生，去彼人體；弟子與師俱陷王難；汝當先覺，不入輪迴；迷惑不知，墮無間獄。」

講記：「阿難！第二種想陰區宇中的魔事，是善男子住在想陰區宇中覺得很清虛微妙，不曾遭受到邪魔干擾的憂慮；在圓滿的金剛三昧所發明的定境中，心中愛樂十方世界四處遊蕩，於是飛揚自己的精妙思慮，貪求各種不同的經歷；這時天魔等候很久而得到可以施加魔擾的方便機會了，於是飛出精神依附於某人、藉著某人口中演說經教佛法，而那個被附身的人亦不覺知自己被天魔附著，也宣稱自己已經獲得無上涅槃了，就來那位貪求遊歷十方世界的善男子處所敷設法座而演說佛法；這個演說佛法的人自己形體並無改變，而聽法的人忽然看見自身坐在大寶蓮華之上，整個身體變化成爲紫金光所聚集成就的一樣；當時在場聽聞說法的一千大眾也全都像他一樣，大家覺得這眞是以前所未曾有的經歷；而這位貪求遊歷的人一時著魔而愚癡迷惑，就誤認被魔附身的人是大菩薩，跟著那個天魔所附身的人一起婬逸心志，於是開始破壞佛所施設的律儀戒，大家暗地裡廣行貪欲的行爲，嘴裡卻總是很愛向人宣說諸佛應世的事情：如今某處某人應當是某一尊佛化身來此示現，某人就是某大菩薩等等來化度於人間。那個住在想陰區宇中而被迷惑的人看見這種神異境界的緣故，心中生起傾心的渴仰，於是跟著某人熏習而導致邪見在心中暗地裡興起了，他以前所證得一切種智漸漸銷滅了，這種情形就稱爲魃鬼年老成魔來惱亂這個想陰區宇中的人。當天魔厭惡、滿足的心態出生了，就離開那個被附身的人體；於是跟著某人修學的所有弟子與自認爲師父的被附身者，全部都陷入王法究辦的險難境界中；你們應當要先覺知這種魔事，就不會悟後再進入輪迴的過程中；如果迷惑不知，跟著天魔大妄語及潛行貪欲，死後將會下墮於無間地獄中。」

我們在前面已經講過想陰區宇中的第一種魔考了，之所以會有這十種天魔的境界現前，都是因爲煩惱障習氣種子還沒有努力斷除。只要這種煩惱障沒有努力斷除淨盡，就會有想陰繼續存在而不能破盡想陰，落在「想陰區宇」中。想陰的修除有兩種：一種是見解上的斷，就是斷我見的時候，如實觀行而斷除，是斷除想陰眞實的見解；另外是在我執上的斷除，就是阿羅漢所證的不受後有；入地菩薩所斷則不相同，是在想陰的習氣種子上觀行、斷除。我執上的斷除，對於行菩薩道的我們而言，並不要求全部斷盡，可以只斷欲界愛、色界愛的想陰，但無色界愛的想陰不用全部斷盡。無色界愛中的想陰，只要斷一部分就行了；如果全部斷盡了，捨壽時一定會入無餘涅槃，就無法再修學佛道了，捨報以後就灰身泯智而成爲非有情了；因爲只剩下如來藏獨住於無餘涅槃中，不受後有而沒有來世的十八界我存在，不可能再修菩薩道了；所以我說無色界愛所攝的想陰不能全部斷盡，要保留最後一部分。

但是我見所攝的想陰一定要全部斷盡，也就是對覺知性的虛妄，必須有如實而詳盡的觀察，確定能覺能知的想陰是虛妄法，而處處作主的意根的極細了知性也是虛妄法。這一點，一定要確定。確定以後就不會再執著能見之性、能聞之性乃至能知、能覺之性，把六識的了知性—想陰—當作是常住不壞的眞實法性；這樣在我見上斷了對想陰的錯誤認知，就不會再回到離念靈知意識、我所境界中。這樣再繼續進斷我執，同時也進修無生法忍、進修禪定，就不會被天魔所迷惑干擾。這部分法義，明心回來以後，大家一定要好好地觀行。其實在禪淨班的最後半年，就必須要好好對五陰作觀行了；否則，我見深重而使性障除不掉，明心以後空有般若慧，我們就稱之爲乾慧，沒有解脫功德受用，在解脫道中起不了作用，所以一旦在世俗法等事相中不如意時，就會心生不滿；然後就會像楊先生一樣在正覺講堂中造反，這就是我說的性障消除很重要的原因。可是性障的消除，一定要在我見和我執的斷除上面努力去作；這部分不是靠思惟想一想就算了，一定要在平常四威儀中，歷緣對境時多作觀行。

世尊說：善男子修到「受陰盡」以後，因爲住在「想陰區宇」，也就是住在想陰的境界中覺得很虛妙，不再被「受陰區宇」中的十種魔境所干擾了，所以「不遭邪慮」。但是在圓滿的金剛三昧定境中，在深入發展出來的三昧定境中，由於「心愛遊蕩」，也就是在金剛三昧定境中喜歡遊蕩；心中希望可以廣泛進入佛菩薩們的各種勝妙境界中，也希望自己能趕快有神足通可以到處經歷，這就是「心愛遊蕩」。有些人學佛時是因爲喜歡這些境界，才會努力修學；然而凡是貪著有爲法境界的人，遲早都會出問題。所以有些人明心開悟以後，心想：「在正覺中開悟明心以後既沒有神通，也沒有境界，我可能受騙了！我聽大法師說，開悟明心以後就會有六種神通，爲什麼正覺同修會開悟明心以後沒有神通？」這種人正是「心愛遊蕩」，於是就退轉了。即使悟後再教導他們修證禪定的境界，他們也不會滿意的。因爲他們心中想的是：「悟了就有六通了，我就可以有神通到處去觀光，省下多少旅遊費，又不辛苦。」他們愛的是這些有爲法，這叫作「心愛遊蕩」。因爲「心愛遊蕩」的緣故，所以「貪求經歷」，什麼樣的境界都想試一試，所以就「飛其精思」，努力觀想，想要把自己的覺知心飛離色身到處去遊歷。

既然他的心中「貪求經歷」，所以天魔發覺有機可乘了，於是去找到一個容易被附體的人，依附於那個人身上。已經明心的人，天魔想要來附體時很困難，因爲已經有智慧來拒絕鬼神進入身中了。容易被附體的人，一般而言都是八字比較輕，他的體質很容易跟鬼神相應，智慧也比較低；這種人在正法中想證悟明心時，都會很困難，因爲每天都被鬼神拉扯住，與正法很難相應。所以，鬼神若是想要來迷惑你們，想在明心的你們身上附身，還眞的很難；於是只好另外去找個乩童附身，或是尋找體質比較容易被附身的人，就去附在那種人身中，這就是「飛精附人」。一旦附在某人身上以後，那個人就開始會說出許多境界深妙的法來，都是聞所未聞的境界法。但是要小心，那都只是表面上看來似乎是佛法，卻不是眞的佛法，而是天魔自己編造的。但是天魔會編造得讓人覺得他說的法太神妙了，誤認爲那才是眞正的佛法。而那個被附身的人，自己並沒有感覺到是被天魔附身了，誤以爲自己眞的懂佛法了，就宣稱自己已經證得無上涅槃，認爲自己已經證得佛地涅槃了。

天魔附身以後就藉著他的身體，來到這個每一次上座入定就「貪求經歷」的人眼前，在他眼前敷座說法。當他敷座說法時，會以神通力變現一些狀況出來；就是被天魔附身的人，自己的形體不變，而聽法的人卻會突然看見自己坐在妙寶蓮華上面，而且看見自己全身變成紫金光聚成的光明色身，於是因此跟著生起慢心，然後被天魔附身的人就開始爲他宣說勝妙法。不但如此，連同與他同在一起打坐的人也都像他一樣，看見自己坐在妙寶蓮華上，同樣都有紫金光聚。這樣使同在一處聽聞天魔說法的人，都同樣「得未曾有」，覺得眞是太勝妙了！因此就把那個被天魔附身的人當作是大菩薩，其實是自己愚癡無智而不曉得那只是魔境。

所以如果哪一天有誰來到你面前變現萬般，讓你看見自己坐在紫金光臺，跟你印證說你一定上品上生，而且說你現在已經是某地菩薩了；那你就要小心了，這都是有問題的。凡是菩薩來度化，在因緣未熟之前，都不會有什麼神異境界變現給你看，而且都是只論實相智慧而不談神異境界的；所以如果變現某些境界給你看的，都是有問題的，大部分是天魔眷屬所變化的。當這些人沒有智慧，愚癡迷惑，把那個被天魔附身的人認作是大菩薩，這個冒充的大菩薩就開始轉變所有人。一定會在大眾都對他有了絕對信心以後，才會開始以不同的法義轉變大眾。

從這時開始，就私底下單獨一一教授所謂的即身成佛之道，當然諸位聽了就知道這是指密宗的雙身法；所以大夥兒就開始「婬逸其心」，一起破壞佛所制定的各種律儀戒，各自都在「潛行貪欲」。當大眾都「潛行貪欲」一段時間以後，那個被天魔附身的人就會告訴大眾：「你們應該實修這種八地、十地的法，你們看我現在不就是十地大菩薩嗎？否則怎能讓你們證得這種境界呢？」那些愚癡迷惑的人，迷惑於對方所顯示的境界，所以都相信了。於是天魔就藉那個人的口中提出要求：「你們如果想要證得這種十地法王的境界，必須要加受十四根本戒。」宣稱只要接受他的密宗十四根本戒，稱爲三昧耶戒，宣稱不必捨棄以前所受的比丘戒、比丘尼戒、菩薩戒，開始實際上進行男女合修的雙身法時，都不會成爲犯戒者。

當大眾都不反對時，他就宣稱：只要受過密灌，不論是與多少人合修過雙身法，只要在交合時不洩出精液，就是無貪，就是心地清淨，就是不犯戒；不但不下地獄，而且在享樂中還可以證得報身佛境界。當大眾相信了，受了他的十四根本戒以後，接著就設立密壇，裡面擺設了正在交合模樣的雙身佛像，於是開始輪座雜交，說這就是即身成佛法，公然「破佛律儀、潛行貪欲」，但是一定會告誡不許講出去。所以密宗實行輪座雜交的密壇，不想讓外人瞧見，都喜歡設在山上偏僻的地方。他們設了密宗壇城在山上，當然是要實修雙身法的，正是「潛行貪欲」，絕對不想讓外人知道。

那個被天魔附身的人，「口中好言諸佛應世」：「某某人其實就是某一尊佛應化眾生而受生於人間。」有時又說：「某一個市鎮中的某人，應該是某一尊佛特地化身來這裡度眾。」有時又說：「某一個人就是某一尊大菩薩化身來人間。」其實就是互相推崇，建立大眾對他們的信心。但是化身的事情，往往多虛少實，有一些則是人們對善知識的證境沒有實際瞭解，於是吹捧過分。譬如離開同修會的楊先生等人，為什麼現在一直都以《宗鏡錄》來講法？因為他們聽說永明延壽是彌陀的化身。然而永明延壽並沒有道種智，你們如果將來有道種智時，可以把他寫的《宗鏡錄》檢驗一下。

如果永明延壽禪師有道種智，就不會在《宗鏡錄》中把阿賴耶識解釋作現識，因為不符合《楞伽經》中的世尊聖教。如果永明延壽有道種智，也絕對不會引用偽論《釋摩訶衍論》來解說佛法。《釋摩訶衍論》是假名龍樹菩薩的名義造的，其實是高麗大空山的一個比丘月忠所偽造的；但因為當年資訊不發達，也不容易考證，如果明心之後沒有發起道種智，往往就會被迷惑。《釋摩訶衍論》全論是在解釋《大乘起信論》，可是《起信論》中白紙黑字指出：意根有五名，其中的第三名就是現識。並且解釋意根爲什麼是現識？因爲意根具有一種能力，可以促使阿賴耶識中的種子現行，也就是促使阿賴耶識流注種子出來；所以阿賴耶識才能夠現起有情的五色根，也能現起每一個人的阿賴耶識中的種種功能差別，譬如現起每一個人七轉識的功能差別。因爲意根有這種促使如來藏現起諸法的功德，所以祂被 馬鳴菩薩定義爲現識，《起信論》是這麼解釋的。

當年我註解《楞伽經》時，並沒有讀到《起信論》這段解釋，可是我的註解跟《起信論》中講的一樣，並沒有差別。《起信論》中就明說，意根有促使阿賴耶識現起諸法功能差別的能力；所以一切諸法，如果不是意根，就不能從阿賴耶識中現行，所以意根才叫作現識。我的註解跟《起信論》所說相符，但楊先生他們爲反對而反對，一心想要推翻我，就去尋找與我不同的古人的註解，於是拿出永明延壽的說法，來指控我說法錯誤；那我只好針對他們所舉的永明禪師的說法加以回應，所以發覺永明延壽並沒有道種智。因爲永明延壽會認同僞論《釋摩訶衍論》，看不出論中的錯誤很多，就表示他還沒有道種智，那麼他是否眞是彌陀化身？也就很清楚了。所以某佛、某菩薩化身的說法，譬如達賴宣稱是觀世音菩薩化身的說法，都是不可信的。《釋摩訶衍論》又說意根是從意識中細分出來的，而且不是只有一個地方這樣講，有很多地方都這麼說，這是很嚴重的錯誤。但永明延壽竟然沒有發現這個重大的錯誤，還援用這部僞論在他的《宗鏡錄》中，解說宗門正法；這表示他還沒有道種智，所以無智慧檢查僞論中的重大錯誤。既然還沒有道種智，怎麼可以說他是彌陀的化身呢？所以淨土宗裡有很多牽強附會的說法，因爲淨土祖師大多是沒有開悟的人，這部分也應該讓大家瞭解。可是楊先生等人引述《宗鏡錄》時，卻又誤會了《宗鏡錄》。在丁福保《佛學大辭典》中，說永明延壽禪師主張有九識；其實永明是眞悟的人，不可能主張第九識。所以永明實際上沒有主張第九識，是他們誤會了，把《宗鏡錄》中的那一段摘錄出來註明是第九識；但永明延壽的那一段《宗鏡錄》文句，並不是說第九識，他所講的還是同一個第八識。

所以深妙法很不容易釐清，眞正通達的人，一定都要經過相見道位的努力觀行，以及繼續跟隨善知識深入唯識經典中，努力用功整理、思惟、觀行以後才能通達。因此古人所謂的某人是某佛所化現，要根據某人的實際智慧加以認定，不可以根據傳說就信受了。如果傳說可以算數，那密宗的密勒日巴眞的就是十地菩薩囉？然而這個密宗說的十地菩薩密勒日巴，實際上卻連我見都還沒有斷除！更別說是斷我執了。密宗自稱的四大法王，又有誰是十地菩薩呢？全都是沒有斷我見的凡夫。而密宗公推的密教佛蓮花生，一樣是我見都還沒有斷除。所以傳說通常不準確，一定要依實際的證量加以檢查。而這些密宗外道都是藉著魔所化現的神通力，在古天竺時滲透進佛教中來，常常倡言：「**某人是某佛化身，某人是某菩薩化身。**」今天還是一樣誇大其詞。但因爲他們有時依靠鬼神的幫助，祈求世間法時有一些靈驗，所以眾生信受了，就隨著他們一步一步走入外道法中。

凡是跟隨被天魔附身的人，都會被天魔的神異境界所矇騙，「**其人見故，心生傾渴**」，整個心都不再理智而全面倒向天魔了，當然會對那個被天魔附身的人生起無限的渴慕；於是就在天魔誘導之下，使各種邪見在暗地裡興盛起來。邪見一定都是「**密興**」而不會公開的興起，否則就會被提出來辨正。密宗不就是這樣嗎？逐步滲透了天竺晚期的佛教，從佛教中開始質變成爲常見外道法，而且還附加了印度教性力派的雙身法，美其名爲樂空雙運、無上瑜伽。當密宗在佛教中興盛以後，結果即是佛教銷亡而只剩下寺院、僧人、佛法名相，這時「邪見密興」了，當然「種智銷滅」也就不可避免了，於是一切種智妙法就失傳了。

一切種智是密宗最痛恨的法，因爲只有一切種智才能破斥他們；單靠明心所得的實相般若，是破不了密宗的；因爲他們也會跟著解說般若，也寫出一堆般若中觀的理論書籍來。不但如此，他們還跟著講唯識，同樣是魚目混珠的手法；而你對世間人辨正魚目與珍珠的差異時，必須講出一大堆理由來，但世人往往沒有耐心聽你解說，他們也聽不懂；所以密宗的魚目混珠手段就成功了，最後光明正大以外道法取代如來正法。譬如你說有證得阿賴耶識，密宗也說他們一樣證得阿賴耶識；你說你已證得如來藏，密宗也說他們也有證得如來藏。你說你證得的如來藏是符合經典所說的，密宗則說他們證的如來藏也符合經典，但他們的經典是密續而不是你說的大乘經典。但一般人並不知道雙方經典南轅北轍，就被密宗矇騙了。

事實上，你證的如來藏跟密宗喇嘛們證的如來藏不一樣，密宗的如來藏或阿賴耶識，是觀想出來的，不是實有的心；他們觀想頂輪到海底輪之間的中脈成功時，再觀想中脈裡有一個細細的發光明點，說明點就是如來藏、就是阿賴耶識，那跟我們親證的如來藏心，跟經論中說的如來藏心完全不同。

顯教中說般若中觀，說涅槃；密宗也說般若中觀，也說涅槃，而且還自稱輪涅不二；然而推究起來完全不同，我們說的般若中觀，是說如來藏從來不落兩邊而成就中道觀；密宗說的般若中觀，卻是以意識覺知心不住於兩邊而說中道觀，根本就是冒牌貨，竟然還指稱他們的冒牌貨比正牌貨更好。所以密宗的本質其實是用外道法全面取代佛法，是假冒佛教而不是眞正的佛教。

如果所說的法不符合佛法，就是謗佛，就是在破壞佛法。在大乘經典中的界定還沒有那麼嚴格，但在阿含諸經中的界定是很嚴格的：如果把佛法說錯了就是謗佛。因爲他主張自己所說的法就是 佛陀講出來的法，但 佛陀明明不是像他那樣講的。所以每當有人來跟阿羅漢請法，阿羅漢爲外道說法之後，就把他爲外道所說的法向 世尊稟告一遍說：「某某人來問法，我是爲他這樣解說的。」然後就敘述一遍，敘述完了以後，阿羅漢們都會請問 世尊說：「我這樣說，有沒有毀謗世尊？」阿羅漢們總是這樣的。不論是須菩提、舍利弗、目犍連、迦旃延，全都是這樣的。不論是俱解脫或慧解脫阿羅漢，遇到外道論法時，說法完了以後回到道場中，都要向 佛重新敘述一遍，然後問 佛說：「弟子如是說法，得無謗佛乎？」這意思是說，所說的法若與 佛所說不符，卻妄稱是 佛陀所說的法，就是謗佛，阿含諸經中的記載都是這樣界定的。所以任何人所證的如來藏、眞如、阿賴耶識，都必須符合佛說；如果所說的眞如、如來藏、阿賴耶識不符合佛說，就必須說明那只是自己的所知，不一定符合佛說。如果說出來的法義錯誤，卻指稱是 佛所說的，那就是謗佛。

密宗外道在網站上毀謗我的太多了，我都當作沒看見，也當作沒聽見，而我也沒時間上網去看，我的電腦也不跟網路連線，恐怕被侵入破壞所有檔案。所以有人說：「老師啊！大陸某一個密宗網站，在毀謗你……。」我說：「我不用聽，因爲不必你講，我也知道他們一定是在罵些什麼。」這一些都可以不必理會，有智慧的人自然會依法義來判定，不理會人家如何作人身攻擊。只有初機學人才會誤信，而初機學人並不是我們要度的人。密宗在古天竺是怎麼滅掉佛教的？波羅王朝十三世紀的佛教，已經全都是密宗的雙身法了。有一些別有居心的學術研究者說：「波羅王朝被回教軍隊消滅了，所以佛教跟著滅了。」其實不是這樣，早在十世紀末，佛教就已經不存在了，那時只剩下佛教的寺廟表相、出家人表相，而法義的內容已經完全是印度教的性力派外道法了，那時的佛教其實已經被印度教本質的密宗全面接收了。那時我們在印度南方，眞的是苟延殘喘，沒有辦法對治，因爲那時無法作法義辨正，也沒有能力大量印行書籍公開辨正。所以實際上佛教被滅是在十世紀末，被密宗從內部在實質上滅亡了！密宗用所謂的祕密法在私底下弘傳，等到全面接管佛教以後才公開雙身法的教義，那就是波羅王朝年代的密宗。

所以凡是修行的法門與理論不敢公開的宗派，都是有問題的；譬如專門弘揚《廣論》的新竹鳳山寺，他們每次把《廣論》講到止觀的部分，就不敢再講了；於是所有人又從頭開始學《廣論》，學了一世都在學《廣論》的前半部，結果是永遠住在《廣論》說的意識境界中，永遠斷不了我見。因爲講《廣論》的日常法師知道《廣論》後半部的止觀內容，其實都是雙身法，恐怕信徒會懷疑，所以就不講了。日常法師講了一世的《廣論》，什麼時候公開講過後半部的止觀內容？因爲他們都知道那個部分是不能公開的。凡是眞正的正法，都可以公開宣揚法義理論與行門，只有第八識心體的祕密不許公開明說。而密宗就用私下弘傳的方式，藉著人性愛樂貪欲的弱點，暗中把佛教蠶食，不過幾百年之間就把天竺佛教全面蠶食完畢。最後把佛教完全密教化，成爲常見外道與性力派外道本質的密宗而號稱爲佛教，然後再傳去西藏，後來又僞稱爲藏傳佛教，於是一切種智的妙法就消滅了。如果不是我們再度把一切種智妙法重新弘揚起來，一切種智就在人間永遠失傳了。

所以藏傳「佛教」的中觀，一向都排斥一切種智，所以眞實唯識增上慧學在密宗是永遠都無法弘傳起來的，而他們也無法證得第八識，就新創明點當作第八識，騙人說他們也有證得第八識；然後只弘傳他們所知道的六識，創立虛妄唯識的名詞，再把唯識學貶抑爲方便法，於是宗喀巴就把唯識當作是應該最先學的粗淺法。事實上，唯識學是證得般若中觀的人，是明心後準備進階初地的人開始修學的最勝妙法。若沒有證得第八識而說他在修學唯識種智，都是自欺欺人之譚。但唯識學在東密倒是還被認同的，所以有一部唯識學的經典，在東密中還是被奉爲主要經典的，但藏密是絕對不會認同的。

事實上，唯識學是菩薩們的大乘增上慧學，就是一切種智。印順派系的法師們所屬的道場中，以前共修完畢時，也是常常迴向種智；聽說最近幾年他們不再迴向種智了，因爲我說種智就是唯識學、就是增上慧學、就是第三轉法輪經典妙法，也就是如來藏學。可是第三轉法輪經典的如來藏妙法，是他們最痛恨的經典與妙法，因爲他們都無法實證，所以他們這幾年都不再迴向種智了。然而一切種智非常重要，一切種智繼續存在時，才能對治一切外道法，也才能把侵入佛門中的外道法加以對治。所以天魔潛進佛教團體中來，一定會想辦法使「種智銷滅」，一定毀謗說是後人編造出來的。問題是，如果後人能編造這麼勝妙的法，而釋迦世尊無法說出這種最勝妙的一切種智，那就應該說後人是佛上佛，因爲　佛說的般若經典也沒這麼勝妙，而後人竟比　佛陀的智慧更高。

所以說，當一個人還在「想陰區宇」中，強烈「貪求經歷」時，天魔就會有機可乘，附身在別人身上前來誘惑他，使他重新回墮於見聞覺知心中，無法離開識陰境界；一旦重新落入離念靈知心中，就會被天魔所誘騙，犯下嚴重破戒的極重業。這是屬於哪一類的魔呢？天魔的徒眾有很多種，他旗下有很多分公司，就是有很多種不同層次的魔，都是由天魔波旬所掌控的。這一類人身中的魔其實是魃鬼，「年老成魔」前來惱亂這些人。魃鬼是以前在人間時很貪財，廣有資財卻一毛不拔。這種人如果學到一點佛法，出來弘法時一定會斂財：「你想要明心？供養我五百萬元，我一定幫助你明心。」收了五百萬元時，並不是交給同修會，而是要放到自己口袋中。「你想要見性？兩千萬元！」這就是貪財人。

這種人生前極貪錢財，造了大惡業而下墮無間地獄中，罪畢來到鬼道時「附物爲鬼」，通常附在古董之中，或者依附於古董佛像中，又如古鏡一類的有價值古董中，這就是魃鬼。他在鬼道中還是繼續修法，但他修的是世間五神通，都跟般若、種智無關。鬼道有情壽命都很長，所以他修習世間五神通成功了，也已經年老而成為魔屬了，歸天魔所管，成為天魔的眷屬。因為有了神通，想要獲得人間的供養，就來惱亂這些人。當他正在惱亂這些人時，當然都很風光；而那個被他附身的人也很風光，因為他說出來的法大家都會信受。然後前來聽這個魃鬼魔說法的人也很風光，因為他們多多少少也沾光了。不明就裡的人，往往羨慕到不得了。

可是終有一天，這個魔—魃鬼—突然覺得厭膩了：「老是跟同一批人一起鬼混，沒意義。我另外去看看有沒有其他人可以被附身，看有沒有別的新鮮人玩一玩？」於是魃鬼魔就離開了。這一離開，原來被附身的人突然不會說法了，也突然都沒有神通了。因為魃鬼所成的魔「去彼人體」，魔離開了；這時因為沒有神通境，縣太爺就不尊重他了：「原來以前是裝神弄鬼，不是眞正的有神通。」一下子就把他抓起來，打入牢中。因為以前就有人一直在告發他，可是告不起來，因為他有神通，似乎也是有佛法證量的。如果他還有神通，今晚縣太爺決定了：「明天升堂要辦他。」他今天晚上就會去向縣太爺托夢：「你如果辦了我，你全家就會遭殃。」這縣太爺想一想：「我今天夜初才想要辦他，他今晚就來夢中警告我，還是少惹為妙。」所以總是辦不起來。等到魔離開以後，縣太爺認清楚了：「原來以前的神通都是騙人的！」於是眞的辦他了！因爲民眾不斷地告狀說：某某人妨害家庭，某某人勾引我的妻子，某某人拐走我的丈夫。因爲他們都是「潛行貪欲」而妨害信徒家庭的。

你們讀過《狂密與眞密》，知道密宗喇嘛依宗喀巴的規定，是夜夜都要與女弟子合修雙身法的。不但是一對一合修，有時還有輪座雜交的；也就是喇嘛跟某甲合修以後，隨即又跟某乙當場合修，再跟某丙、某丁等女信徒當場合修雙身法，同在一起合修；而女信徒某甲、某乙、某丙、某丁，也得要和喇嘛及其他三位密宗男信徒輪流交合；是每一個人都要互相輪到的，這就是密宗有名的輪座雜交。當然，當初去縣衙告狀時，因爲有魔在撐腰，縣老爺是不敢辦的。現在魔離去了，他們都沒有神通了，當人家重新去縣衙擊鼓鳴冤時，當然就升堂嚴辦了。這時「弟子與師俱陷王難」，當然那個跟著學的「貪求經歷」的人，不免「俱陷王難」，全都被抓進牢中關起來了。

所以 佛陀交代說：阿難啊！你們應該要早一點覺知到「想陰區宇」中會有這種事情，並且要事先警覺所有學佛的人們，以免因爲「貪求經歷」誤犯了律儀戒，就轉進輪迴中去了。如果無知而被迷惑了，不知道這裡面的道理，犯了這些破佛律儀的重戒以後，就會墮入無間地獄中。

（想陰區宇第三種魔事：）

【「又善男子想陰虛妙，不遭邪慮；圓定發明三摩地中，心愛綿涽，澄其精思，貪求契合；爾時天魔候得其便，飛精附人、口說經法；其人實不覺知魔著，亦言自得無上涅槃，來彼求合善男子處敷座說法；其形及彼聽法之人、外無遷變，令其聽者未聞法前心自開悟，念念移易或得宿命、或有他心、或見地獄、或知人間好惡諸事，或口說偈或自誦經，各各歡喜得未曾有，是人愚迷、惑為菩薩，綿愛其心；破佛律儀、潛行貪欲，口中好言：『佛有大小，某佛先佛，某佛後佛；其中亦有真佛假佛、男佛女佛，菩薩亦然。』其人見故，洗滌本心，易入邪悟；此名魅鬼年老成魔惱亂是人。厭足心生，去彼人體；弟子與師俱陷王難；汝當先覺，不入輪迴；迷惑不知，墮無間獄。」】

講記：「第三種想陰區宇中的魔事，是善男子住在想陰區宇中覺得很清虛微妙，不曾遭受到邪魔干擾的憂慮；在圓滿的金剛三昧所發明的定境中，心中貪愛綿綿密密的大清明境界，所以深入澄清其中的精妙思慮，貪求快速與大清明境界互相契合；那時天魔等候而終於得到這個方便侵入的時機了，於是飛出精神依附於某人身上，在某人口裡演說各種經教中勝妙境界的法；

那個人眞的不能覺知自己已被天魔所附身，也自己稱說已經證得無上涅槃，來到那個貪求與大清明境界互相契合的善男子處所，敷設座位而爲善男子說法；被魔附身的人，他的身形以及那些聽他說法的人們，外貌都沒有什麼遷變，而使那些聽法者在尚未聽聞他說法以前就在各自心中開悟了，都知道妄想是念念遷移改變的；或者獲得宿命通，或者有他心通，或者看見地獄的景象，或者知道人間各種美好與惡劣的種種事情，或者口中演說偈頌或者能夠自己誦經，每一個人都歡喜而覺得這是前所未有的勝妙，於是住在想陰區宇中的這個人愚癡無知而被迷惑，就錯把被魔附身的人誤認爲大菩薩，心中生起都不間斷的貪愛被附身者的心行；於是開始破壞諸佛所設的律儀戒，互相在暗地裡實行貪欲，而且口中都很愛這麼說：『諸佛有大有小，某一佛是先佛，某一佛是後佛；而且諸佛之中也有眞佛假佛、男佛女佛，菩薩們也是一樣的。』那個住在想陰區宇中的人看見這些現象的緣故，洗滌了原本住在想陰區宇中的正知正念之心，轉易而進入邪悟境界中；這就稱爲魅鬼年老成魔而來惱亂這個善男子。當魅鬼的厭惡、滿足心生起以後，離去了被附身者的身體；那時跟著被附身者學法的弟子們，就與他們師父全部陷入王難之中；你們應當事先覺察這種事情，就不會進入輪迴之中；若是迷惑而不知這種岐路，跟著走入岐途，死後就會下墮無間地獄受苦。」

接著講第三種魔境。當善男子由於「想陰虛妙」而且又「不遭邪慮」時，在圓滿的金剛三昧境界中發明了勝妙的三昧境界；這當然是在等持位中發生的，當他「心愛綿溜」時，一定會想要突破而獲得進展，所以「澄其精思，貪求契合」，貪求能與某些勝妙境界互相契合。前一種人是「心愛遊蕩，貪求經歷」，是安不下心來，喜歡攀緣各種境界。這個善男子不是想要攀緣各種境界，而是貪求定境中的大清明境界，那是一種空虛而且很安靜的境界，這種心態就是「心愛綿溜」。「溜」是大清明的境界，「綿」是綿綿密密而不間斷，這叫作「心愛綿溜」。當他想要這種境界時，就希望自己的精神—自己的能知能覺—能與這種綿綿密密極為清明的境界完全契合，心中貪求這種境界。由於貪求這種勝妙定境的緣故，就會引來天魔的眷屬作亂。

當然也有人因為這種境界，能夠引發善於宣說種種法義的智慧。但一般人不是如此，所以在他貪求契合這種綿密不斷的大清明境界時，天魔就會發覺有人不自量力—不打量自己眼前的禪定功力是否應該有這種定境—起心動念貪求綿密不斷的大清明境界；當天魔看見了這個情形時，就派遣了鬼神魔去尋找一個容易附身的人，附在那個人身上，開始講一些法義或經典，讓人覺得他很有智慧。當那個人被附身而開始講解經典時，他自己並不覺得是被魔所附身，也就自稱已經證得無上涅槃；然後他就來到「貪求契合」大清明境界的人家裡，主動敷設法座，然後就開始爲那個善男子說法了。當然他說法時一定會宣稱：「我所說的這些法，是經典中的眞實義，就是菩薩論典中的義理。」但其實都是解釋錯了。所以假使有人告訴你說「一切要依照經論」時，他的話不一定正確，要看他解釋的內容是否符合經論中的眞實意思；並不是他宣稱是符合經論，就符合經論中的意思。這個人既然被魔所附身，他當然會說：「我講的完全是佛菩薩的意思，完全是經論中的意思。」但實際上只是魔自己心中的意思。

當那個被魔附身的人在說法時，他自己以及前來聽法的人，大家的身形外表都沒有任何改變；可是當他說法以後，都能使那些同在一起聽法的人，在初見面、還沒有聽到他開始說法以前，就自己覺悟心中的妄想是念念變異而不斷更易的，也就是獲得細觀的能力，可以觀察到自己的心念是念念變易的，住在離念靈知中。那當然不是悟得如來藏心，而是落入意識境界中。其實眞正的離念靈知是佛地的眞實心，就是佛地眞如——無垢識。因爲一般悟錯的人所說的離念靈知心，其實常常落入妄念之中，也不是眞的時時都靈知。爲什麼我會這樣講呢？因爲經上說，佛地的眞如心—佛地的無垢識—能與二十一個心所法相應，所以也能和五別境心所法及善十一心所法相應的，那當然也是離念靈知；因爲第八識是從來不睡覺的，也是從來不斷滅的，又是自從無始劫以來就本來離念的。

佛地眞如無垢識的功德，並不是像我們現在所證的如來藏；因地如來藏離六塵中的見聞覺知，但佛地眞如無垢識卻能在六塵中了別，而這卻是只有佛地才能證得的，也就是已經發起大圓鏡智及成所作智時的事了。然而楊先生他們自我膨脹得太厲害了，就把意識離念靈知當作是佛地眞如心無垢識，所以剛開始時宣稱已經證得佛地眞如了，因爲他們所謂的佛地眞如就是意識離念靈知心。一般人剛聽到時，也會覺得好像有道理；因爲意識離念靈知可以和別境五個心所法相應，當你離念時，有時不會主動生起貪心、瞋心，知見不足的人就會誤以爲那離念靈知應該就是佛地眞如了。可是問題來了，佛地的離念靈知—佛地眞如—能與別境心所法相應時，不論你如何罵祂，都不會生氣，也能流出大圓鏡智利益眾生。可是他們的離念靈知喜歡生氣，已經與瞋、恨等惡心所相應了，而佛地眞如是從來都不會與惡心所相應的。他們的意識離念靈知，當人家否定他，他心中就很不高興：「哎呀！你

不懂啦！我不跟你說了。」與慢相應了。可是佛地眞如雖然與五別境相應，卻是從來都不與惡心所相應的。還有佛地眞如雖然與五別境相應，可是佛地眞如離念靈知永遠都不睡覺，而他們的離念靈知每夜都得要睡覺而中斷。佛地眞如雖然和五別境相應，**假使**有人能把佛打一記悶棍，佛地眞如的離念靈知還是不中斷的，而他們的離念靈知會中斷。會斷的法怎麼能叫作佛地眞如的離念靈知呢？所以這些法義，你得要有道種智才會懂；如果有了道種智，才剛一聽完，立刻就知道悟錯的人是錯在何處。若是沒有道種智，剛聽完時這樣想：**「他們說的離念靈知，好像眞的是佛地眞如，那他們應該有可能已經成佛了！而我們現在明心時才只是第七住位，眞的差很遠。」**但是我如今爲諸位說明了，你就有一點點道種智了，已經有能力加以分別了。如果還有人跟你堅持說他們已經證得佛地眞如，你可以爲他說明這些道理。言歸正傳，當初楊先生他們都說，他們講出來的法義，都是經論中所說的道理，不是他們自己的意思；但是後來他們舉出經論文字的根據以後，卻證明他們都是曲解了經論中的意涵，所以他們所說的都不是經論中的意思，只是他們自己的意思。所以不是當事人主張他講的確實是經論中的意思，就表示他們所說的都是經論中的意思；要看他們申論出來的道理，是否符合經論中的義理。

所以，這個被天魔附身的人，別人才剛剛看見他，他都還沒有開口說法，就能讓人覺悟到自己心中的妄想、妄念，確實是「念念移易」，自然知道心中的所有妄想與妄念全都是假有的，因此而錯誤地認知到離念靈知才是眞實心，於是就自以爲是開悟而離念了。有時甚至會幫助隨他學法的人獲得宿命通、他心通，乃至讓他們可以親自看見地獄，或者也可以知道人間的各種好事、惡事等。有時這個被魔附身的人，還會顯現出眞有才華、證量的模樣，所以口中誦出非常多偈頌，或者直接誦出無量無數的經典字句。那些跟著他學習的大眾，「各各歡喜得未曾有」；因爲這確實是前所未有的境界：天下所有善知識，大約都跟不上這位善知識；因爲他還可以讓我們看見地獄，讓我們獲得他心通等。

那些人親遇這種境界時，都以爲是自己眞實獲得這些證量了，都因爲愚癡而不能分辨，就被迷惑了，全都把這個魔所附身的人當作是大菩薩；因此就敬重到非常過分而成爲「綿愛其心」，對這位假的大善知識極爲貪愛，若是一天沒有看見這位假大菩薩，心中就難過得要命；這種愛著是綿密不絕的，所以說是「綿愛其心」。接下來的結果可想而知，天魔就是要大眾淪落在欲界中，因爲大眾如果超過欲界，天魔就掌控不到了，所以無論如何都要使大眾淪落在欲界中。於是開始「破佛律儀、潛行貪欲」，就是施設一套理論，開始破壞諸佛所設的淨戒，妄稱轉過去修學祕密快速成佛之法，就可以不受佛戒的限制。當大眾都信受他的說法時，就要求大眾領受密宗的十四根本戒—三昧耶戒—就開始暗中合修雙身法了。

這就是天魔誘惑大眾的手段，一方面說可以即身成佛來誘惑信徒，另一方面以淫欲來誘惑信徒。信徒聽完以後當然心大歡喜：一方面可以擁有更強烈的淫欲樂觸，同時又可以即身成佛，何樂不為？就在這兩重極大誘惑之下，開始「潛行貪欲」，於是師徒亂倫、輪座雜交的密法「修行」就開始了。然而大眾心中還是會有一些疑惑，因為佛法中明明說要離欲，明明說淫行是欲界法，不能超脫於欲界以外，怎麼可能廣貪淫欲又能成佛呢？於是魔所附身的人就說：「諸佛是常樂我淨的，這樣樂空雙運才是諸佛的常樂。只要交合時不貪求性高潮而不出精，就是無貪；不貪求性高潮而不出精，就是清淨梵行。」密宗信徒們一方面不懂佛法，一方面也是因為心中還是很貪愛欲界法，特別是淫欲之樂，於是半推半就而與喇嘛師父上床享樂去了。一旦與喇嘛上床過了，心就在喇嘛身上，不在丈夫身上了，於是就常常往喇嘛廟裡跑，常常都在想著與喇嘛師父合修雙身法，既可成佛又有淫樂享受；而喇嘛們既可以獲得出家法（廣受恭敬供養），同時又可以獲得在家法（夜夜與不同的女徒弟行淫），所以知道內情的人都想要成爲喇嘛，而女信徒也會永遠擁護喇嘛，不讓丈夫知道這些隱情，當然就會努力「破佛律儀、潛行貪欲」。這種被魔附身的人也會這樣說：「佛有大佛與小佛，我是大佛，你是小佛。」就把那些跟隨他學法的人封爲佛了，眾徒弟們當然很歡喜。密宗喇嘛們也會這樣說：「佛有先佛與後佛。」因此就說：「某人是先佛，比我早幾劫成佛；某人是後佛，他將晚我幾劫才會成佛。」也爲人授記。然後又說：「這些佛之中也有眞佛與假佛。」似乎也有人寫書說：「釋迦牟尼佛不是眞佛，只是初地菩薩的化現。」眞是大膽！這其實是誤會經典或論典的原意。固然初地菩薩如果是從三明六通的大阿羅漢迴心大乘而修到初地滿心位，當然也可以示現成佛，但不能因此就把菩薩的權變，當作是某一尊佛的眞實故事。這樣隨意推定，若是不符事實，死後可就很危險了。

西藏密宗常常這樣說：「釋迦牟尼佛不是眞佛，如果說祂是佛，最多也只是化身佛。遠不如我們密宗的即身成佛，是成就報身佛。所以密宗是無上法，得要修證顯教的法義圓滿，成爲顯教佛以後才有資格修學密宗。」所以他們這樣講：「蓮花生教主才是眞佛，他是報身佛，證量遠高於釋迦牟尼佛。」

可是他們都沒有想到，自己的說法完全是住在無知的凡夫知見中顛倒說出來的。單從他們自己所說的事相，就顯示他們是顛倒說了，因為他們剛開始是這麼說的：由　釋迦牟尼佛化現了金剛持佛，再由金剛持佛講出以前所未曾說的密宗即身成佛法，那金剛持佛是密教佛。可是密教佛金剛持是由　釋迦牟尼佛化現出來的，這個被　釋迦佛化現出來的化身佛竟然可踩到　釋迦牟尼佛頭上去，這個道理講得通嗎？當然講不通！

至於密教佛所講出來的教理，卻是連我見都還沒有斷除，也還沒有明心證悟如來藏，根本就是個凡夫，怎能踩在　釋迦佛頭上去？而且，斷我見、斷我執、斷習氣種子、斷無始無明的　釋迦佛，化現出來的更高層次的金剛持佛，竟然不能斷我見、悟如來藏，連三乘菩提中最基本的修證都沒有，還說他的證量比　釋迦牟尼佛更高。這種荒腔走板、邏輯不通的說法，出自證量比　釋迦佛更高的金剛持佛，只會使有智慧的人們聽了覺得可笑，一齊笑密宗的喇嘛們說法前後矛盾，還不知道自己的矛盾所在，還講得振振有辭呢！所以說他們所謂的「眞佛、假佛，顯教佛、密教佛」，全都是魔所附身而說出來的。

密宗還說有男佛、女佛，你們可以看見密宗的赫魯噶、普賢王如來等無上瑜伽雙身法中的佛，都顯現爲佛的身像，但是赫魯噶顯現爲明王相，就是男佛，他抱著交合的明妃就是女佛。坐姿的密宗普賢王如來比較斯文一點，也是男佛而抱著女佛永不分離交合著。又如勝樂金剛、大樂光明、樂空不二的理論與行門，都一樣是雙身法的男佛女佛交合，都沒有差別。這就是說，他們主張成佛以後還是與世俗人一樣行淫，而且比世俗人更淫，因爲那些冒牌佛是時時刻刻都抱著女人交合而永遠不中斷的。密宗的即身成佛爲什麼叫作報身佛果呢？因爲他們認爲有這種永不中斷的每天二十四小時的淫欲樂觸果報，所以名爲報身佛；密宗認爲顯教佛沒有這種快樂果報，所以不是報身佛。密宗對報身佛竟然可以這樣解釋，全然違背諸佛經教中的說法；可是密宗裡的大部分信徒或修行者，都樂於迷信這種荒誕不經的說法，眞是令人費解。然而只要是稍微有一些智慧的人，都不會相信密宗這種說法的。

其實密宗的種種說法與理論，只是在爲自己建立托詞，籠罩不知佛法的初學人，也爲自己開出一條既可保有在家人的欲樂，又可以享受出家人被恭敬供養的好處。假使被人拆穿確實還沒有成佛時，就說：「我現在還沒有成佛，但既然求成佛，當然應該像普賢王如來一樣努力修雙身法，因爲菩薩本來就該效法所有報身佛。」這就是他們說的「菩薩亦然」。初學人不懂佛法，剛聽到時也覺得有理：諸佛都是這樣手抱女人永遠不間斷地交合著，菩薩當然應該學習，當然也可以這樣。學佛以前對一個現象百思不得其解，現在可就懂了；以前常看見密宗喇嘛們，露出肩膀，頭髮長長地，鬍鬚似乎也不太想刮乾淨，真沒有僧寶的威儀，然而他們往往有一些有錢的貴婦跟在後面細心服侍著。學佛以前都不知道爲什麼那些貴婦們要這樣奉侍沒什麼威儀的喇嘛們，現在當然知道是因爲雙身法的緣故。喇嘛們都是練就床上功夫的，所以大部分喇嘛都懂得持久不洩的道理；當貴婦們與喇嘛上過床以後，那些貴婦就永遠是喇嘛的女人，不再是丈夫的女人了，當然是亦步亦趨小心奉侍著。因此現在再看密宗時，就不覺得這件事情有什麼奇怪了，可想而知嘛！

然而這些密宗喇嘛們其實都是天魔子孫，而密宗的雙身法正是天魔寄身在人體之中所傳出來的法。所以證悟者若不肯接受眞善知識的攝受，好求神異境界，又沒有離開欲界愛；遇到了被魔附身的人前來示現種種神變時，就信受他的說法而走入岐路了。有時又會因爲被天魔附身者恐嚇而退轉了，魔會這樣恐嚇說：「你們悟的不是如來藏，你如果認爲這樣就是開悟，死後會下地獄！」於是從那時開始，總是心裡毛毛地，晚上睡覺不安穩。心想：「糟了！我以前曾經說過有開悟，我現在怎麼辦？」於是擔心起來了，沒有智慧抉擇的緣故，就被凡夫影響而退轉了。我們三、四個月前就有一些同修，被楊先生等人恐嚇，說我們所悟的不是如來藏，不是眞如心，竟然敢自稱開悟，還繼續跟著蕭老師在道場中作義工，與蕭老師成就大妄語與誤導眾生的共業，死後會下地獄；於是就辭掉書局和會裡的義工職務，恐怕眞的會成就大妄語及誤導眾生的共業，對正法的信心退轉了；這就是「洗滌本心」，也就是把自己以前所悟的本心徹底否定，從心中洗除掉。

五、六年前也有一位比丘尼，才來共修三、五個月，就被友會的親教師幫她「明心」又「見性」，結果悟得太容易，根本就沒有體驗，明心的內容弄不清楚，也不是眞的眼見佛性，她沒有功德受用；爲了治手指頭的病，又去找喜饒根登，就被喜饒根登恐嚇，於是退轉了，改信義雲高和喜饒根登（俗姓吳）等凡夫去了。像她這樣也是「洗滌本心」，把本心的正見洗除掉（當然不是本心丟掉，而是把本來認定爲本心的如來藏否定了），於是「易入邪悟」。「易」是改換，把原來的捨棄而改換另一法。當這些人把原來所悟的阿賴耶識妙法捨棄以後，改取另一個意識常見法，這就是「易」；「易」了以後當然就會另取新法作爲新的證悟標的，然而捨棄眞正的如來藏以後另取新法作爲如來藏，當然一定會進入邪悟之中，轉進邪謬的開悟中，這就是「易入邪悟」。

這一類事件其實是「魅鬼年老成魔惱亂是人」。前面不是講過「十習因」了嗎？當初講解「十習因」時，他們在座上聽著、聽著就臉紅耳赤，現在我終於知道他們當時爲什麼臉紅耳赤了，因爲「十習因」中所講的都正好是他們正在暗中進行的事情。爲什麼會當「魅鬼」呢？是因爲在人間時「詐習交誘」「貪惑爲罪」，因爲貪於權位或眷屬，於是在他們對實相有迷惑時造下惡業，不一定是騙取他人的財物；而是在法義上刻意作錯誤的誘導，藉以滿足他們所貪求的權位與眷屬。即使後來知道自己所說不正確，是錯誤的說法，他們也會繼續瞞騙到底；不管是不是造成破法重罪了，都會繼續瞞騙到底，這就是講話不老實，成爲詐習因，就是「貪惑爲罪」。楊先生等人正是這一類人。

將來很多劫以後回到鬼道時就會成爲「魅鬼」，在鬼道中由於愛好有境界法、有爲法的緣故，將會繼續修學神通。鬼壽很長，在鬼壽將盡時「年老成魔」，「詐習因」的種子沒有滅除，所以還是會繼續「貪惑爲罪」，於是前來「惱亂是人」，來惱亂修證金剛三昧的人。惱亂到鬼壽已盡之後，再繼續受生爲鬼道眾生；直到鬼道正報已盡（也就是地獄、鬼道的正報受完以後），回到人間還無法直接受生爲人，先要生在畜生道中還債，這種人通常是當狗。如果詐習很嚴重，就不能直接去當狗，而是要當狐狸、野狼一類奸詐的畜生，這就是詐習因的果報。在畜生道中當狐狸狼狗以後，債都還清了，異熟果報盡了，才能回到人間重新當人。

所以假使哪一天你有了神通，也有宿命通了，詳細觀察某一個人，發覺他上一輩子竟然當狗，那你就知道他過去世的緣由，是詐習爲因、貪惑爲罪，就可以瞭解他的來由了。佛爲什麼要講「十習因」？原因就在這裡；也就是讓大家瞭解欲界三惡道有情的本末緣由，自然懂得遠離造因，也就不會有惡果來妨礙道業了。但這些「破佛律儀、潛行貪欲」而自稱活佛的喇嘛們，卻都不懂這些正理；當你把這些正理告訴他們時，他們連聽都不想聽，因爲聽信以後就得捨下淫欲了！這是他們永遠都不可能接受的事。

凡是天魔眷屬附身於人體來惱亂修行人時，不論他們的神通如何變化，變來變去永遠都同樣是那些事相；而那個魅鬼所成的魔，附在人身久了以後也會覺得厭膩，因爲玩來玩去永遠都是同一批人，也沒什麼新的把戲了，於是「厭足心生，去彼人體」。這時縣官可要辦人了，因爲他們「破佛律儀、潛行貪欲」，把別人的家眷拐上床，當然人家要告到公堂去。古時甚至沒有妨害別人的家庭，縣老爺也可以辦人的；只要出家以後犯了邪淫罪，古時皇帝統治的年代，縣老爺是可以撤回戒牒、剝奪僧籍、褫奪僧衣而下獄的。現在民主時代的法律不管宗教裡是否犯戒的事，但是因爲喇嘛們把別人的女眷拐上床，就是犯了妨害家庭的罪，只要家屬舉出證據提告，司法單位一樣是要論刑的。現代可不管那些勾引別人女眷的喇嘛們有沒有神通，一樣是要抓起來判刑的；更何況所有喇嘛們根本就沒有神通，都是死後才由徒眾們謊稱有大神通。

當魅鬼成魔而附身於人，那個人與所度的徒眾們一起「破佛律儀、潛行貪欲」久了，魅鬼魔「厭足心生，去彼人體」以後，或者由受害者提告，或者縣老爺主動偵辦，當然是「弟子與師俱陷王難」。所以 世尊吩咐阿難尊者說：你們應當要先覺悟定中會有這些魔擾，遠離這一類境界，才不會落入三界六道當中重新再去輪迴；也應該告訴眾生，大家都要設法遠離這一類魔境，以免受害。如果迷惑不知，誤以爲證得聖境，死後就會墮入無間地獄。

（想陰區宇第四種魔事：）

【「又善男子想陰虛妙，不遭邪慮；圓定發明三摩地中，心愛根本，窮覽物化性之終始，精爽其心，貪求辯析；爾時天魔候得其便，飛精附人、口說經法；其人先不覺知魔著，亦言自得無上涅槃，來彼求元善男子處敷座說法，身有威神摧伏求者，令其座下雖未聞法，自然心伏：『是諸人等將佛涅槃菩提法身，即是現前我肉身上父父子子遞代相生，即是法身常住不絕。』都指現在即為佛國，無別淨居及金色相；其人信受、忘失先心，身命歸依、得未曾有；是等愚迷、惑為菩薩。推究其心：破佛律儀、潛行貪欲，口中好言：『眼耳鼻舌皆為淨土，男女二根即是菩提涅槃真處。』彼無知者，信是穢言，此名蠱毒魘勝惡鬼年老成魔惱亂是人。厭足心生，去彼人體；弟子與師俱陷王難；汝當先覺，不入輪迴；迷惑不知，墮無間獄。」

講記：「第四種想陰區宇中的魔事，是善男子住在想陰區宇中覺得很清虛微妙，不曾遭受到邪魔干擾的憂慮；在圓滿的金剛三昧所發明的定境中，心中貪愛著能夠了知各種事物根本的智慧，想要窮究而遍覽動植物變化性的最開始與最終結果，於是精妙地振奮心神，貪求能夠明利地辯論與分析；這時天魔等候久了終於得到方便侵入的機會了，於是飛出精神依附於某人，在口裡演說各種境界相的經典妙法；而那個被附身的人一開始就不前覺知已經被天魔附身，他也自稱已經證得無上涅槃，來那位住在想陰區宇中追求事物根元的善男子處，敷設座位而演說法義；被附身者的身上都有威神而能夠摧伏求法者，使得前來聽聞他說法的人，在剛剛入座時雖然還未聞法，自然而然就在心中被降伏了，於是這樣子想：『這一些人同樣受持著諸佛的涅槃菩提法身，就是現前我們大眾的肉身上父父子子遞代相生的現象，就是法身常住不絕。』大家都指稱現在已經是佛國了，並沒有別的淨居天以及諸佛的紫磨金色的三十二大人相；而那個住在想陰區宇中的修行人信受以後，忘失了先前證得第八識金剛心所得的智慧了，就將自己的色身與性命都歸依於被魔附身的人，覺得現在所獲得的境界是前所未有的勝妙；這些人是愚癡而被迷惑的，就因迷惑而把被魔附身的人尊敬為大菩薩。眞正推究這些人的心：正是破壞諸佛的律儀戒、暗地裡廣行貪欲，各人口中卻都很喜歡這麼說：『眼耳鼻舌身全部都是淨土，男女二根就是菩提涅槃的眞實處所。』那些無知的人，聽信了這一種污穢的言語，這就稱為蠱毒魘勝惡鬼，在年紀老大時成魔而來惱亂這個住在想陰區宇中的人。當這鬼魔的厭惡、滿足心生起以後，離去了被附身者的身體；那時追隨被附身者學法的弟子們，就與他們師父全部陷入王難之中；你們應當事先覺察這種事情，就不會進入輪迴之中；若是迷惑而不知這種岐路，跟著走入岐途，死後就會下墮無間地獄受苦。」

世尊又說，這個善男子住在清虛微妙的想陰境界中，已經過了受陰境界，不遭遇受陰區宇中的十種邪見思慮，沒有引來魔擾；但是轉入「想陰區宇」中，圓滿地發起金剛三昧的境界之中，由於「心愛根本」，想要探究萬物的根本，卻沒有值遇諸佛教導或《楞嚴經》中的教理，或者值遇以後卻沒有智慧理解經中的眞義，就以自己的妄想開始探究，想要「窮覽物化性之終始」，於是開始精細自己的覺知心，貪於求證善辯與分析，就會招來天魔誤導他。「心愛根本，窮覽物化性之終始」，就是前面世尊所說的：「現前種種松直棘曲、鵠白烏玄，皆了元由。」然而這是進修到佛地以後的智慧，不是在因地就可以靠著思索而了知的；他想要強求了知，當然不可能成功，而且也會招來魔擾。不論他如何「精爽其心」，鼓舞精神奮力探求，終究徒勞無功，而且也會招來魔擾。

這類人只想趕快探究一切事物遷變的根由，可是沒有想到這是佛地的境界，不該在這時想要求得。學佛人對於佛菩提道的次第與內涵，對於悟後應該如何進修的次第與內容，都應該瞭解而逐步進修；但這個人一心想要跳躍應該有的修學次第，該修的不願修，該作的不願作，該累積的福德也不累積，該除掉的性障也不肯除掉，就想要直接跳過去，證得佛地的智慧，於是心中貪愛佛地境界而這樣想：「我所證的如來藏既然是萬法的根本，那麼如來藏是如何攝取四大種子而造成色身？又是如何攝取虛空中的四大種子而創造了山河世界？」他不肯依照佛菩提道的次第修行，想要跳過去直接把佛地所知的法義弄通，在因地就想要「窮覽物化性之終始」；所以每一次打坐進入金剛三昧中，就開始「精爽其心」，把覺知心處於很精明的狀態中，「爽」是明利的意思，想要明白「松直棘曲、鵠白烏玄」等緣由。

「精爽其心」就像現代南傳佛法中都說要時時保持警覺，要保持警覺性，不要昏沉，不要打妄想，要使覺知心對一切事情都很銳利、很敏銳。北傳佛法也是如此，全都在意識覺知心上面作文章，全都未斷我見，連初果斷三縛結的智慧都沒有，卻宣稱是阿羅漢，眞令人無法理解！所有阿羅漢們都不會落在這上面，連聲聞初果都不會，他們卻都還在意識心中作文章。而這些人的行爲都叫作「精爽其心」。他們求這種境界的目的只是「貪求辯析」，爲了求口才辨給，能與別人分析辯論。這時天魔看見有機會了，驅使魔眷「飛精附人、口說經法」。當然這個被附身的人同樣不曾覺知自己已經被魔附身了，也自認爲已經證得無上涅槃了，於是「來彼求元善男子處敷座說法」。「元」即是「原」，原與元在古時是通用的。「元」是指根本，也就是「去後來先作主公」的第八識如來藏。那個被魔附身的人，來到這個想要求證根本心中一切功能差別的善男子所住之處，直接敷設法座，就爲他開始說法。

這個被魔附身的人，因爲魔力所攝持的緣故，有威神力可以摧伏一切求法者；一切求法者所提出的任何挑戰，他都能夠摧伏；甚至有時根本就不必開口說法，也能把人摧伏。我聽說會外有許多大師、居士怕遇見我，我想，並不是因爲我有威神，應該是我有正法的威德，而不是我個人的威德。所以大家都不願遇見我，都不想跟我說話；所以沒有一個人願意見我，不是我不願意見他們。可是這個被魔附身的人，有時根本就不用正法摧伏對方，一般人見了他就會乖乖聽他的話，這就是「身有威神摧伏求者」，所以想要聽他說法的人，還沒有聽到他開始說法就已經心伏了。

於是這個被魔附身的人就開始說法，使大家心中這樣子信受了：「這一些人同樣受持著諸佛的涅槃菩提法身，就是現前我們大眾的肉身上面，由父親傳給兒子，兒子以後又當父親再傳給他的兒子，這樣一代一代延續互相出生，使肉身這樣子一代又一代延續不絕，這就是法身常住不絕。」就以肉身當作法身，在肉身上面用心。於是所有人都跟著這位被魔附身的假善知識，完全心伏而信受了；於是大眾異口同聲說：我們現在所住的地方就是諸佛的清淨國土，再也沒有別的淨居天以及諸佛紫磨金色的莊嚴報身，所以也不必求往生極樂世界、琉璃光淨土了。

這些人信受了被魔附身的邪說以後就「**忘失先心**」，因爲被他的威神摧伏而相信他的說法。本來是想要把如來藏中的一切種子弄清楚，現在也不想弄清楚了，因爲完全信受對方，於是把自己先前所悟的如來藏心也否定掉了，忘失了原有的般若智慧。並且對那個被魔附身的人，以自己身體和性命整個歸依，心中認爲自己所親遇的是大善知識，將對方的污穢說法認爲是前所未有的最勝妙法。而這一些人因爲愚癡迷惘，被魔所迷惑而誤認那個被魔附身的人是大菩薩。若是把這一類人的心態與所作的事情都深入推究，他們其實都是「破佛律儀、潛行貪欲」的人，因爲這些人全都在暗地裡廣修雙身法。一旦眞的實修雙身法以後，當然不會承認雙身法是外道法、欲界法，所以他們大約都會這麼說：「**眼耳鼻舌的境界就是淨土世界，淨土就在我們身上五根之中；而我們人身的男女二根就是實證菩提法身的所在，男女二根就是實證涅槃的眞正所在。**」

如今來看密宗的雙身法，不正是如此嗎？都被 世尊預記而沒有差池。譬如宗喀巴的《密宗道次第廣論》不是說要觀想嗎？他說要實修雙身法以前要先觀想普賢王如來的雙身交合相，要觀想密宗的普賢王如來抱著女人在自己的海底輪中，也就是在自己的下體中交合，來引生自己下體中的快樂。所有密宗的女行者，如果想要眞修密宗的祕密法，必須先每天靜坐觀想自己的上師在自己的頭頂上，抱著女人在交合受樂；然後觀想上師喇嘛與女人都達到性高潮，洩出淫液流下來，從自己的頂門灌入腦袋中，再觀想那個淫液從頂門的中脈頂端循著中脈下降，來到自己的下體中，使自己的下體受樂。這樣觀想久了以後，心中自然躍躍欲試而想要與喇嘛上床合修了，那時接受密灌而眞刀實槍開始雙身密合精修樂空雙運，當然是水到渠成的事了，再也不會覺得羞愧或對不起家裡的丈夫了。像這樣的密宗，當然要主張說：「**男女二根就是涅槃眞處，男女二根就是菩提眞處。**」

我絕對沒有冤枉他們，現在我已經把證據列出來了。以前人家還不信，大陸還曾經有人要求我：「**你把宗喀巴的《密宗道次第廣論》印給我們看看。**」他們恐怕是我捏造的。也確實曾經有人捏造，但我從來不捏造證據。既然他們要求，我們就影印以後裝訂起來，寄過去給他們看（編案：宗喀巴的《密宗道次第廣論》，台北市的新文豐出版公司有出版，公司地址是：台北市羅斯福路一段二十號八樓。大陸的民族出版社也有出版，地址是：北京市和平里北街十四號。上海佛學書局也有出版：上海市常德路四一八號。三家都有出版）。我們在大陸有一位師兄，因爲密宗的人前來質問，所以我們只好寄過去給他們作爲證明之用。

而且，我老實說：能夠修到第三灌、第四灌的人太少了，在密宗裡，只有供養了大量錢財以後，喇嘛們才會爲男行者作密灌，免得男行者與喇嘛搶女行者合修雙身法。女行者如果長得美，就不必作什麼供養，喇嘛們也會主動找機會傳授密灌，因爲貪圖女行者的姿色。所以大部分修學藏密的男行者並不知道雙身法，因爲喇嘛們不會主動傳授給男行者；所以他們來問，這位師兄就把我們寄過去的書拿給他們看：「這是宗喀巴造的《密宗道次第廣論》，你來核對一下，看看對不對？」這才算塞住了他們的嘴巴，所以他們現在不再爭論了，不再堅持說：「我們密宗黃教沒有修這個東西，我們黃教是最清淨的。」其實他們有一些人明知黃教自己一樣有雙身法，只是以爲我們拿不到宗喀巴這本邪論，故意質疑的。但我拿出來以後，他們就不敢再辯說黃教沒有雙身法了，於是就改爲謾罵，在網路上發動人海攻勢，謾罵我是邪魔外道。宗喀巴不但在《密宗道次第廣論》中，從一開始就宣揚雙身法的樂空雙運；而且也在《菩提道次第廣論》後半部的止觀中，全部都在講雙身法，只是講得很隱晦，不像在《密宗道次第廣論》中講得那麼白；所以修學宗喀巴《廣論》的所有團體，主持者都是講到止觀部分時就不講了，都是再三從頭開始，沒有人敢講止觀的部分。

這就是說，譬如宗喀巴《密宗道次第廣論》或《菩提道次第廣論》中，都這樣認爲：「意識就是眞如法身，因爲意識沒有形色，所以叫作空性；既然意識是空性心，以這個空性心來修雙身法，所證得的樂空雙運的淫欲大樂也是空無形色，所以也是空性。如果沒有修雙身法，即使成佛了，也只是顯教佛，只是化身佛境界，不是更高的報身佛境界。」可是密宗認爲顯教佛的境界是什麼呢？只是一念不生的意識境界，與沒有證得初禪的常見外道一樣，卻誣賴說這就是顯教佛的境界。眞是天曉得！根本是亂講一通！然後又說：「密宗佛是在顯教佛一念不生的境界上，還要有從男根引發的全身樂觸配合存在，是在一念不生又有全身的樂觸，才是報身佛的境界；這種樂就是俱生樂，所以這個樂觸不是後天才有的，是本有的。」宗喀巴就是這麼講的。

其實這種道理根本就講不通，因爲淫樂只有欲界中才有，升到初禪天以上就全都沒有了；這是不遍三界的欲界法，是沒有色身時就不會有的生滅法，是在色身出生而且長成以後才有的有生有滅之法，怎麼能叫作俱生的？可是宗喀巴卻認爲這種淫欲中的樂觸是俱生而不是生滅的，又認爲這種樂觸如同覺知心也是空無形色，所以把淫樂的覺受也認作是空性，不但落入識陰與色陰中，也落入受陰之中，主張具足這兩種「空性」而樂空雙運時，就是密宗所證的報身佛果。所以這就是他們說的：「既然是這樣，由於這個樂觸要欲界才有，與樂觸相應的意識也是欲界才有，所以要得到這種樂空雙運的境界，就只有依靠人間的色身，具足樂與空兩個法，就能成佛；所以如來涅槃境界與諸佛法身，都是要依靠色身才能證得，我們的眼耳鼻舌身就是諸佛淨土。而涅槃的證得，也是要依靠男女二根來實證，證得以後就是輪涅不二。」這就是密宗的理論，黃、紅、白、花四大教派都一樣。無知的民眾聽到這種汙穢不淨的說法，竟然會信受而認作是眞實佛法。

現在大陸有很多年輕人喜歡學西藏密宗，號稱藏傳佛教。他們爲什麼喜歡學呢？因爲學藏密不必吃素，大魚大肉都可以吃，酒也可以照喝，蔥蒜一樣都可以吃。而且這些食物都還是應該要吃的，因爲他們修交合供時，最好是要吃蔥蒜，越辛臭的越好；當然也要肉類與酒類，這些都是年輕人本來就喜歡的食物；學密以後可以男人玩女人，女人也可以玩男人，也可以男女混雜交往，喜歡了就上床，美其名爲精進修行。密宗裡已受密灌的男女信徒，應該每天合修雙身法，性伴侶可以有一打以上；所以大陸現在有很多年輕人喜歡修學西藏密宗（編案：這是二〇〇三年所講），因此現在大陸有法師建議我們，把《狂密與眞密》印成小冊子盡量寄送過去，因爲他們想要讓大陸年輕人瞭解西藏密宗的錯誤。但是要讓他們離開密宗並不是簡單的事，我們若是以正式的書籍大量廣發，他們拿到手就燒掉了，不如用小冊子先試試看；只要十個人中有一人知道密宗的大問題，願意回心轉意遠離密宗，我們就算有回報了。

這些人聽信被魔附身的人所說，只要一信受了，就跟著墮落了，這叫作「蠱毒魔勝惡鬼年老成魔惱亂是人」。為什麼地獄報完以後來到鬼道中會成為狠毒的蠱毒鬼呢？因為在人間時善於記恨，動不動就說：「你給我記住，這件事情我會記你一輩子。」只是一件小小的事情對不起他，他就會記恨你一輩子，然後就會在暗地裡作一些對你不利的事情。我還真的遇見過這樣的同修，當然如今都已經退失而離開了，他總是這樣講：「你給我記住！我把你記一輩子！」他竟然對禪淨班的學生講出這樣的話來。這種人往劫在人間時是「貪恨為罪」的人，離開地獄以後「遇蟲成形」而成為蠱毒鬼；蠱毒鬼當久了以後「年老成魔」而惱亂修行人。那個人被這種魔附身時，就開始被惱亂了，而且魔也藉他的身心去惱亂一堆人；這個人被附身以後是很風光的，跟隨他的徒眾們也是很風光的。可是不久以後「厭足心生」，當這個魔覺得膩了就離開了；被附身的人這時全無威神力了，於是「弟子與師俱陷王難」。所以　佛陀交代說：你們應當事先覺悟這些魔境，就不會反身再落入輪迴之中；也要讓眾生覺悟到這一些事情，不要再迷惑不知而在死後落入無間地獄中。（未完，詳後第十五輯續說。）

佛菩提二主要道次第概要表——二道並修，以外無別佛法

佛菩提道——大菩提道

十信位修集信心——一劫乃至一萬劫

遠波羅蜜多

資糧位

初住位修集布施功德（以財施為主）。

二住位修集持戒功德。

三住位修集忍辱功德。

四住位修集精進功德。

五住位修集禪定功德。

六住位修集般若功德（熏習般若中觀及斷我見，加行位也）。

外門廣修六度萬行

見道位

七住位明心般若正觀現前，親證本來自性清淨涅槃。

八住位起於一切法現觀般若中道。漸除性障。

十住位眼見佛性，世界如幻觀成就。

一至十行位，於廣行六度萬行中，依般若中道慧，現觀陰處界猶如陽焰，至第十行滿心位，陽焰觀成就。

一至十迴向位熏習一切種智；修除性障，唯留最後一分思惑不斷。第十迴向滿心位成就菩薩道如夢觀。

內門廣修六度萬行

初地：第十迴向位滿心時，成就道種智一分（八識心王一一親證後，領受五法、三自性、七種第一義、七種性自性、二種無我法）復由勇發十無盡願，成通達位菩薩。復又永伏性障而不具斷，能證慧解脫而不取證，由大願故留惑潤生。此地主修法施波羅蜜多及百法明門。證「猶如鏡像」現觀，故滿初地心。

二地：初地功德滿足以後，再成就道種智一分而入二地；主修戒波羅蜜多及一切種智。滿心位成就「猶如光影」現觀，戒行自然清淨。

解脫道：二乘菩提

→ 斷三縛結，成初果解脫

→ 薄貪瞋癡，成二果解脫

→ 斷五下分結，成三果解脫

入地前的四加行令煩惱障現行悉斷，成四果解脫，留惑潤生。分段生死已斷，煩惱障習氣種子開始斷除，兼斷無始無明上煩惱。

近波羅蜜多

修道位

三地：二地滿心再證道種智一分，故入三地。此地主修忍波羅蜜多及四禪八定、四無量心、五神通。能成就俱解脫果而不取證，留惑潤生。滿心位成就「猶如谷響」現觀及無漏妙定意生身。

四地：由三地再證道種智一分故入四地。主修精進波羅蜜多，於此土及他方世界廣度有緣，無有疲倦。進修一切種智，滿心位成就「如水中月」現觀。

五地：由四地再證道種智一分故入五地。主修禪定波羅蜜多及一切種智，斷除下乘涅槃貪。滿心位成就「變化所成」現觀。

六地：由五地再證道種智一分故入六地。此地主修般若波羅蜜多——依道種智現觀十二因緣一一有支及意生身化身，皆自心眞如變化所現，「非有似有」，成就細相觀，不由加行而自然證得滅盡定，成俱解脫大乘無學。

七地：由六地「非有似有」現觀，再證道種智一分故入七地。此地主修一切種智及方便波羅蜜多，由重觀十二有支一一支中之流轉門及還滅門一切細相，成就方便善巧，念念隨入滅盡定。滿心位證得「如犍闥婆城」現觀。

七地滿心斷除故意保留之最後一分思惑時，煩惱障所攝色、受、想三陰有漏習氣種子全部斷盡。

大波羅蜜多

八地：由七地極細相觀成就故再證道種智一分而入八地。此地主修一切種智及願波羅蜜多。至滿心位純無相觀任運恆起，故於相土自在，滿心位復證「如實覺知諸法相意生身」故。

九地：由八地再證道種智一分故入九地。主修力波羅蜜多及一切種智，成就四無礙，滿心位證得「種類俱生無行作意生身」。

十地：由九地再證道種智一分故入此地。此地主修一切種智——智波羅蜜多。滿心位起大法智雲，及現起大法智雲所含藏種種功德，成受職菩薩。

等覺：由十地道種智成就故入此地。此地應修一切種智，圓滿等覺地無生法忍；於百劫中修集極廣大福德，以之圓滿三十二大人相及無量隨形好。

煩惱障所攝行、識二陰無漏習氣種子任運漸斷，所知障所攝上煩惱任運漸斷。

圓滿波羅蜜多

究竟位

妙覺：示現受生人間已斷盡煩惱障一切習氣種子，並斷盡所知障一切隨眠，永斷變易生死無明，成就大般涅槃，四智圓明。人間捨壽後，報身常住色究竟天利樂十方地上菩薩；以諸化身利樂有情，永無盡期，成就究竟佛道。

斷盡變易生死成就大般涅槃

圓滿成就究竟佛果

佛子蕭平實　謹製

（二〇〇九、〇二 修訂）

（二〇一二、〇二 增補）

佛教正覺同修會〈修學佛道次第表〉

第一階段

* 以憶佛及拜佛方式修習動中定力。
* 學第一義佛法及禪法知見。
* 無相拜佛功夫成就。
* 具備一念相續功夫—動靜中皆能看話頭。
* 努力培植福德資糧，勤修三福淨業。

第二階段

* 參話頭，參公案。
* 開悟明心，一片悟境。
* 鍛鍊功夫求見佛性。
* 眼見佛性〈餘五根亦如是〉親見世界如幻，成就如幻觀。
* 學習禪門差別智。
* 深入第一義經典。
* 修除性障及隨分修學禪定。
* 修證十行位陽焰觀。

第三階段

* 學一切種智真實正理—楞伽經、解深密經、成唯識論…。
* 參究末後句。
* 解悟末後句。
* 透牢關—親自體驗所悟末後句境界，親見實相，無得無失。
* 救護一切眾生迴向正道。護持了義正法，修證十迴向位如夢觀。
* 發十無盡願，修習百法明門，親證猶如鏡像現觀。
* 修除五蓋，發起禪定。持一切善法戒。親證猶如光影現觀。
* 進修四禪八定、四無量心、五神通。進修大乘種智，求證猶如谷響現觀。

佛教正覺同修會 共修現況 及 招生公告 2016/1/16

一、共修現況：（請在共修時間來電，以免無人接聽。）

台北正覺講堂 103 台北市承德路三段 277 號九樓 捷運淡水線圓山站旁 Tel..**總機** 02-25957295（晚上）（**分機：九樓**辦公室 10、11；知客櫃檯 12、13。 **十樓**知客櫃檯 15、16；書局櫃檯 14。 **五樓**辦公室 18；知客櫃檯 19。**二樓**辦公室 20；知客櫃檯 21。）

Fax..25954493

第一講堂 台北市承德路三段 277 號九樓

禪淨班：週一晚上班、週三晚上班、週四晚上班、週五晚上班、週六下午班、週六上午班（皆須報名建立學籍後始可參加共修，欲報名者詳見本公告末頁）

增上班：瑜伽師地論詳解：每月第一、三、五週之週末 17.50～20.50 平實導師講解（僅限已明心之會員參加）

禪門差別智：每月第一週日全天 平實導師主講（事冗暫停）。

佛藏經詳解 平實導師主講。已於 2013/12/17 開講，歡迎已發成佛大願的菩薩種性學人，攜眷共同參與此殊勝法會聽講。詳解 釋迦世尊於《佛藏經》中所開示的眞實義理，更爲今時後世佛子四眾，闡述佛陀演說此經的本懷。眞實尋求佛菩提道的有緣佛子，親承聽聞如是勝妙開示，當能如實理解經中義理，亦能了知於大乘法中：如何是諸法實相？善知識、惡知識要如何簡擇？如何才是清淨持戒？如何才能清淨說法？於此末法之世，眾生五濁益重，不知佛、不解法、不識僧，唯見表相，不信眞實，貪著五欲，諸方大師不淨說法，各各將導大量徒眾趣入三塗，如是師徒俱堪憐憫。是故，平實導師以大慈悲心，用淺白易懂之語句，佐以實例、譬喻而爲演說，普令聞者易解佛意，皆得契入佛法正道，如實了知佛法大藏。

此經中，對於實相念佛多所著墨，亦指出念佛要點：以實相爲依，念佛者應依止淨戒、依止清淨僧寶，捨離違犯重戒之師僧，應受學清淨之法，遠離邪見。本經是現代佛門大法師所厭惡之經典：一者由於大法師們已全都落入意識境界而無法親證實相，故於此經中所說實相全無所知，都不樂有人聞此經名，以免讀後提出問疑時無法回答；二者現代大乘佛法地區，已經普被藏密喇嘛教滲透，許多有名之大法師們大多已曾或繼續在修練雙身法，都已失去聲聞戒體及菩薩戒體，成爲地獄種姓人，已非眞正出家之人，本質只是身著僧衣而住在寺院中的世俗人。這些人對於此經都是讀不懂的，也是極爲厭惡的；他們尙不樂見此經之印行，何況流通與講解？今爲救護廣大學佛人，兼欲護持佛教血脈永續常傳，特選此經宣講之。每逢週二 18.50~20.50 開示，不限制聽講資格。會外人士需憑身分證件換證入內聽講（此是大樓管理處之安全規定，敬請見諒）。桃園、台中、台南、高雄等地講堂，亦於每週二晚上播放平實導師所講本經之 DVD，不必出示身分證件即可入內聽講，歡迎各地善信同霑法益。

第二講堂　台北市承德路三段 267 號十樓。

禪淨班：週一晚上班、週六下午班。

進階班：週三晚上班、週四晚上班、週五晚上班（禪淨班結業後轉入共修）。

佛藏經詳解：平實導師講解。每週二 18.50~20.50（影像音聲即時傳輸）。本會學員憑上課證進入聽講，會外學人請以身分證件換證進入聽講（此爲大樓管理處安全管理規定之要求，敬請諒解）。

第三講堂　台北市承德路三段 277 號五樓。

進階班：週一晚上班、週三晚上班、週四晚上班、週五晚上班。

佛藏經詳解：平實導師講解。每週二 18.50~20.50（影像音聲即時傳輸）。本會學員憑上課證進入聽講，會外學人請以身分證件換證進入聽講（此爲大樓管理處安全管理規定之要求，敬請諒解）。

第四講堂　台北市承德路三段 267 號二樓。

進階班：週一晚上班、週三晚上班、週四晚上班、週五晚上班（禪淨班結業後轉入共修）。

佛藏經詳解：平實導師講解。每週二 18.50~20.50（影像音聲即時傳輸）。本會學員憑上課證進入聽講，會外學人請以身分證件換證進入聽講（此爲大樓管理處安全管理規定之要求，敬請諒解）。

第五、第六講堂　爲開放式講堂，不需以身分證件換證即可進入聽講，台北市承德路三段 267 號地下一樓、地下二樓。已規劃整修完成，每逢週二晚上講經時段開放給會外人士自由聽經，請由大樓側面梯階逕行進入聽講。**聽講者請尊重講者的著作權及肖像權，請勿錄音錄影，以免違法；若有錄音錄影被查獲者，將依法處理。**

正覺祖師堂　大溪鎮美華里信義路 650 巷坑底 5 之 6 號（台 3 號省道 34 公里處 妙法寺對面斜坡道進入）電話 03-3886110　傳眞 03-3881692 本堂供奉 克勤圓悟大師，專供會員每年四月、十月各二次精進禪三共修，兼作本會出家菩薩掛單常住之用。除禪三時間以外，每逢單月第一週之週日 9:00~17:00 開放會內、外人士參訪，當天並提供午齋結緣。教內共修團體或道場，得另申請其餘時間作團體參訪，務請事先與常住確定日期，以便安排常住菩薩接引導覽，亦免妨礙常住菩薩之日常作息及修行。

桃園正覺講堂（第一、第二講堂）：桃園市介壽路 286、288 號 10 樓（陽明運動公園對面）電話：03-3749363(請於共修時聯繫，或與台北聯繫)

禪淨班：週一晚上班、週三晚上班、週四晚上班、週五晚上班。

進階班：週六上午班、週五晚上班。

佛藏經詳解：平實導師講解。每週二晚上，以台北正覺講堂所錄 DVD 放映；歡迎會外學人共同聽講，不需出示身分證件。

新竹正覺講堂 新竹市東光路 55 號二樓之一　電話 03-5724297（晚上）

第一講堂：

禪淨班：週一晚上班、週五晚上班、週六上午班。

進階班：週三晚上班、週四晚上班（由禪淨班結業後轉入共修）。

佛藏經詳解：平實導師講解。每週二晚上，以台北正覺講堂所錄 DVD 放映。歡迎會外學人共同聽講，不需出示身分證件。

第二講堂：

禪淨班：週三晚上班、週四晚上班。

佛藏經詳解：每週二晚上與第一講堂同時播放佛藏經詳解 DVD。

台中正覺講堂 04-23816090（晚上）

第一講堂 台中市南屯區五權西路二段 666 號 13 樓之四（國泰世華銀行樓上。鄰近縣市經第一高速公路前來者，由五權西路交流道可以快速到達，大樓旁有停車場，對面有素食館）。

禪淨班：週三晚上班、週四晚上班。

進階班：週一晚上班、週六上午班（由禪淨班結業後轉入共修）。

增上班：單週週末以台北增上班課程錄成 DVD 放映之，限已明心之會員參加。

佛藏經詳解：平實導師講解。每週二晚上，以台北正覺講堂所錄 DVD 放映。歡迎會外學人共同聽講，不需出示身分證件。

第二講堂 台中市南屯區五權西路二段 666 號 4 樓

禪淨班：週一晚上班、週三晚上班、週六上午班。

進階班：週五晚上班（由禪淨班結業後轉入共修）。

佛藏經詳解：每週二晚上與第一講堂同時播放佛藏經詳解 DVD。

第三講堂、第四講堂：台中市南屯區五權西路二段 666 號 4 樓。

嘉義正覺講堂 嘉義市友愛路 288 號八樓之一　電話：05-2318228

第一講堂：

禪淨班：週一晚上班、週四晚上班、週五晚上班。

進階班：週三晚上班（由禪淨班結業後轉入共修）。

佛藏經詳解：平實導師講解。每週二晚上，以台北正覺講堂所錄 DVD 放映。歡迎會外學人共同聽講，不需出示身分證件。

第二講堂 嘉義市友愛路 288 號八樓之二。

台南正覺講堂

第一講堂 台南市西門路四段 15 號 4 樓。06-2820541（晚上）

禪淨班：週一晚上班、週三晚上班、週四晚上班、週五晚上班、週六下午班。

增上班：單週週末下午，以台北增上班課程錄成 DVD 放映之，限已明心之會員參加。

佛藏經詳解：平實導師講解。每週二晚上，以台北正覺講堂所錄 DVD 放映。歡迎會外學人共同聽講，不需出示身分證件。

第二講堂　台南市西門路四段 15 號 3 樓。

佛藏經詳解：每週二晚上與第一講堂同時播放佛藏經詳解 DVD。

第三講堂　台南市西門路四段 15 號 3 樓。

進階班：週三晚上班、週四晚上班、週六上午班（由禪淨班結業後轉入共修）。

佛藏經詳解：每週二晚上與第一講堂同時播放佛藏經詳解 DVD。

高雄正覺講堂　高雄市新興區中正三路 45 號五樓 07-2234248（晚上）

第一講堂（五樓）：

禪淨班：週一晚上班、週三晚上班、週四晚上班、週五晚上班、週六上午班。

增上班：單週週末下午，以台北增上班課程錄成 DVD 放映之，限已明心之會員參加。

佛藏經詳解：平實導師講解。每週二晚上，以台北正覺講堂所錄 DVD 放映。歡迎會外學人共同聽講，不需出示身分證件。

第二講堂（四樓）：

進階班：週三晚上班、週四晚上班、週六上午班（由禪淨班結業後轉入共修）。

佛藏經詳解：每週二晚上與第一講堂同時播放佛藏經詳解 DVD。

第三講堂（三樓）：

進階班：週四晚上班（由禪淨班結業後轉入共修）。

香港正覺講堂　☆已遷移新址☆

九龍觀塘，成業街 10 號，電訊一代廣場 27 樓 E 室。

（觀塘地鐵站 B1 出口，步行約 4 分鐘）。電話：(852) 23262231

英文地址：Unit E, 27th Floor, TG Place, 10 Shing Yip Street, Kwun Tong, Kowloon

禪淨班：雙週六下午班 14:30-17:30，已經額滿。

雙週日下午班 14:30-17:30，2016 年 4 月底前尚可報名。

進階班：雙週五晚上班（由禪淨班結業後轉入共修）。

增上班：單週週末上午，以台北增上班課程錄成 DVD 放映之，限已明心之會員參加。

妙法蓮華經詳解：平實導師講解。雙週六 19:00-21:00，以台北正覺講堂所錄 DVD 放映；歡迎會外學人共同聽講，不需出示身分證件。

美國洛杉磯正覺講堂　☆已遷移新址☆

825 S. Lemon Ave Diamond Bar, CA 91798 U.S.A.
Tel. (909) 595-5222（請於週六 9:00~18:00 之間聯繫）
Cell. (626) 454-0607

禪淨班：每逢週末 15：30~17：30 上課。

進階班：每逢週末上午 10：00~12：00 上課。

佛藏經詳解：平實導師講解。每週六下午 13：00~15：00，以台北正覺講堂所錄 DVD 放映。歡迎各界人士共享第一義諦無上法益，不需報名。

二、招生公告　**本會台北講堂及全省各講堂，每逢四月、十月下旬開新班，每週共修一次**（每次二小時。開課日起三個月內仍可插班）；**但美國洛杉磯共修處之禪淨班得隨時插班共修。各班共修期間皆為二年半，欲參加者請向本會函索報名表**（各共修處皆於共修時間方有人執事，非共修時間請勿電詢或前來洽詢、請書），**或直接從本會官方網站**(http://www.enlighten.org.tw/newsflash/class)**或成佛之道網站下載報名表**。共修期滿時，若經報名禪三審核通過者，可參加四天三夜之禪三精進共修，有機會明心、取證如來藏，發起般若實相智慧，成為實義菩薩，脫離凡夫菩薩位。

三、新春禮佛祈福　農曆年假期間停止共修：自農曆新年前七天起停止共修與弘法，正月 8 日起回復共修、弘法事務。新春期間正月初一～初七 9.00～17.00 開放台北講堂、正月初一～初三開放新竹講堂、台中講堂、台南講堂、高雄講堂，以及大溪禪三道場（正覺祖師堂），方便會員供佛、祈福及會外人士請書。美國洛杉磯共修處之休假時間，請逕詢該共修處。

密宗四大派修雙身法，是外道性力派的邪法；又以生滅的識陰作為常住法，是常見外道，是假的藏傳佛教。

西藏覺囊巴以他空見弘揚第八識如來藏勝法，才是真藏傳佛教

佛教正覺同修會　弘法行事表

2014/08/19

1、**禪淨班**　以無相念佛及拜佛方式修習動中定力，實證一心不亂功夫。傳授解脫道正理及第一義諦佛法，以及參禪知見。共修期間：二年六個月。每逢四月、十月開新班，詳見招生公告表。

2、**《佛藏經》詳解**　平實導師主講。已於 2013/12/17 開講，歡迎已發成佛大願的菩薩種性學人，攜眷共同參與此殊勝法會聽講。詳解釋迦世尊於《佛藏經》中所開示的眞實義理，更爲今時後世佛子四眾，闡述 佛陀演說此經的本懷。眞實尋求佛菩提道的有緣佛子，親承聽聞如是勝妙開示，當能如實理解經中義理，亦能了知於大乘法中：如何是諸法實相？善知識、惡知識要如何簡擇？如何才是清淨持戒？如何才能清淨說法？於此末法之世，眾生五濁益重，不知佛、不解法、不識僧，唯見表相，不信眞實，貪著五欲，諸方大師不淨說法，各各將導大量徒眾趣入三塗，如是師徒俱堪憐憫。是故，平實導師以大慈悲心，用淺白易懂之語句，佐以實例、譬喻而爲演說，普令聞者易解佛意，皆得契入佛法正道，如實了知佛法大藏。每逢週二 18.50~20.50 開示，不限制聽講資格。會外人士需憑身分證件換證入內聽講（此是大樓管理處之安全規定，敬請見諒）。桃園、新竹、台中、台南、高雄等地講堂，亦於每週二晚上播放平實導師講經之 DVD，不必出示身分證件即可入內聽講，歡迎各地善信同霑法益。

有某道場專弘淨土法門數十年，於教導信徒研讀《佛藏經》時，往往告誡信徒曰：「後半部不許閱讀。」由此緣故坐令信徒失去提升念佛層次之機緣，師徒只能低品位往生淨土，令人深覺愚癡無智。由有多人建議故，平實導師開始宣講《佛藏經》，藉以轉易如是邪見，並提升念佛人之知見與往生品位。此經中，對於實相念佛多所著墨，亦指出念佛要點：以實相爲依，念佛者應依止淨戒、依止清淨僧寶，捨離違犯重戒之師僧，應受學清淨之法，遠離邪見。本經是現代佛門大法師所厭惡之經典：一者由於大法師們已全都落入意識境界而無法親證實相，故於此經中所説實相全無所知，都不樂有人聞此經名，以免讀後提出問疑時無法回答；二者現代大乘佛法地區，已經普被藏密喇嘛教滲透，許多有名之大法師們大多已曾或繼續在修練雙身法，都已失去聲聞戒體及菩薩戒體，成爲地獄種姓人，已非眞正出家之人，本質上只是身著僧衣而住在寺院中的世俗人。這些人對於此經都是讀不懂的，也是極爲厭惡的；他們尙不樂見此經之印行，何況流通與講解？今爲救護廣大學佛人，兼欲護持佛教血脈永續常傳，特選此經宣講之，主講者平實導師。

3、**瑜伽師地論**詳解　詳解論中所言凡夫地至佛地等 17 師之修證境界與理論，從凡夫地、聲聞地……宣演到諸地所證一切種智之眞實正理。由平實導師開講，每逢一、三、五週之週末晚上開示，僅限已明心之會員參加。

4、**精進禪三**　主三和尚：平實導師。於四天三夜中，以克勤圓悟大師及大慧宗杲之禪風，施設機鋒與小參、公案密意之開示，幫助會員剋期取證，親證不生不滅之眞實心——人人本有之如來藏。每年四月、十月各舉辦二個梯次；平實導師主持。僅限本會會員參加禪淨班共修期滿，報名審核通過者，方可參加。並選擇會中定力、慧力、福德三條件皆已具足之已明心會員，給以指引，令得眼見自己無形無相之佛性遍佈山河大地，眞實而無障礙，得以肉眼現觀世界身心悉皆如幻，具足成就如幻觀，圓滿十住菩薩之證境。

5、**阿含經**詳解　選擇重要之阿含部經典，依無餘涅槃之實際而加以詳解，令大眾得以現觀諸法緣起性空，亦復不墮斷滅見中，顯示經中所隱說之涅槃實際—如來藏—確實已於四阿含中隱說；令大眾得以聞後觀行，確實斷除我見乃至我執，證得**見到**眞現觀，乃至**身證**……等眞現觀；已得大乘或二乘見道者，亦可由此聞熏及聞後之觀行，除斷我所之貪著，成就慧解脫果。由平實導師詳解。不限制聽講資格。

6、**大法鼓經**詳解　詳解末法時代大乘佛法修行之道。佛教正法消毒妙藥塗於大鼓而以擊之，凡有眾生聞之者，一切邪見鉅毒悉皆消殞；此經即是大法鼓之正義，凡聞之者，所有邪見之毒悉皆滅除，見道不難；亦能發起菩薩無量功德，是故諸大菩薩遠從諸方佛土來此娑婆聞修此經。由平實導師詳解。不限制聽講資格。

7、**解深密經**詳解　重講本經之目的，在於令諸已悟之人明解大乘法道之成佛次第，以及悟後進修一切種智之內涵，確實證知三種自性性，並得據此證解七眞如、十眞如等正理。每逢週二 18.50~20.50 開示，由平實導師詳解。將於《大法鼓經》講畢後開講。不限制聽講資格。

8、**成唯識論**詳解　詳解一切種智眞實正理，詳細剖析一切種智之微細深妙廣大正理；並加以舉例說明，使已悟之會員深入體驗所證如來藏之微密行相；及證驗見分相分與所生一切法，皆由如來藏—阿賴耶識—直接或展轉而生，因此證知一切法無我，證知無餘涅槃之本際。將於增上班《瑜伽師地論》講畢後，由平實導師重講。僅限已明心之會員參加。

9、**精選如來藏系經典**詳解　精選如來藏系經典一部，詳細解說，以此完全印證會員所悟如來藏之眞實，得入不退轉住。另行擇期詳細解說之，由平實導師講解。僅限已明心之會員參加。

10、**禪門差別智**　藉禪宗公案之微細淆訛難知難解之處，加以宣說及剖析，以增進明心、見性之功德，啓發差別智，建立擇法眼。每月第一週日全天，由平實導師開示，僅限破參明心後，復又眼見佛性者參加（事冗暫停）。

11、**枯木禪**　先講智者大師的《小止觀》，後說《釋禪波羅蜜》，詳解四禪八定之修證理論與實修方法，細述一般學人修定之邪見與岔路，及對禪定證境之誤會，消除枉用功夫、浪費生命之現象。已悟般若者，可以藉此而實修初禪，進入大乘通教及聲聞教的三果心解脫境界，配合應有的大福德及後得無分別智、十無盡願，即可進入初地心中。親教師：平實導師。未來緣熟時將於大溪正覺寺開講。不限制聽講資格。

註：本會例行年假，自 2004 年起，改爲每年農曆新年前七天開始停息弘法事務及共修課程，農曆正月 8 日回復所有共修及弘法事務。新春期間（每日 9.00~17.00）開放台北講堂，方便會員禮佛祈福及會外人士請書。大溪鎭的正覺祖師堂，開放參訪時間，詳見〈正覺電子報〉或成佛之道網站。本表得因時節因緣需要而隨時修改之，不另作通知。

佛教正覺同修會　贈閱書籍 目錄　　2015/09/29

1.**無相念佛**　平實導師著　回郵 10 元
2.**念佛三昧修學次第**　平實導師述著　回郵 25 元
3.**正法眼藏—護法集**　平實導師述著　回郵 35 元
4.**真假開悟簡易辨正法&佛子之省思**　平實導師著　回郵 3.5 元
5.**生命實相之辨正**　平實導師著　回郵 10 元
6.**如何契入念佛法門**（附：印順法師否定極樂世界）平實導師著　回郵 3.5 元
7.**平實書箋**—答元覽居士書　平實導師著　回郵 35 元
8.**三乘唯識**—如來藏系經律彙編　平實導師編　回郵 80 元
（精裝本　長 27 cm　寬 21 cm　高 7.5 cm　重 2.8 公斤）
9.**三時繫念全集**—修正本　回郵掛號 40 元（長 26.5 cm×寬 19 cm）
10.**明心與初地**　平實導師述　回郵 3.5 元
11.**邪見與佛法**　平實導師述著　回郵 20 元
12.**菩薩正道**—回應義雲高、釋性圓…等外道之邪見　正燦居士著　回郵 20 元
13.**甘露法雨**　平實導師述　回郵 20 元
14.**我與無我**　平實導師述　回郵 20 元
15.**學佛之心態**—修正錯誤之學佛心態始能與正法相應　孫正德老師著　回郵 35 元
附錄：平實導師著**《略說八、九識並存…等之過失》**
16.**大乘無我觀**—《悟前與悟後》別說　平實導師述著　回郵 20 元
17.**佛教之危機**—中國台灣地區現代佛教之真相（附錄：公案拈提六則）
平實導師著　回郵 25 元
18.**燈　影**—燈下黑（覆「求教後學」來函等）　平實導師著　回郵 35 元
19.**護法與毀法**—覆上平居士與徐恒志居士網站毀法二文
張正圜老師著　回郵 35 元
20.**淨土聖道**—兼評**選擇本願念佛**　正德老師著　**由正覺同修會購贈**　回郵 25 元
21.**辨唯識性相**—對「紫蓮心海《辯唯識性相》書中否定阿賴耶識」之回應
正覺同修會 台南共修處法義組 著　回郵 25 元
22.**假如來藏**—對法蓮法師《如來藏與阿賴耶識》書中否定阿賴耶識之回應
正覺同修會 台南共修處法義組 著　回郵 35 元
23.**入不二門**—公案拈提集錦 第一輯（於平實導師公案拈提諸書中選錄約二十則，
合輯爲一冊流通之）平實導師著　回郵 20 元
24.**真假邪說**—西藏密宗索達吉喇嘛《破除邪說論》真是邪說
釋正安法師著　回郵 35 元
25.**真假開悟**—真如、如來藏、阿賴耶識間之關係　平實導師述著　回郵 35 元
26.**真假禪和**—辨正釋傳聖之謗法謬說　孫正德老師著　回郵 30 元

27.**眼見佛性**—駁慧廣法師眼見佛性的含義文中謬說

游正光老師著　回郵25元

28.**普門自在**—公案拈提集錦 第二輯（於平實導師公案拈提諸書中選錄約二十則，合輯爲一冊流通之）平實導師著　回郵25元

29.**印順法師的悲哀**—以現代禪的質疑為線索　恒毓博士著　回郵25元

30.**識蘊真義**—現觀識蘊內涵、取證初果、親斷三縛結之具體行門。

—依《成唯識論》及《惟識述記》正義，略顯安慧《大乘廣五蘊論》之邪謬

平實導師著　回郵35元

31.**正覺電子報** 各期紙版本　免附回郵　每次最多函索三期或三本。

（已無存書之較早各期，不另增印贈閱）

32.**現代人應有的宗教觀**　蔡正禮老師 著　回郵3.5元

33.**遠惑趣道**—正覺電子報般若信箱問答錄　第一輯　回郵20元

34.**遠惑趣道**—正覺電子報般若信箱問答錄　第二輯　回郵20元

35.**確保您的權益**—器官捐贈應注意自我保護　游正光老師 著　回郵10元

36.**正覺教團電視弘法三乘菩提 DVD 光碟（一）**

由正覺教團多位親教師共同講述錄製 DVD 8 片，MP3 一片，共 9 片。有二大講題：一爲「三乘菩提之意涵」，二爲「學佛的正知見」。內容精闢，深入淺出，精彩絕倫，幫助大眾快速建立三乘法道的正知見，免被外道邪見所誤導。有志修學三乘佛法之學人不可不看。（製作工本費 100 元，回郵 25 元）

37.**正覺教團電視弘法 DVD 專輯（二）**

總有二大講題：一爲「三乘菩提之念佛法門」，一爲「學佛正知見（第二篇）」，由正覺教團多位親教師輪番講述，內容詳細闡述如何修學念佛法門、實證念佛三昧，以及學佛應具有的正確知見，可以幫助發願往生西方極樂淨土之學人，得以把握往生，更可令學人快速建立三乘法道的正知見，免於被外道邪見所誤導。有志修學三乘佛法之學人不可不看。（一套 17 片，工本費 160 元。回郵 35 元）

38.**佛藏經** 燙金精裝本　每冊回郵 20 元。正修佛法之道場欲大量索取者，請正式發函並蓋用大印寄來索取（2008.04.30 起開始敬贈）

39.**喇嘛性世界**—揭開假藏傳佛教譚崔瑜伽的面紗　張善思 等人合著

由正覺同修會購贈　回郵20元

40.**假藏傳佛教的神話**—性、謊言、喇嘛教　張正玄教授編著　回郵20元

由正覺同修會購贈　回郵20元

41.**隨 緣**—理隨緣與事隨緣　平實導師述　回郵20元。

42.**學佛的覺醒**　正枝居士 著　回郵25元

43.**導師之真實義**　蔡正禮老師 著　回郵10元

44.**淺談達賴喇嘛之雙身法**—兼論解讀「密續」之達文西密碼

吳明芷居士 著　回郵10元

45.**魔界轉世**　張正玄居士 著　回郵10元

46.**一貫道與開悟**　蔡正禮老師 著　回郵10元

47.**博愛**—愛盡天下女人　正覺教育基金會 編印　回郵 10 元

48.**意識虛妄經教彙編**—實證解脫道的關鍵經文　正覺同修會編印　回郵 25 元

49.**邪箭囈語**—破斥藏密外道多識仁波切《破魔金剛箭雨論》之邪說
陸正元老師著　上、下冊回郵各 30 元

50.**真假沙門**—依 佛聖教闡釋佛教僧寶之定義
蔡正禮老師著　俟正覺電子報連載後結集出版

51.**真假禪宗**—藉評論釋性廣《印順導師對變質禪法之批判
及對禪宗之肯定》以顯示真假禪宗
附論一：凡夫知見 無助於佛法之信解行證
附論二：世間與出世間一切法皆從如來藏實際而生而顯
余正偉老師著　俟正覺電子報連載後結集出版　回郵未定

52.**假鋒虛焰金剛乘**—揭示顯密正理，兼破索達吉師徒《般若鋒兮金剛焰》。
釋正安 法師著　俟正覺電子報連載後結集出版

★ 上列贈書之郵資，係台灣本島地區郵資，大陸、港、澳地區及外國地區，請另計酌增（大陸、港、澳、國外地區之郵票不許通用）。尚未出版之書，請勿先寄來郵資，以免增加作業煩擾。

★ 本目錄若有變動，唯於後印之書籍及「成佛之道」網站上修正公佈之，不另行個別通知。

函索書籍請寄：佛教正覺同修會　103 台北市承德路 3 段 277 號 9 樓
台灣地區函索書籍者請附寄郵票，無時間購買郵票者可以等值現金抵用，但不接受郵政劃撥、支票、匯票。大陸地區得以人民幣計算，國外地區請以美元計算（請勿寄來當地郵票，在台灣地區不能使用）。欲以掛號寄遞者，請另附掛號郵資。

親自索閱：正覺同修會各共修處。　★請於共修時間前往取書，餘時無人在道場，請勿前往索取；共修時間與地點，詳見書末正覺同修會共修現況表（以近期之共修現況表為準）。

註：正智出版社發售之局版書，請向各大書局購閱。若書局之書架上已經售出而無陳列者，請向書局櫃台指定洽購；若書局不便代購者，請於正覺同修會共修時間前往各共修處請購，正智出版社已派人於共修時間送書前往各共修處流通。 郵政劃撥購書及 大陸地區 購書，請詳別頁正智出版社發售書籍目錄最後頁之說明。

成佛之道 網站：http://www.a202.idv.tw　　正覺同修會已出版之結緣書籍，多已登載於 成佛之道 網站，若住外國、或住處遙遠，不便取得正覺同修會贈閱書籍者，可以從本網站閱讀及下載。　　書局版之《宗通與說通》亦已上網，台灣讀者可向書局洽購，售價 300 元。《狂密與眞密》第一輯~第四輯，亦於 2003.5.1.全部於本網站登載完畢；台灣地區讀者請向書局洽購，每輯約 400 頁，售價 300 元（網站下載紙張費用較貴，容易散失，難以保存，亦較不精美）。

＊＊假藏傳佛教修雙身法，非佛教＊＊

正智出版社 籌募弘法基金發售書籍目錄　2016/11/11

1.**宗門正眼**—公案拈提 第一輯 重拈平實導師著　500 元
因重寫內容大幅度增加故，字體必須改小，並增爲 576 頁 主文 546 頁。比初版更精彩、更有內容。初版《禪門摩尼寶聚》之讀者，可寄回本公司免費調換新版書。免附回郵，亦無截止期限。（2007 年起，每冊附贈本公司精製公案拈提〈超意境〉CD 一片。市售價格 280 元，多購多贈。）

2.**禪淨圓融**　平實導師著　200 元（第一版舊書可換新版書。）

3.**真實如來藏**　平實導師著　400 元

4.**禪—悟前與悟後**　平實導師著　上、下冊，每冊 250 元

5.**宗門法眼**—公案拈提 第二輯　平實導師著　500 元
（2007 年起，每冊附贈本公司精製公案拈提〈超意境〉CD 一片）

6.**楞伽經詳解**　平實導師著　全套共 10 輯　每輯 250 元

7.**宗門道眼**—公案拈提 第三輯　平實導師著　500 元
（2007 年起，每冊附贈本公司精製公案拈提〈超意境〉CD 一片）

8.**宗門血脈**—公案拈提 第四輯　平實導師著　500 元
（2007 年起，每冊附贈本公司精製公案拈提〈超意境〉CD 一片）

9.**宗通與說通**—成佛之道 平實導師著 主文 381 頁 全書 400 頁售價 300 元

10.**宗門正道**—公案拈提 第五輯　平實導師著　500 元
（2007 年起，每冊附贈本公司精製公案拈提〈超意境〉CD 一片）

11.**狂密與真密 一～四輯**　平實導師著　西藏密宗是人間最邪淫的宗教，本質不是佛教，只是披著佛教外衣的印度教性力派流毒的喇嘛教。此書中將西藏密宗密傳之男女雙身合修樂空雙運所有祕密與修法，毫無保留完全公開，並將全部喇嘛們所不知道的部分也一併公開。內容比大辣出版社喧騰一時的《西藏慾經》更詳細。並且函蓋藏密的所有祕密及其錯誤的中觀見、如來藏見……等，藏密的所有法義都在書中詳述、分析、辨正。每輯主文三百餘頁　每輯全書約 400 頁　售價每輯 300 元

12.**宗門正義**—公案拈提 第六輯　平實導師著　500 元
（2007 年起，每冊附贈本公司精製公案拈提〈超意境〉CD 一片）

13.**心經密意**—心經與解脫道、佛菩提道、祖師公案之關係與密意　平實導師述　300 元

14.**宗門密意**—公案拈提 第七輯　平實導師著　500 元
（2007 年起，每冊附贈本公司精製公案拈提〈超意境〉CD 一片）

15.**淨土聖道**—兼評「選擇本願念佛」　正德老師著　200 元

16.**起信論講記**　平實導師述著　共六輯　每輯三百餘頁　售價各 250 元

17.**優婆塞戒經講記**　平實導師述著 共八輯 每輯三百餘頁 售價各 250 元

18.**真假活佛**—略論附佛外道盧勝彥之邪說（對前岳靈犀網站主張「盧勝彥是證悟者」之修正）　正犀居士（岳靈犀）著　流通價 140 元

19.**阿含正義**—唯識學探源　平實導師著　共七輯　每輯 300 元

20.**超意境** CD 以平實導師公案拈提書中超越意境之頌詞，加上曲風優美的旋律，錄成令人嚮往的超意境歌曲，其中包括正覺發願文及平實導師親自譜成的黃梅調歌曲一首。詞曲雋永，殊堪翫味，可供學禪者吟詠，有助於見道。內附設計精美的彩色小冊，解說每一首詞的背景本事。每片 280 元。【每購買公案拈提書籍一冊，即贈送一片。】

21.**菩薩底憂鬱** CD 將菩薩情懷及禪宗公案寫成新詞，並製作成超越意境的優美歌曲。 1.主題曲〈菩薩底憂鬱〉，描述地後菩薩能離三界生死而迴向繼續生在人間，但因尚未斷盡習氣種子而有極深沈之憂鬱，非三賢位菩薩及二乘聖者所知，此憂鬱在七地滿心位方才斷盡；本曲之詞中所說義理極深，昔來所未曾見；此曲係以優美的情歌風格寫詞及作曲，聞者得以激發嚮往諸地菩薩境界之大心，詞、曲都非常優美，難得一見；其中勝妙義理之解說，已印在附贈之彩色小冊中。 2.以各輯公案拈提中直示禪門入處之頌文，作成各種不同曲風之超意境歌曲，值得玩味、參究；聆聽公案拈提之優美歌曲時，請同時閱讀內附之印刷精美說明小冊，可以領會超越三界的證悟境界；未悟者可以因此引發求悟之意向及疑情，眞發菩提心而邁向求悟之途，乃至因此眞實悟入般若，成眞菩薩。 3.正覺總持咒新曲，總持佛法大意；總持咒之義理，已加以解說並印在隨附之小冊中。本 CD 共有十首歌曲，長達 63 分鐘。每盒各附贈二張購書優惠券。每片 280 元。

22.**禪意無限** CD 平實導師以公案拈提書中偈頌寫成不同風格曲子，與他人所寫不同風格曲子共同錄製出版，幫助參禪人進入禪門超越意識之境界。盒中附贈彩色印製的精美解說小冊，以供聆聽時閱讀，令參禪人得以發起參禪之疑情，即有機會證悟本來面目而發起實相智慧，實證大乘菩提般若，能如實證知般若經中的眞實意。本 CD 共有十首歌曲，長達 69 分鐘，每盒各附贈二張購書優惠券。每片 280 元。

23.**我的菩提路**第一輯　釋悟圓、釋善藏等人合著　售價 300 元

24.**我的菩提路**第二輯　郭正益、張志成等人合著　售價 300 元

25.**鈍鳥與靈龜**—考證後代凡夫對大慧宗杲禪師的無根誹謗。

平實導師著 共 458 頁 售價 350 元

26.**維摩詰經講記** 平實導師述 共六輯 每輯三百餘頁 售價各 250 元

27.**真假外道**—破劉東亮、杜大威、釋證嚴常見外道見 正光老師著 200 元

28.**勝鬘經講記**—兼論印順《勝鬘經講記》對於《勝鬘經》之誤解。

平實導師述　共六輯　每輯三百餘頁　售價 250 元

29.**楞嚴經講記** 平實導師述 共 **15** 輯，每輯三百餘頁 售價 300 元

30.**明心與眼見佛性**—駁慧廣〈蕭氏「眼見佛性」與「明心」之非〉文中謬說

正光老師著　共 448 頁　售價 300 元

31.**見性與看話頭** 黃正倖老師 著，本書是禪宗參禪的方法論。

內文 375 頁，全書 416 頁，售價 300 元。

32.**達賴真面目**—玩盡天下女人 白正偉老師 等著 中英對照彩色精裝大本 800 元

33.**喇嘛性世界**—揭開假藏傳佛教譚崔瑜伽的面紗　張善思 等人著　200 元
34.**假藏傳佛教的神話**—性、謊言、喇嘛教　正玄教授編著　200 元
35.**金剛經宗通**　平實導師述　共九輯　每輯售價 250 元。
36.**空行母**—性別、身分定位，以及藏傳佛教。
珍妮·坎貝爾著 呂艾倫 中譯 售價 250 元
37.**末代達賴**—性交教主的悲歌　張善思、呂艾倫、辛燕編著 售價 250 元
38.**霧峰無霧**—給哥哥的信　辨正釋印順對佛法的無量誤解
游宗明 老師著　售價 250 元
39.**第七意識與第八意識？**—穿越時空「超意識」
平實導師述　每冊 300 元
40.**黯淡的達賴**—失去光彩的諾貝爾和平獎
正覺教育基金會編著　每冊 250 元
41.**童女迦葉考**—論呂凱文〈佛教輪迴思想的論述分析〉之謬。
平實導師 著 定價 180 元
42.**人間佛教**—實證者必定不悖三乘菩提
平實導師 述，定價 400 元
43.**實相經宗通**　平實導師述　共八輯　每輯 250 元
44.**真心告訴您(一)**—達賴喇嘛在幹什麼？
正覺教育基金會編著　售價 250 元
45.**中觀金鑑**—詳述應成派中觀的起源與其破法本質
孫正德老師著　分為上、中、下三冊，每冊 250 元
46.**佛法入門**—迅速進入三乘佛法大門，消除久學佛法漫無方向之窘境。
○○居士著　將於正覺電子報連載後出版。售價 250 元
47.**藏傳佛教要義**—《狂密與真密》之簡體字版　平實導師 著 上、下冊
僅在大陸流通　每冊 300 元
48.**法華經講義**　平實導師述　共二十五輯　每輯 300 元
已於 2015/05/31 起開始出版，每二個月出版一輯
49.**西藏「活佛轉世」制度**—附佛、造神、世俗法
許正豐、張正玄老師合著　定價 150 元
50.**廣論三部曲**　郭正益老師著　定價 150 元
51.**真心告訴您(二)**—達賴喇嘛是佛教僧侶嗎？
—補祝達賴喇嘛八十大壽
正覺教育基金會編著　售價 300 元
52.**廣論之平議**—宗喀巴《菩提道次第廣論》之平議　正雄居士著
約二或三輯　俟正覺電子報連載後結集出版　書價未定
53.**末法導護**—對印順法師中心思想之綜合判攝　正慶老師著　書價未定
54.**菩薩學處**—菩薩四攝六度之要義　陸正元老師著　出版日期未定。
55.**八識規矩頌**詳解　○○居士 註解　出版日期另訂　書價未定。

56.**印度佛教史**—法義與考證。依法義史實評論印順《印度佛教思想史、佛教史地考論》之謬說　正偉老師著　出版日期未定　書價未定

57.**中國佛教史**—依中國佛教正法史實而論。○○老師 著　書價未定。

58.**中論正義**—釋龍樹菩薩《中論》頌正理。
孫正德老師著　出版日期未定　書價未定

59.**中觀正義**—註解平實導師《中論正義頌》。
○○法師（居士）著　出版日期未定　書價未定

60.**佛藏經講記**　平實導師述　出版日期未定　書價未定

61.**阿含經講記**—將選錄四阿含中數部重要經典全經講解之，講後整理出版。
平實導師述　約二輯　每輯300元　出版日期未定

62.**實積經講記**　平實導師述　每輯三百餘頁 優惠價300元 出版日期未定

63.**解深密經講記**　平實導師述 約四輯　將於重講後整理出版

64.**成唯識論略解**　平實導師著　五～六輯　每輯300元　出版日期未定

65.**修習止觀坐禪法要講記**　平實導師述　每輯三百餘頁
將於正覺寺建成後重講、以講記逐輯出版　出版日期未定

66.**無門關**—《無門關》公案拈提　平實導師著　出版日期未定

67.**中觀再論**—兼述印順《中觀今論》謬誤之平議。正光老師著 出版日期未定

68.**輪迴與超度**—佛教超度法會之真義。
○○法師（居士）著　出版日期未定　書價未定

69.**《釋摩訶衍論》平議**—對偽稱龍樹所造《釋摩訶衍論》之平議
○○法師（居士）著　出版日期未定　書價未定

70.**正覺發願文**註解—以真實大願為因 得證菩提
正德老師著　出版日期未定　書價未定

71.**正覺總持咒**—佛法之總持　正圜老師著　出版日期未定　書價未定

72.**涅槃**—論四種涅槃　平實導師著　出版日期未定　書價未定

73.**三自性**—依四食、五蘊、十二因緣、十八界法，說三性三無性。
作者未定　出版日期未定

74.**道品**—從三自性說大小乘三十七道品　作者未定　出版日期未定

75.**大乘緣起觀**—依四聖諦七真如現觀十二緣起 作者未定　出版日期未定

76.**三德**—論解脫德、法身德、般若德。　作者未定　出版日期未定

77.**真假如來藏**—對印順《如來藏之研究》謬說之平議　作者未定 出版日期未定

78.**大乘道次第**　作者未定　出版日期未定　書價未定

79.**四緣**—依如來藏故有四緣。　作者未定　出版日期未定

80.**空之探究**—印順《空之探究》謬誤之平議　作者未定 出版日期未定

81.**十法義**—論阿含經中十法之正義　作者未定　出版日期未定

82.**外道見**—論述外道六十二見　作者未定　出版日期未定

正智出版社有限公司書籍介紹

禪淨圓融：言淨土諸祖所未曾言，示諸宗祖師所未曾示；禪淨圓融，另闢成佛捷徑，兼顧自力他力，闡釋淨土門之速行易行道，亦同時揭櫫聖教門之速行易行道；令廣大淨土行者得免緩行難證之苦，亦令聖道門行者得以藉著淨土速行道而加快成佛之時劫。乃前無古人之超勝見地，非一般弘揚禪淨法門典籍也，先讀為快。平實導師著 200元。

宗門正眼——**公案拈提**第一輯：繼承克勤圜悟大師碧巖錄宗旨之禪門鉅作。先則舉示當代大法師之邪說，消弭當代禪門大師鄉愿之心態，摧破當今禪門「世俗禪」之妄談；次則旁通教法，表顯宗門正理；繼以道之次第，消弭古今狂禪；後藉言語及文字機鋒，直示宗門入處。悲智雙運，禪味十足，數百年來難得一睹之禪門鉅著也。平實導師著　500元（原初版書《禪門摩尼寶聚》，改版後補充為五百餘頁新書，總計多達二十四萬字，內容更精彩，並改名為《宗門正眼》，讀者原購初版《禪門摩尼寶聚》皆可寄回本公司免費換新，免附回郵，亦無截止期限）（2007年起，凡購買公案拈提第一輯至第七輯，每購一輯皆贈送本公司精製公案拈提〈超意境〉CD一片，市售價格280元，多購多贈）。

禪—悟前與悟後：本書能建立學人悟道之信心與正確知見，圓滿具足而有次第地詳述禪悟之功夫與禪悟之內容，指陳參禪中細微淆訛之處，能使學人明自眞心、見自本性。若未能悟入，亦能以正確知見辨別古今中外一切大師究係眞悟？或屬錯悟？便有能力揀擇，捨名師而選明師，後時必有悟道之緣。一旦悟道，遲者七次人天往返，便出三界，速者一生取辦。學人欲求開悟者，不可不讀。平實導師著。上、下冊共500元，單冊250元。

真實如來藏：如來藏眞實存在，乃宇宙萬有之本體，並非印順法師、達賴喇嘛等人所說之「唯有名相、無此心體」。如來藏是涅槃之本際，是一切有智之人竭盡心智、不斷探索而不能得之生命實相；是古今中外許多大師自以為悟而當面錯過之生命實相。如來藏即是阿賴耶識，乃是一切有情本自具足、不生不滅之眞實心。當代中外大師於此書出版之前所未能言者，作者於本書中盡情流露、詳細闡釋。眞悟者讀之，必能增益悟境、智慧增上；錯悟者讀之，必能檢討自己之錯誤，免犯大妄語業；未悟者讀之，能知參禪之理路，亦能以之檢查一切名師是否眞悟。此書是一切哲學家、宗教家、學佛者及欲昇華心智之人必讀之鉅著。　平實導師著　售價400元。

宗門法眼——**公案拈提**第二輯：列舉實例，闡釋土城廣欽老和尚之悟處；並直示這位不識字的老和尚妙智橫生之根由，繼而剖析禪宗歷代大德之開悟公案，解析當代密宗高僧卡盧仁波切之錯悟證據，並例舉當代顯宗高僧、大居士之錯悟證據（凡健在者，爲免影響其名聞利養，皆隱其名）。藉辨正當代名師之邪見，向廣大佛子指陳禪悟之正道，彰顯宗門法眼。悲勇兼出，強捋虎鬚；慈智雙運，巧探驪龍；摩尼寶珠在手，直示宗門入處，禪味十足；若非大悟徹底，不能爲之。禪門精奇人物，允宜人手一冊，供作參究及悟後印證之圭臬。本書於2008年4月改版，增寫為大約500頁篇幅，以利學人研讀參究時更易悟入宗門正法，以前所購初版首刷及初版二刷舊書，皆可免費換取新書。平實導師著 500元（2007年起，凡購買公案拈提第一輯至第七輯，每購一輯皆贈送本公司精製公案拈提〈超意境〉CD一片，市售價格280元，多購多贈）。

宗門道眼——**公案拈提**第三輯：繼宗門法眼之後，再以金剛之作略、慈悲之胸懷、犀利之筆觸，舉示寒山、拾得、布袋三大士之悟處，消弭當代錯悟者對於寒山大士……等之誤會及誹謗。亦舉出民初以來與虛雲和尚齊名之蜀郡鹽亭袁煥仙夫子——南懷瑾老師之師，其「悟處」何在？並蒐羅許多眞悟祖師之證悟公案，顯示禪宗歷代祖師之睿智，指陳部分祖師、奧修及當代顯密大師之謬悟，作爲殷鑑，幫助禪子建立及修正參禪之方向及知見。假使讀者閱此書已，一時尚未能悟，亦可一面加功用行，一面以此宗門道眼辨別眞假善知識，避開錯誤之印證及歧路，可免大妄語業之長劫慘痛果報。欲修禪宗之禪者，務請細讀。平實導師著 售價500元（2007年起，凡購買公案拈提第一輯至第七輯，每購一輯皆贈送本公司精製公案拈提〈超意境〉CD一片，市售價格280元，多購多贈）。

楞伽經詳解：本經是禪宗見道者印證所悟眞僞之根本經典，亦是禪宗見道者悟後起修之依據經典；故達摩祖師於印證二祖慧可大師之後，將此經典連同佛缽祖衣一併交付二祖，令其依此經典佛示金言、進入修道位，修學一切種智。由此可知此經對於眞悟之人修學佛道，是非常重要之一部經典。此經能破外道邪說，亦破佛門中錯悟名師之謬說，亦破禪宗部分祖師之狂禪：不讀經典、一向主張「一悟即成究竟佛」之謬執。並開示愚夫所行禪、觀察義禪、攀緣如禪、如來禪等差別，令行者對於三乘禪法差異有所分辨；亦糾正禪宗祖師古來對於如來禪之誤解，嗣後可免以訛傳訛之弊。此經亦是法相唯識宗之根本經典，禪者悟後欲修一切種智而入初地者，必須詳讀。平實導師著，全套共十輯，已全部出版完畢，每輯主文約320頁，每冊約352頁，定價250元。

宗門血脈—**公案拈提**第四輯：末法怪象—許多修行人自以爲悟，每將無念靈知認作眞實；崇尚二乘法諸師及其徒眾，則將外於如來藏之緣起性空—無因論之無常空、斷滅空、一切法空—錯認爲佛所說之般若空性。這兩種現象已於當今海峽兩岸及美加地區顯密大師之中普遍存在；人人自以爲悟，心高氣壯，便敢寫書解釋祖師證悟之公案，大多出於意識思惟所得，言不及義，錯誤百出，因此誤導廣大佛子同陷大妄語之地獄業中而不能自知。彼等書中所說之悟處，其實處處違背第一義經典之聖言量。彼等諸人不論是否身披袈裟，都非佛法宗門血脈，或雖有禪宗法脈之傳承，亦只徒具形式；猶如螟蛉，非眞血脈，未悟得根本眞實故。禪子欲知佛、祖之眞血脈者，請讀此書，便知分曉。平實導師著，主文452頁，全書464頁，定價500元（2007年起，凡購買公案拈提第一輯至第七輯，每購一輯皆贈送本公司精製公案拈提〈超意境〉CD一片，市售價格280元，多購多贈）。

宗通與說通：古今中外，錯誤之人如麻似粟，每以常見外道所說之靈知心，認作眞心；或妄想虛空之勝性能量爲眞如，或錯認物質四大元素藉冥性（靈知心本體）能成就吾人色身及知覺，或認初禪至四禪中之了知心爲不生不滅之涅槃心。此等皆非通宗者之見地。復有錯悟之人一向主張「宗門與教門不相干」，此即尚未通達宗門之人也。其實宗門與教門互通不二，宗門所證者乃是眞如與佛性，教門所說者乃說宗門證悟之眞如佛性，故教門與宗門不二。本書作者以宗教二門互通之見地，細說「宗通與說通」，從初見道至悟後起修之道、細說分明；並將諸宗諸派在整體佛教中之地位與次第，加以明確之教判，學人讀之即可了知佛法之梗概也。欲擇明師學法之前，允宜先讀。平實導師著，主文共381頁，全書392頁，只售成本價300元。

宗門正道—公案拈提第五輯：修學大乘佛法有二果須證解脫果及大菩提果。二乘人不證大菩提果，唯證解脫果；此果之智慧，名爲聲聞菩提、緣覺菩提。大乘佛子所證二果之菩提果爲佛菩提，故名大菩提果，其慧名爲一切種智函蓋二乘解脫果。然此大乘二果修證，須經由禪宗之宗門證悟方能相應。而宗門證悟極難，自古已然；其所以難者，咎在古今佛教界普遍存在三種邪見：1.以修定認作佛法，2.以無因論之緣起性空—否定涅槃本際如來藏以後之一切法空作爲佛法，3.以常見外道邪見（離語言妄念之靈知性）作爲佛法。如是邪見，或因自身正見未立所致，或因無始劫來虛妄熏習所致。若不破除此三種邪見，永劫不悟宗門眞義、不入大乘正道，唯能外門廣修菩薩行。平實導師於此書中，有極爲詳細之說明，有志佛子欲摧邪見、入於內門修菩薩行者，當閱此書。主文共496頁，全書512頁。售價500元（2007年起，凡購買公案拈提第一輯至第七輯，每購一輯皆贈送本公司精製公案拈提〈超意境〉CD一片，市售價格280元，多購多贈）。

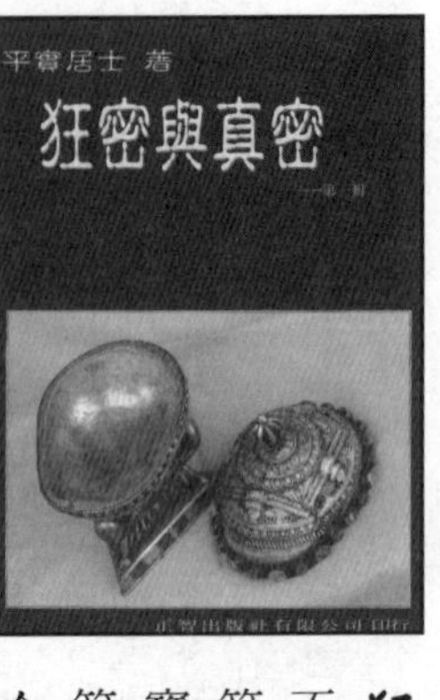

狂密與眞密：密教之修學，皆由有相之觀行法門而入，其最終目標仍不離顯教經典所說第一義諦之修證；若離顯教第一義經典、或違背顯教第一義經典，即非佛教。西藏密教之觀行法，如灌頂、觀想、遷識法、寶瓶氣、大聖歡喜雙身修法、喜金剛、無上瑜伽、大樂光明、樂空雙運等，皆是印度教兩性生生不息思想之轉化，自始至終皆以如何能運用交合淫樂之法達到全身受樂爲其中心思想，純屬欲界五欲的貪愛，不能令人超出欲界輪迴，更不能令人斷除我見；何況大乘之明心與見性，更無論矣！故密宗之法絕非佛法也。而其明光大手印、大圓滿法教，又皆同以常見外道所說離語言妄念之無念靈知心錯認爲佛地之眞如，不能直指不生不滅之眞如。西藏密宗所有法王與徒眾，都尚未開頂門眼，不能辨別眞僞，以依人不依法、依密續不依經典故，不肯將其上師喇嘛所說對照第一義經典，純依密續之藏密祖師所說爲準，因此而誇大其證德與證量，動輒謂彼祖師上師爲究竟佛、爲地上菩薩；如今台海兩岸亦有自謂其師證量高於釋迦文佛者，然觀其師所述，猶未見道，仍在觀行即佛階段，尚未到禪宗相似即佛、分證即佛階位，竟敢標榜爲究竟佛及地上法王，誑惑初機學人。凡此怪象皆是狂密，不同於眞密之修行者。近年狂密盛行，密宗行者被誤導者極眾，動輒自謂已證佛地眞如，自視爲究竟佛，陷於大妄語業中而不知自省，反謗顯宗眞修實證者之證量粗淺；或如義雲高與釋性圓…等人，於報紙上公然誹謗眞實證道者爲「騙子、無道人、人妖、癩蛤蟆…」等，造下誹謗大乘勝義僧之大惡業；或以外道法中有爲有作之甘露、魔術……等法，誑騙初機學人，狂言彼外道法爲眞佛法。如是怪象，在西藏密宗及附藏密之外道中，不一而足，舉之不盡，學人宜應愼思明辨，以免上當後又犯毀破菩薩戒之重罪。密宗學人若欲遠離邪知邪見者，請閱此書，即能了知密宗之邪謬，從此遠離邪見與邪修，轉入眞正之佛道。

平實導師著 共四輯 每輯約400頁（主文約340頁）每輯售價300元。

宗門正義—公案拈提第六輯：佛教有六大危機，乃是藏密化、世俗化、膚淺化、學術化、宗門密意失傳、悟後進修諸地之次第混淆；其中尤以宗門密意之失傳，爲當代佛教最大之危機。由宗門密意失傳故，易令世尊本懷普被錯解，易令 世尊正法被轉易爲外道法，以及加以淺化、世俗化，是故宗門密意之廣泛弘傳與具緣佛弟子，極爲重要。然而欲令宗門密意之廣泛弘傳予具緣之佛弟子者，必須同時配合錯誤知見之解析、普令佛弟子知之，然後輔以公案解析之直示入處，方能令具緣之佛弟子悟入。而此二者，皆須以公案拈提之方式爲之，方易成其功、竟其業，是故平實導師續作宗門正義一書，以利學人。 全書500餘頁，售價500元（2007年起，凡購買公案拈提第一輯至第七輯，每購一輯皆贈送本公司精製公案拈提〈超意境〉CD一片，市售價格280元，多購多贈）。

心經密意—心經與解脫道、佛菩提道、祖師公案之關係與密意。二乘菩提所證之解脫道，實依第八識心之斷除煩惱障現行而立解脫之名；大乘菩提所證之佛菩提道，實依親證第八識如來藏之涅槃性、清淨自性、及其中道性而立般若之名；禪宗祖師公案所證之眞心，即是此第八識如來藏；是故三乘佛法所修所證之三乘菩提，皆依此如來藏心而立名也。此第八識心，即是《心經》所說之心也。證得此如來藏已，即能漸入大乘佛菩提道，亦可因證知此心而了知二乘無學所不能知之無餘涅槃本際，是故《心經》之密意，與三乘佛菩提之關係極爲密切、不可分割，三乘佛法皆依此心而立名故。今者平實導師以其所證解脫道之無生智及佛菩提之般若種智，將《心經》與解脫道、佛菩提道、祖師公案之關係與密意，以演講之方式，用淺顯之語句和盤托出，發前人所未言，呈三乘菩提之眞義，令人藉此《心經密意》一舉而窺三乘菩提之堂奧，迥異諸方言不及義之說；欲求眞實佛智者、不可不讀！主文317頁，連同跋文及序文…等共384頁，售價300元。

宗門密意—公案拈提第七輯：佛教之世俗化，將導致學人以信仰作爲學佛，則將以感應及世間法之庇祐，作爲學佛之主要目標，不能了知學佛之主要目標爲親證三乘菩提。大乘菩提則以般若實相智慧爲主要修習目標，以二乘菩提解脫道爲附帶修習之標的；是故學習大乘法者，應以禪宗之證悟爲要務，能親入大乘菩提之實相般若智慧中故，般若實相智慧非二乘聖人所能知故。此書則以台灣世俗化佛教之三大法師，說法似是而非之實例，配合眞悟祖師之公案解析，提示證悟般若之關節，令學人易得悟入。平實導師著，全書五百餘頁，售價500元（2007年起，凡購買公案拈提第一輯至第七輯，每購一輯皆贈送本公司精製公案拈提〈超意境〉CD一片，市售價格280元，多購多贈）。

淨土聖道—兼評日本本願念佛：佛法甚深極廣，般若玄微，非諸二乘聖僧所能知之，一切凡夫更無論矣！所謂一切證量皆歸淨土是也！是故大乘法中「聖道之淨土、淨土之聖道」，其義甚深，難可了知；乃至眞悟之人，初心亦難知也。今有正德老師眞實證悟後，復能深探淨土與聖道之緊密關係，憐憫眾生之誤會淨土實義，亦欲利益廣大淨土行人同入聖道，同獲淨土中之聖道門要義，乃振奮心神、書以成文，今得刊行天下。主文279頁，連同序文等共301頁，總有十一萬六千餘字，正德老師著，成本價200元。

起信論講記：詳解大乘起信論**心生滅門**與**心眞如門**之眞實意旨，消除以往大師與學人對起信論所說**心生滅門**之誤解，由是而得了知眞心如來藏之非常非斷中道正理；亦因此一講解，令此論以往隱晦而被誤解之眞實義，得以如實顯示，令大乘佛菩提道之正理得以顯揚光大；初機學者亦可藉此正論所顯示之法義，對大乘法理生起正信，從此得以眞發菩提心，眞入大乘法中修學，世世常修菩薩正行。平實導師演述，共六輯，都已出版，每輯三百餘頁，售價各250元。

優婆塞戒經講記：本經詳述在家菩薩修學大乘佛法，應如何受持菩薩戒？對人間善行應如何看待？對三寶應如何護持？應如何正確地修集此世後世證法之福德？應如何修集後世「行菩薩道之資糧」？並詳述第一義諦之正義：五蘊非我非異我、自作自受、異作異受、不作不受……等深妙法義，乃是修學大乘佛法、行菩薩行之在家菩薩所應當了知者。出家菩薩今世或未來世登地已，捨報之後多數將如華嚴經中諸大菩薩，以在家菩薩身而修行菩薩行，故亦應以此經所述正理而修之，配合《楞伽經、解深密經、楞嚴經、華嚴經》等道次第正理，方得漸次成就佛道；故此經是一切大乘行者皆應證知之正法。平實導師講述，每輯三百餘頁，售價各250元；共八輯，已全部出版。

真假活佛—略論附佛外道盧勝彥之邪說：人人身中都有眞活佛，永生不滅而有大神用，但眾生都不了知，所以常被身外的西藏密宗假活佛籠罩欺瞞。本來就眞實存在的眞活佛，才是眞正的密宗無上密！諾那活佛因此而說禪宗是大密宗，但藏密的所有活佛都不知道、也不曾實證自身中的眞活佛。本書詳實宣示眞活佛的道理，舉證盧勝彥的「佛法」不是眞佛法，也顯示盧勝彥是假活佛，直接的闡釋第一義佛法見道的眞實正理。眞佛宗的所有上師與學人們，都應該詳細閱讀，包括盧勝彥個人在內。正犀居士著，優惠價140元。

阿含正義—唯識學探源：廣說四大部《阿含經》諸經中隱說之眞正義理，一一舉示佛陀本懷，令阿含時期初轉法輪根本經典之眞義，如實顯現於佛子眼前。並提示末法大師對於阿含眞義誤解之實例，一一比對之，證實唯識增上慧學確於原始佛法之阿含諸經中已隱覆密意而略說之，證實 世尊確於原始佛法中已曾密意而說第八識如來藏之總相；亦證實 世尊在四阿含中已說此藏識是名色十八界之因、之本—證明如來藏是能生萬法之根本心。佛子可據此修正以往受諸大師（譬如西藏密宗應成派中觀師：印順、昭慧、性廣、大願、達賴、宗喀巴、寂天、月稱、……等人）誤導之邪見，建立正見，轉入正道乃至親證初果而無困難；書中並詳說三果所證的**心解脫**，以及四果**慧解脫**的親證，都是如實可行的具體知見與行門。全書共七輯，已出版完畢。平實導師著，每輯三百餘頁，售價300元。

超意境ＣＤ：以平實導師公案拈提書中超越意境之頌詞，加上曲風優美的旋律，錄成令人嚮往的超意境歌曲，其中包括正覺發願文及平實導師親自譜成的黃梅調歌曲一首。詞曲雋永，殊堪翫味，可供學禪者吟詠，有助於見道。內附設計精美的彩色小冊，解說每一首詞的背景本事。每片280元。【每購買公案拈提書籍一冊，即贈送一片。】

鈍鳥與靈龜：鈍鳥及靈龜二物，被宗門證悟者說爲二種人：前者是精修禪定而無智慧者，也是以定爲禪的愚癡禪人；後者是或有禪定、或無禪定的宗門證悟者，凡已證悟者皆是靈龜。但後來被人虛造事實，用以嘲笑大慧宗杲禪師，說他雖是靈龜，卻不免被天童禪師預記「患背」痛苦而亡：「**鈍鳥離巢易，靈龜脫殼難**。」藉以貶低大慧宗杲的證量。同時將天童禪師實證如來藏的證量，曲解爲意識境界的離念靈知。自從大慧禪師入滅以後，錯悟凡夫對他的不實毀謗就一直存在著，不曾止息，並且捏造的假事實也隨著年月的增加而越來越多，終至編成「鈍鳥與靈龜」的假公案、假故事。本書是考證大慧與天童之間的不朽情誼，顯現這件假公案的虛妄不實；更見大慧宗杲面對惡勢力時的正直不阿，亦顯示大慧對天童禪師的至情深義，將使後人對大慧宗杲的誣謗至此而止，不再有人誤犯毀謗賢聖的惡業。書中亦舉證宗門的所悟確以第八識如來藏爲標的，詳讀之後必可改正以前被錯悟大師誤導的參禪知見，日後必定有助於實證禪宗的開悟境界，得階大乘眞見道位中，即是實證般若之賢聖。全書459頁，售價350元。

我的菩提路第一輯：凡夫及二乘聖人不能實證的佛菩提證悟，末法時代的今天仍然有人能得實證，由正覺同修會釋悟圓、釋善藏法師等二十餘位實證如來藏者所寫的見道報告，已爲當代學人見證宗門正法之絲縷不絕，證明大乘義學的法脈仍然存在，爲末法時代求悟般若之學人照耀出光明的坦途。由二十餘位大乘見道者所繕，敘述各種不同的學法、見道因緣與過程，參禪求悟者必讀。全書三百餘頁，售價300元。

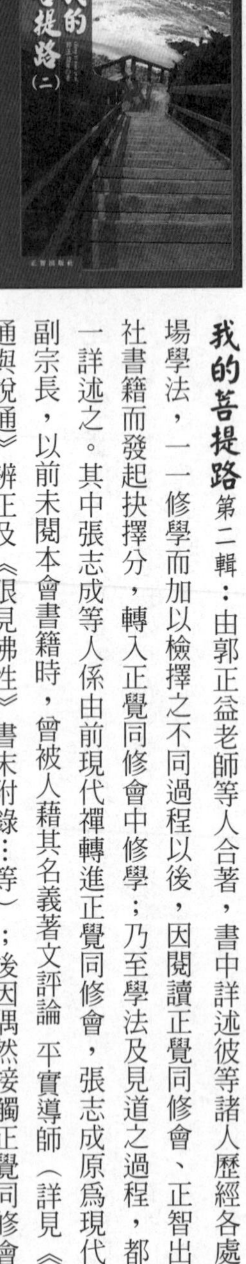

我的菩提路第二輯：由郭正益老師等人合著，書中詳述彼等諸人歷經各處道場學法，一一修學而加以檢擇之不同過程以後，因閱讀正覺同修會、正智出版社書籍而發起抉擇分，轉入正覺同修會中修學；乃至學法及見道之過程，都一一詳述之。其中張志成等人係由前現代禪轉進正覺同修會，張志成原爲現代禪副宗長，以前未閱本會書籍時，曾被人藉其名義著文評論 平實導師（詳見《宗通與說通》辨正及《眼見佛性》書末附錄…等）；後因偶然接觸正覺同修會書籍，深覺以前聽人評論平實導師之語不實，於是投入極多時間閱讀本會書籍、深入思辨，詳細探索中觀與唯識之關聯與異同，認爲正覺之法義方是正法，深覺相應；亦解開多年來對佛法的迷雲，確定應依八識論正理修學方是正法。乃不顧面子，毅然前往正覺同修會面見平實導師懺悔，並正式學法求悟。今已與其同修王美伶（亦爲前現代禪傳法老師），同樣證悟如來藏而證得法界實相，生起實相般若眞智。此書中尚有七年來本會第一位眼見佛性者之見性報告一篇，一同供養大乘佛弟子。全書四百頁，售價300元。

維摩詰經講記：本經係 世尊在世時，由等覺菩薩維摩詰居士藉疾病而演說之大乘菩提無上妙義，所說函蓋甚廣，然極簡略，是故今時諸方大師與學人讀之悉皆錯解，何況能知其中隱含之深妙正義，是故普遍無法爲人解說；若強爲人說，則成依文解義而有諸多過失。今由平實導師公開宣講之後，詳實解釋其中密意，令維摩詰菩薩所說大乘不可思議解脫之深妙正法得以正確宣流於人間，利益當代學人及與諸方大師。書中詳實演述大乘佛法深妙不共二乘之智慧境界，顯示諸法之中絕待之實相境界，建立大乘菩薩妙道於永遠不敗不壞之地，以此成就護法偉功，欲冀永利娑婆人天。已經宣講圓滿整理成書流通，以利諸方大師及諸學人。全書共六輯，每輯三百餘頁，售價各250元。

菩薩底憂鬱ＣＤ將菩薩情懷及禪宗公案寫成新詞，並製作成超越意境的優美歌曲。1.主題曲〈菩薩底憂鬱〉，描述地後菩薩能離三界生死而迴向繼續生在人間，但因尚未斷盡習氣種子而有極深沈之憂鬱，非三賢位菩薩及二乘聖者所知，此憂鬱在七地滿心位方才斷盡；本曲之詞中所說義理極深，昔來所未曾見；此曲係以優美的情歌風格寫詞及作曲，聞者得以激發嚮往諸地菩薩境界之大心，詞、曲都非常優美，難得一見；其中勝妙義理之解說，已印在附贈之彩色小冊中。2.以各輯公案拈提中直示禪門入處之頌文，作成各種不同曲風之超意境歌曲，值得玩味、參究；聆聽公案拈提之優美歌曲時，請同時閱讀內附之印刷精美說明小冊，可以領會超越三界的證悟境界；未悟者可以因此引發求悟之意向及疑情，眞發菩提心而邁向求悟之途，乃至因此眞實悟入般若，成眞菩薩。3.正覺總持咒新曲，總持佛法大意；總持咒之義理，已加以解說並印在隨附之小冊中。本CD共有十首歌曲，長達63分鐘，附贈二張購書優惠券。每片280元。

勝鬘經講記：如來藏爲三乘菩提之所依，若離如來藏心體及其含藏之一切種子，即無三界有情及一切世間法，亦無二乘菩提緣起性空之出世間法；本經詳說無始無明、一念無明皆依如來藏而有之正理，藉著詳解煩惱障與所知障間之關係，令學人深入了知二乘菩提與佛菩提相異之妙理；聞後即可了知佛菩提之特勝處及三乘修道之方向與原理，邁向攝受正法而速成佛道的境界中。平實導師講述，共六輯，每輯三百餘頁，售價各250元。

楞嚴經講記：楞嚴經係密教部之重要經典，亦是顯教中普受重視之經典；經中宣說明心與見性之內涵極爲詳細，將一切法都會歸如來藏及佛性—妙眞如性；亦闡釋佛菩提道修學過程中之種種魔境，以及外道誤會涅槃之狀況，旁及三界世間之起源。然因言句深澀難解，法義亦復深妙寬廣，學人讀之普難通達，是故讀者大多誤會，不能如實理解佛所說之明心與見性內涵，亦因是故多有悟錯之人引爲開悟之證言，成就大妄語罪。今由平實導師詳細講解之後，整理成文，以易讀易懂之語體文刊行天下，以利學人。全書十五輯，全部出版完畢。每輯三百餘頁，售價每輯300元。

明心與眼見佛性：本書細述明心與眼見佛性之異同，同時顯示了中國禪宗破初參明心與重關眼見佛性二關之間的關聯；書中又藉法義辨正而旁述其他許多勝妙法義，讀後必能遠離佛門長久以來積非成是的錯誤知見，令讀者在佛法的實證上有極大助益。也藉慧廣法師的謬論來教導佛門學人回歸正知正見，遠離古今禪門錯悟者所墮的意識境界，非唯有助於斷我見，也對未來的開悟明心實證第八識如來藏有所助益，是故學禪者都應細讀之。　游正光老師著　　共448頁　售價300元。

見性與看話頭：黃正倖老師的《見性與看話頭》於《正覺電子報》連載完畢，今結集出版。書中詳說禪宗看話頭的詳細方法，並細說看話頭與眼見佛性的關係，以及眼見佛性者求見佛性前必須具備的條件。本書是禪宗實修者追求明心開悟時參禪的方法書，也是求見佛性者作功夫時必讀的方法書，內容兼顧眼見佛性的理論與實修之方法，是依實修之體驗配合理論而詳述，條理分明而且極爲詳實、周全、深入。本書內文375頁，全書416頁，售價300元。

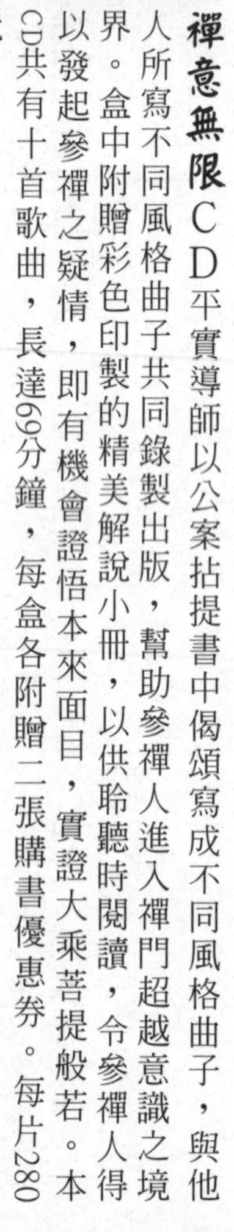

禪意無限CD平實導師以公案拈提書中偈頌寫成不同風格曲子，與他人所寫不同風格曲子共同錄製出版，幫助參禪人進入禪門超越意識之境界。盒中附贈彩色印製的精美解說小冊，以供聆聽時閱讀，令參禪人得以發起參禪之疑情，即有機會證悟本來面目，實證大乘菩提般若。本CD共有十首歌曲，長達69分鐘，每盒各附贈二張購書優惠券。每片280元。

金剛經宗通：三界唯心，萬法唯識，是成佛之修證內容，是諸地菩薩之所修；般若則是成佛之道（實證三界唯心、萬法唯識）的入門，若未證悟實相般若，即無成佛之可能，必將永在外門廣行菩薩六度，永在凡夫位中。然而實相般若的發起，全賴實證萬法的實相；若欲證知萬法的眞相，則必須探究萬法之所從來，則須實證自心如來—金剛心如來藏，然後現觀這個金剛心的金剛性、眞實性、如如性、清淨性、涅槃性、能生萬法的自性性、本住性，名爲證眞如；進而現觀三界六道唯是此金剛心所成，人間萬法須藉八識心王和合運作方能現起。如是實證《華嚴經》的「三界唯心、萬法唯識」以後，由此等現觀而發起實相般若智慧，繼續進修第十住位的如幻觀、第十行位的陽焰觀、第十迴向位的如夢觀，再生起增上意樂而勇發十無盡願，方能滿足三賢位的實證，轉入初地；自知成佛之道而無偏倚，從此按部就班、次第進修乃至成佛。第八識自心如來是般若智慧之所依，般若智慧的修證則要從實證金剛心自心如來開始；《金剛經》則是解說自心如來之經典，是一切三賢位菩薩所應進修之實相般若經典。這一套書，是將平實導師宣講的《金剛經宗通》內容，整理成文字而流通之；書中所說義理，迥異古今諸家依文解義之說，指出大乘見道方向與理路，有益於禪宗學人求開悟見道，及轉入內門廣修六度萬行。講述完畢後結集出版，總共9輯，每輯約三百餘頁，售價各250元。

真假外道：本書具體舉證佛門中的常見外道知見實例，並加以教證及理證上的辨正，幫助讀者輕鬆而快速的了知常見外道的錯誤知見，進而遠離佛門內外的常見外道知見，因此即能改正修學方向而快速實證佛法。游正光老師著 。成本價200元。

空行母—性別、身分定位，以及藏傳佛教：本書作者爲蘇格蘭哲學家，因爲嚮往佛教深妙的哲學內涵，於是進入當年盛行於歐美的假藏傳佛教密宗，擔任卡盧仁波切的翻譯工作多年以後，被邀請成爲卡盧的空行母（又名佛母、明妃），開始了她在密宗裡的實修過程；後來發覺在密宗雙身法中的修行，其實無法使自己成佛，也發覺密宗對女性岐視而處處貶抑，並剝奪女性在雙身法中擔任一半角色時應有的身分定位。當她發覺自己只是雙身法中被喇嘛利用的工具，沒有獲得絲毫應有的尊重與基本定位時，發現了密宗的父權社會控制女性的本質；於是作者傷心地離開了卡盧仁波切與密宗，但是卻被恐嚇不許講出她在密宗裡的經歷，也不許她說出自己對密宗的教義與教制下對女性剝削的本質，否則將被咒殺死亡。後來她去加拿大定居，十餘年後方才擺脫這個恐嚇陰影，下定決心將親身經歷的實情及觀察到的事實寫下來並且出版，公諸於世。出版之後，她被流亡的達賴集團人士大力攻訐，誣指她爲精神狀態失常、說謊……等。但有智之士並未被達賴集團的政治操作及各國政府政治運作吹捧達賴的表相所欺，使她的書銷售無阻而又再版。正智出版社鑑於作者此書是親身經歷的事實，所說具有針對「藏傳佛教」而作學術研究的價值，也有使人認清假藏傳佛教剝削佛母、明妃的男性本位實質，因此洽請作者同意中譯而出版於華人地區。珍妮．坎貝爾女士著，呂艾倫 中譯，每冊250元。

霧峰無霧—給哥哥的信：本書作者藉兄弟之間信件往來論義，略述佛法大義；並以多篇短文辨義，舉出釋印順對佛法的無量誤解證據，並一一給予簡單而清晰的辨正，令人一讀即知。久讀、多讀之後即能認清楚釋印順的六識論見解，與眞實佛法之牴觸是多麼嚴重；於是在久讀、多讀之後，於不知不覺之間提升了對佛法的極深入理解，正知正見就在不知不覺間建立起來了。當三乘佛法的正知見建立起來之後，對於三乘菩提的見道條件便將隨之具足，於是聲聞解脫道的見道也就水到渠成；接著大乘見道的因緣也將次第成熟，未來自然也會有親見大乘菩提之道的因緣，悟入大乘實相般若也將自然成功，自能通達般若系列諸經而成實義菩薩。作者居住於南投縣霧峰鄉，自喻見道之後不復再見霧峰之霧，故鄉原野美景一一明見，於是立此書名爲《霧峰無霧》；讀者若欲撥霧見月，可以此書爲緣。游宗明 老師著 售價250元。

假藏傳佛教的神話—性、謊言、喇嘛教：本書編著者是由一首名叫「阿姊鼓」的歌曲爲緣起，展開了序幕，揭開假藏傳佛教—喇嘛教—的神秘面紗。其重點是蒐集、摘錄網路上質疑「喇嘛教」的帖子，以揭穿「假藏傳佛教的神話」爲主題，串聯成書，並附加彩色插圖以及說明，讓讀者們瞭解西藏密宗及相關人事如何被操作爲「神話」的過程，以及神話背後的眞相。作者：張正玄教授。售價200元。

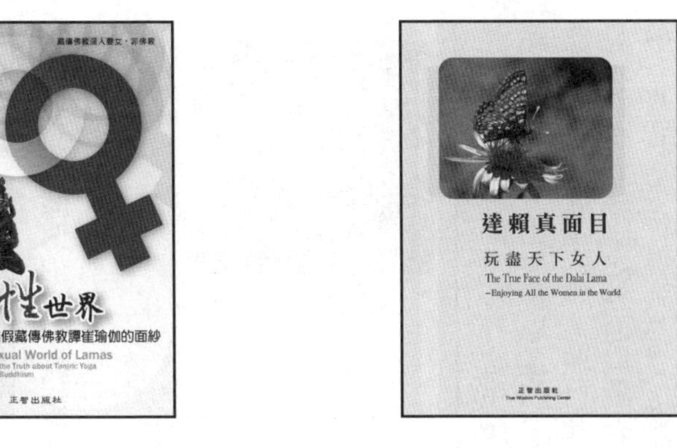

達賴真面目—**玩盡天下女人**：假使您不想戴綠帽子，請記得詳細閱讀此書；假使您不想讓好朋友戴綠帽子，請您將此書介紹給您的好朋友。假使您想保護家中的女性，也想要保護好朋友的女眷，請記得將此書送給家中的女性和好友的女眷都來閱讀。本書爲印刷精美的大本彩色中英對照精裝本，爲您揭開達賴喇嘛的眞面目，內容精彩不容錯過，爲利益社會大眾，特別以優惠價格嘉惠所有讀者。編著者：白志偉等。大開版雪銅紙彩色精裝本。售價800元。

喇嘛性世界—**揭開假藏傳佛教譚崔瑜伽的面紗**：這個世界中的喇嘛，號稱來自世外桃源的香格里拉，穿著或紅或黃的喇嘛長袍，散布於我們的身邊傳教灌頂，吸引了無數的人嚮往學習；這些喇嘛虔誠地爲大眾祈福，手中拿著寶杵（金剛）與寶鈴（蓮花），口中唸著咒語：「唵・嘛呢・叭咪・吽……」，咒語的意思是說：「我至誠歸命金剛杵上的寶珠伸向蓮花寶穴之中」！「喇嘛性世界」是什麼樣的「世界」呢？本書將爲您呈現喇嘛世界的面貌。當您發現眞相以後，您將會唸：「噢！喇嘛・性・世界，譚崔性交嘛！」作者：張善思、呂艾倫。售價200元。

末代達賴—性交教主的悲歌：簡介從藏傳僞佛教（喇嘛教）的修行核心—性力派男女雙修，探討達賴喇嘛及藏傳僞佛教的修行內涵。書中引用外國知名學者著作、世界各地新聞報導，包含：歷代達賴喇嘛的祕史、達賴六世修雙身法的事蹟，以及《時輪續》中的性交灌頂儀式……等；達賴喇嘛書中開示的雙修法、達賴喇嘛的黑暗政治手段；達賴喇嘛所領導的寺院爆發喇嘛性侵兒童；新聞報導《西藏生死書》作者索甲仁波切性侵女信徒、澳洲喇嘛秋達公開道歉、美國最大假藏傳佛教組織領導人邱陽創巴仁波切的性氾濫，等等事件背後眞相的揭露。作者：張善思、呂艾倫、辛燕。售價250元。

第七意識與第八意識？—穿越時空「超意識」　「三界唯心，萬法唯識」是佛教中應該實證的聖教，也是《華嚴經》中明載而可以實證的法界實相。唯心者，三界一切境界、一切諸法唯是一心所成就，即是每一個有情的第八識如來藏，不是意識心。唯識者，即是人類各各都具足的八識心王——眼識、耳鼻舌身意識、意根、阿賴耶識，第八阿賴耶識又名如來藏，人類五陰相應的萬法，莫不由八識心王共同運作而成就，故說萬法唯識。依聖教量及現量、比量，都可以證明意識是二法因緣生，是由第八識藉意根與法塵二法爲因緣而出生，又是夜夜斷滅不存之生滅心，即無可能反過來出生第七識意根、第八識如來藏，當知不可能從生滅性的意識心中，細分出恆審思量的第七識意根，更無可能細分出恆而不審的第八識如來藏。本書是將演講內容整理成文字，細說如是內容，並已在《正覺電子報》連載完畢，今彙集成書以廣流通，欲幫助佛門有緣人斷除意識我見，跳脫於識陰之外而取證聲聞初果；嗣後修學禪宗時即得不墮外道神我之中，得以求證第八識金剛心而發起般若實智。平實導師 述，每冊300元。

黯淡的達賴—失去光彩的諾貝爾和平獎：本書舉出很多證據與論述，詳述達賴喇嘛不爲世人所知的一面，顯示達賴喇嘛並不是眞正的和平使者，而是假借諾貝爾和平獎的光環來欺騙世人；透過本書的說明與舉證，讀者可以更清楚的瞭解，達賴喇嘛是結合暴力、黑暗、淫欲於喇嘛教裡的集團首領，其政治行爲與宗教主張，早已讓諾貝爾和平獎的光環染污了。 本書由財團法人正覺教育基金會寫作、編輯，由正覺出版社印行，每冊250元。

人間佛教—實證者必定不悖三乘菩提 「大乘非佛說」的講法似乎流傳已久，卻只是日本人企圖擺脫中國正統佛教的影響，而在明治維新時期才開始提出來的說法；台灣佛教、大陸佛教的淺學無智之人，由於未曾實證佛法而迷信日本人錯誤的學術考證，錯認爲這些別有用心的日本佛學考證的講法爲天竺佛教的眞實歷史；甚至還有更激進的反對佛教者提出「釋迦牟尼佛並非眞實存在，只是後人捏造的假歷史人物」，竟然也有少數人願意跟著「學術」的假光環而信受不疑，於是開始有一些佛教界人士造作了反對中國佛教而推崇南洋小乘佛教的行爲，使佛教的信仰者難以檢擇，導致一般大陸人士開始轉入基督教的盲目迷信中。在這些佛教及外教人士之中，也就有一分人根據此邪說而大聲主張「大乘非佛說」的謬論，這些人以「人間佛教」的名義來抵制中國正統佛教，公然宣稱中國的大乘佛教是由聲聞部派佛教的凡夫僧所創造出來的。這樣的說法流傳於台灣及大陸佛教界凡夫僧之中已久，卻非眞正的佛教歷史中曾經發生過的事，只是繼承六識論的聲聞法中凡夫僧依自己的意識境界立場，純憑臆想而編造出來的妄想說法，卻已經影響許多無智之凡夫僧俗信受不移。本書則是從佛教的經藏法義實質及實證的現量內涵本質立論，證明大乘佛法本是佛說，是從《阿含正義》尚未說過的不同面向來討論「人間佛教」的議題，證明「大乘眞佛說」。閱讀本書可以斷除六識論邪見，迴入三乘菩提正道發起實證的因緣；也能斷除禪宗學人學禪時普遍存在之錯誤知見，對於建立參禪時的正知見有很深的著墨。 平實導師 述，內文488頁，全書528頁，定價400元。

童女迦葉考—論呂凱文〈佛教輪迴思想的論述分析〉之謬　童女迦葉是佛世率領五百大比丘遊行於人間的歷史事實，是以童貞行而依止菩薩戒弘化於人間的大菩薩，不依別解脫戒（聲聞戒）來弘化於人間。這是大乘佛教與聲聞佛教同時存在於佛世的歷史明證，證明大乘佛教不是從聲聞法中分裂出來的部派佛教的產物，卻是聲聞佛教分裂出來的部派佛教聲聞凡夫僧所不樂見的史實；於是古今聲聞法中的凡夫都欲加以扭曲而作詭說，更是末法時代高聲大呼「大乘非佛說」的六識論聲聞凡夫極力想要扭曲的佛教史實之一，於是想方設法扭曲迦葉菩薩爲聲聞僧，以及扭曲迦葉童女爲比丘僧等荒謬不實之論著便陸續出現，古時聲聞僧寫作的《分別功德論》是最具體之事例，現代之代表作則是呂凱文先生的〈佛教輪迴思想的論述分析〉論文。鑑於如是假藉學術考證以籠罩大眾之不實謬論，未來仍將繼續造作及流竄於佛教界，繼續扼殺大乘佛教學人法身慧命，必須舉證辨正之，遂成此書。平實導師　著，每冊180元。

中觀金鑑—詳述應成派中觀的起源與其破法本質　學佛人往往迷於中觀學派之不同學說，被應成派與自續派所迷惑；修學般若中觀二十年後自以爲實證般若中觀了，卻仍不曾入門，甫聞實證般若中觀者之所說，則茫無所知，迷惑不解；隨後信心盡失，不知如何實證佛法；凡此，皆因惑於這二派中觀學說所致。自續派中觀所說同於常見，以意識境界立爲第八識如來藏之境界，應成派所說則同於斷見，但又同立意識爲常住法，故亦具足斷常二見。今者孫正德老師有鑑於此，乃將起源於密宗的應成派中觀學說，追本溯源，詳考其來源之外，亦一一舉證其立論內容，詳加辨正，令密宗雙身法祖師以識陰境界而造之應成派中觀學說本質，詳細呈現於學人眼前，令其維護雙身法之目的無所遁形。若欲遠離密宗此二大派中觀謬說，欲於三乘菩提有所進道者，允宜具足閱讀並細加思惟，反覆讀之以後將可捨棄邪道返歸正道，則於般若之實證即有可能，證後自能現觀如來藏之中道境界而成就中觀。本書分上、中、下三冊，每冊250元，已全部出版完畢。

實相經宗通：學佛之目的在於實證一切法界背後之實相，禪宗稱之為本來面目或本地風光，佛菩提道中稱之為實相法界；此實相法界即是金剛藏，又名佛法之祕密藏，即是能生有情五陰、十八界及宇宙萬有（山河大地、諸天、三惡道世間）的第八識如來藏，又名阿賴耶識心，即是禪宗祖師所說的眞如心，此心即是三界萬有背後的實相。證得此第八識心時，自能瞭解般若諸經中隱說的種種密意，即得發起實相般若——實相智慧。每見學佛人修學佛法二十年後仍對實相般若茫然無知，亦不知如何入門，茫無所趣；更因不知三乘菩提的互異互同，是故越是久學者對佛法越覺茫然，都肇因於尚未瞭解佛法的全貌，亦未瞭解佛法的修證內容即是第八識心所致。本書對於修學佛法者所應實證的實相境界提出明確解析，並提示趣入佛菩提道的入手處，有心親證實相般若的佛法實修者，宜詳讀之，於佛菩提道之實證即有下手處。平實導師述著，共八輯，全部出版完畢，每輯成本價250元。

真心告訴您（一）——達賴喇嘛在幹什麼？這是一本報導篇章的選集，更是「破邪顯正」的暮鼓晨鐘。「破邪」是戳破假象，說明達賴喇嘛及其所率領的密宗四大派法王、喇嘛們，弘傳的佛法是仿冒的佛法；他們是假藏傳佛教，是坦特羅（譚崔性交）外道法和藏地崇奉鬼神的苯教混合成的「喇嘛教」，推廣的是以所謂「無上瑜伽」的男女雙身法冒充佛法的假佛教，詐財騙色誤導眾生，常常造成信徒家庭破碎、家中兒少失怙的嚴重後果。「顯正」是揭櫫眞相，指出眞正的藏傳佛教只有一個，就是覺囊巴，傳的是　釋迦牟尼佛演繹的第八識如來藏妙法，稱為他空見大中觀。正覺教育基金會即以此古今輝映的如來藏正知見，在眞心新聞網中逐次報導出來，將箇中原委「眞心告訴您」，如今結集成書，與想要知道密宗眞相的您分享。售價250元。

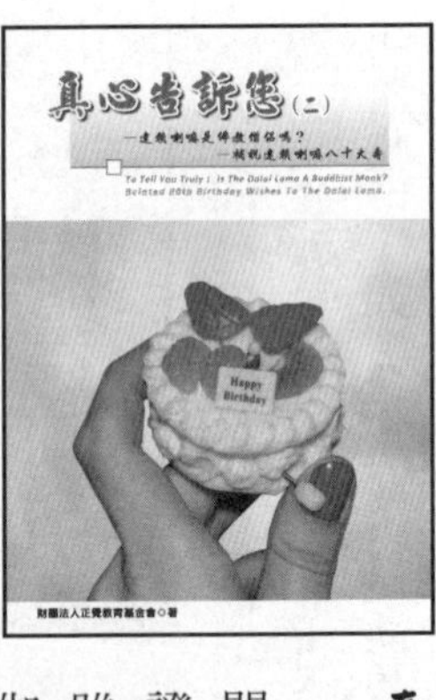

真心告訴您（二）——達賴喇嘛是佛教僧侶嗎？補祝達賴喇嘛八十大壽：這是一本針對當今達賴喇嘛所領導的喇嘛教，冒用佛教名相、於師徒間或師兄姊間，實修男女邪淫，而從佛法三乘菩提的現量與聖教量，揭發其謊言與邪術，證明達賴及其喇嘛教是仿冒佛教的外道，是「假藏傳佛教」。藏密四大派教義雖有「八識論」與「六識論」的表面差異，然其實修之內容，皆共許「無上瑜伽」四部灌頂爲究竟「成佛」之法門，也就是共以男女雙修之邪淫法爲「即身成佛」之密要，雖美其名曰「欲貪爲道」之「金剛乘」，並誇稱其成就超越於（應身佛）釋迦牟尼佛所傳之顯教般若乘之上；然詳考其理論，則或以意識離念時之粗細心爲第八識如來藏，或以中脈裡的明點爲第八識如來藏，或如宗喀巴與達賴堅決主張第六意識爲常恆不變之眞心者，分別墮於外道之常見與斷見中；全然違背 佛說能生五蘊之如來藏的實質。售價300元。

西藏「活佛轉世」制度——附佛、造神、世俗法：歷來關於喇嘛教活佛轉世的研究，多針對歷史及文化兩部分，於其所以成立的理論基礎，較少系統化的探討。尤其是此制度是否依據「佛法」而施設？是否合乎佛法眞實義？現有的文獻大多含糊其詞，或人云亦云，不曾有明確的闡釋與如實的見解。因此本文先從活佛轉世的由來，探索此制度的起源、背景與功能，並進而從活佛的尋訪與認證之過程，發掘活佛轉世的特徵，以確認「活佛轉世」在佛法中應具足何種果德。定價150元。

法華經講義：此書為平實導師始從2009/7/21演述至2014/1/14之講經錄音整理所成。世尊一代時教，總分五時三教，即是華嚴時、聲聞緣覺教、般若教、種智唯識教、法華時；依此五時三教區分為藏、通、別、圓四教。本經是最後一時的圓教經典，圓滿收攝一切法教於本經中，是故最後的圓教聖訓中，特地指出無有三乘菩提，其實唯有一佛乘；皆因眾生愚迷故，方便區分為三乘菩提以助眾生證道。世尊於此經中特地說明如來示現於人間的唯一大事因緣，便是為有緣眾生「開、示、悟、入」諸佛的所知所見——第八識如來藏妙眞如心，並於諸品中隱說「妙法蓮花」如來藏心的密意。然因此經所說甚深難解，眞義隱晦，古來難得有人能窺堂奧；平實導師以知如是密意故，特為末法佛門四眾演述《妙法蓮華經》中各品蘊含之密意，使古來未曾被古德註解出來的「此經」密意，如實顯示於當代學人眼前。乃至〈藥王菩薩本事品〉、〈妙音菩薩品〉、〈觀世音菩薩普門品〉、〈普賢菩薩勸發品〉中的微細密意，亦皆一併詳述之，開前人所未曾言之密意，示前人所未見之妙法。最後乃至以〈法華大意〉而總其成，全經妙旨貫通始終，而依佛旨圓攝於一心如來藏妙心，厥為曠古未有之大說也。平實導師述　已於2015/05/31起開始出版，每二個月出版一輯，共有25輯。每輯300元。

解深密經講記：本經係 世尊晚年第三轉法輪，宣說地上菩薩所應熏修之唯識正義經典，經中所說義理乃是大乘一切種智增上慧學，以阿陀那識—如來藏—阿賴耶識爲主體。禪宗之證悟者，若欲修證初地無生法忍乃至八地無生法忍者，必須修學《楞伽經、解深密經》所說之八識心王一切種智；此二經所說正法，方是眞正成佛之道；印順法師否定第八識如來藏之後所說萬法緣起性空之法，是以誤會後之二乘解脫道取代大乘眞正成佛之道，尚且不符二乘解脫道正理，亦已墮於斷滅見中，不可謂爲成佛之道也。平實導師曾於本會郭故理事長往生時，於喪宅中從首七開始宣講，於每一七各宣講三小時，至第十七而快速略講圓滿，作爲郭老之往生佛事功德，迴向郭老早證八地、速返娑婆住持正法。茲爲今時後世學人故，將擇期重講《解深密經》，以淺顯之語句講畢後，將會整理成文，用供證悟者進道；亦令諸方未悟者，據此經中佛語正義，修正邪見，依之速能入道。平實導師述著，全書輯數未定，每輯三百餘頁，將於未來重講完畢後逐輯出版。

佛法入門：學佛人往往修學二十年後仍不知如何入門，茫無所入漫無方向，不知如何實證佛法；更因不知三乘菩提的互異互同之處，導致越是久學者越覺茫然，都是肇因於尚未瞭解佛法的全貌所致。本書對於佛法的全貌提出明確的輪廓，並說明三乘菩提的異同處，讀後即可輕易瞭解佛法全貌，數日內即可明瞭三乘菩提入門方向與下手處。○○菩薩著 出版日期未定。

阿含經講記—小乘解脫道之修證：數百年來，南傳佛法所說證果之不實，所說解脫道之虛妄，所弘解脫道法義之世俗化，皆已少人知之；從南洋傳入台灣與大陸之後，所說法義虛謬之事，亦復少人知之；今時台灣全島印順系統之法師居士，多不知南傳佛法數百年來所說解脫道之義理已然偏斜、已然世俗化、已非眞正之二乘解脫正道，猶極力推崇與弘揚。彼等南傳佛法近代所謂之證果者多非眞實證果者，譬如阿迦曼、葛印卡、帕奧禪師、一行禪師……等人，悉皆未斷我見故。近年更有台灣南部大願法師，高抬南傳佛法之二乘修證行門爲「捷徑究竟解脫之道」者，然而南傳佛法縱使眞修實證，得成阿羅漢，至高唯是二乘菩提解脫之道，絕非究竟解脫，無餘涅槃中之實際尚未得證故，法界之實相尚未了知故，習氣種子待除故，一切種智未實證故，焉得謂爲「究竟解脫」？即使南傳佛法近代眞有實證之阿羅漢，尚且不及三賢位中之七住明心菩薩本來自性清淨涅槃智慧境界，則不能知此賢位菩薩所證之無餘涅槃實際，仍非大乘佛法中之見道者，何況普未實證聲聞果乃至未斷我見之人？謬充證果已屬逾越，更何況是誤會二乘菩提之後，以未斷我見之凡夫知見所說之二乘菩提解脫偏斜法道，焉可高抬爲「究竟解脫」？而且自稱「捷徑之道」？又妄言解脫之道即是成佛之道，完全否定般若實智、否定三乘菩提所依之如來藏心體，此理大大不通也！平實導師爲令修學二乘菩提欲證解脫果者，普得迴入二乘菩提正見、正道中，是故選錄四阿含諸經中，對於二乘解脫道法義有具足圓滿說明之經典，預定未來十年內將會加以詳細講解，令學佛人得以了知二乘解脫道之修證理路與行門，庶免被人誤導之後，未證言證，干犯道禁，成大妄語，欲升反墮。本書首重斷除我見，以助行者斷除我見而實證初果爲著眼之目標，若能根據此書內容，配合平實導師所著《識蘊眞義》《阿含正義》內涵而作實地觀行，實證初果非爲難事，行者可以藉此三書自行確認聲聞初果爲實際可得現觀成就之事。此書中除依二乘經典所說加以宣示外，亦依斷除我見等之證量，及大乘法中道種智之證量，對於意識心之體性加以細述，令諸二乘學人必定得斷我見、常見，免除三縛結之繫縛。次則宣示斷除我執之理，欲令升進而得薄貪瞋癡，乃至斷五下分結…等。平實導師述，共二冊，每冊三百餘頁。每輯300元。

修習止觀坐禪法要講記：修學四禪八定之人，往往錯會禪定之修學知見，欲以無止盡之坐禪而證禪定境界，卻不知修除性障之行門才是修證四禪八定不可或缺之要素，故智者大師云「性障初禪」；性障不除，初禪永不現前，云何修證二禪等？又：行者學定，若唯知數息，而不解六妙門之方便善巧者，欲求一心入定，未到地定極難可得，智者大師名之為「事障未來」：障礙未到地定之修證。又禪定之修證，不可違背二乘菩提及第一義法，否則縱使具足四禪八定，亦不能實證涅槃而出三界。此諸知見，智者大師於《修習止觀坐禪法要》中皆有闡釋。作者平實導師以其第一義之見地及禪定之實證證量，曾加以詳細解析。將俟正覺寺竣工啓用後重講，不限制聽講者資格；講後將以語體文整理出版。欲修習世間定及增上定之學者，宜細讀之。平實導師述著。

★聲　明★

本社於2015/01/01開始調整本目錄中部分書籍之售價，以因應各項成本的持續增加。

＊喇嘛教修外道雙身法，墮識陰境界，非佛教＊

＊弘揚如來藏他空見的覺囊派才是真正藏傳佛教＊

總經銷： 飛鴻 國際行銷股份有限公司

231 新北市新店區中正路 501 之 9 號 2 樓

Tel.02－82186688（五線代表號） Fax.02-82186458、82186459

零售：1.**全台連鎖經銷書局：**

三民書局、誠品書局、何嘉仁書店

敦煌書店、紀伊國屋、金石堂書局、建宏書局

2.**台北市：**佛化人生 羅斯福路 3 段 325 號 6 樓之 4　台電大樓對面

3.**新北市：**春大地書店 **蘆洲**中正路 117 號

4.**桃園市縣：**誠品書局 **桃園市**中正路 20 號遠東百貨地下室一樓

金石堂 **桃園市**大同路 24 號　金石堂 **桃園**八德市介壽路 1 段 987 號

諾貝爾圖書城 **桃園市**中正路 56 號地下室　御書堂 **龍潭**中正路 123 號

墊腳石文化書店 **中壢市**中正路 89 號

5.**新竹市縣：**大學書局 **新竹**建功路 10 號　誠品書局 **新竹**東區信義街 68 號

誠品書局 **新竹**東區中央路 229 號 5 樓　誠品書局 **新竹**東區力行二路 3 號

墊腳石文化書店 **新竹**中正路 38 號

6.**台中市：** **瑞成**書局、各大連鎖書店。

詠春書局 **台中市**永春東路 884 號　文春書局 **霧峰**中正路 1087 號

7.**彰化市縣：**心泉佛教流通處 **彰化市**南瑤路 286 號

員林鎮：墊腳石圖書文化廣場 中山路 2 段 49 號（04-8338485）

8.**台南市：**博大書局 **新營**三民路 128 號

藝美書局 **善化**中山路 436 號　宏欣書局 **佳里**光復路 214 號

9.**高雄市：**各大連鎖書店、**瑞成**書局

政大書城 **三民區**明仁路 161 號　政大書城 **苓雅區**光華路 148-83 號

明儀書局 **三民區**明福街 2 號　明儀書局 三多四路 63 號

青年書局 青年一路 141 號

10.**宜蘭縣市：**金隆書局 宜蘭市中山路 3 段 43 號

宋太太梅鋪 羅東鎮中正北路 101 號（039-534909）

11.**台東市：**東普佛教文物流通處 台東市博愛路 282 號

12.**其餘鄉鎮市經銷書局：**請電詢總經銷**飛鴻**公司。

13.**大陸地區請洽：**

香港：樂文書店

旺角店 :香港九龍旺角西洋菜街 62 號 3 樓

電話 : (852) 2390 3723 email: luckwinbooks@gmail.com

銅鑼灣店 :香港銅鑼灣駱克道 506 號 2 樓

電話 : (852) 2881 1150 email: luckwinbs@gmail.com

廈門：廈門外圖臺灣書店有限公司
地址：廈門市思明區湖濱南路809號 廈門外圖書城3樓 郵編：361004
電話：0592-5061658（臺灣地區請撥打 86-592-5061658）
E-mail：JKB118@188.COM

14.**美國：世界日報圖書部**：紐約圖書部　電話 7187468889#6262
洛杉磯圖書部　電話 3232616972#202

15.**國內外地區網路購書**：

正智出版社 書香園地　http://books.enlighten.org.tw/
（書籍簡介、直接聯結下列網路書局購書）

三民 網路書局　http://www.Sanmin.com.tw

誠品 網路書局　http://www.eslitebooks.com

博客來 網路書局　http://www.books.com.tw

金石堂 網路書局　http://www.kingstone.com.tw

飛鴻 網路書局　http://fh6688.com.tw

附註：**1**.請儘量向各經銷書局購買：郵政劃撥需要十天才能寄到（本公司在您劃撥後第四天才能接到劃撥單，次日寄出後第四天您才能收到書籍，此八天中一定會遇到週休二日，是故共需十天才能收到書籍）若想要早日收到書籍者，請劃撥完畢後，將劃撥收據貼在紙上，旁邊寫上您的姓名、住址、郵區、電話、買書詳細內容，直接傳眞到本公司 02-28344822，並來電 02-28316727、28327495 確認是否已收到您的傳眞，即可提前收到書籍。 **2**.因台灣每月皆有五十餘種宗教類書籍上架，書局書架空間有限，故唯有新書方有機會上架，通常每次只能有一本新書上架；本公司出版新書，大多上架不久便已售出，若書局未再叫貨補充者，書架上即無新書陳列，則請直接向書局櫃台訂購。 **3**.若書局不便代購時，可於晚上共修時間向正覺同修會各共修處請購（共修時間及地點，詳閱**共修現況表**。每年例行年假期間請勿前往請書，年假期間請見共修現況表）。 **4**.郵購：郵政劃撥帳號 19068241。 **5**.正覺同修會會員購書都以八折計價（戶籍台北市者爲一般會員，外縣市爲護持會員）都可獲得優待，欲一次購買全部書籍者，可以考慮入會，節省書費。入會費一千元（第一年初加入時才需要繳），年費二千元。**6.尚未出版之書籍，請勿預先郵寄書款與本公司，謝謝您！** **7**.若欲一次購齊本公司書籍，或同時取得正覺同修會贈閱之全部書籍者，請於正覺同修會共修時間，親到各共修處請購及索取；**台北市讀者**請洽：103 台北市承德路三段 267 號 10 樓（捷運淡水線 圓山站旁）請書時間：週一至週五爲 18.00~21.00，第一、三、五週週六爲 10.00~21.00，雙週之週六爲 10.00~18.00 請購處專線電話：25957295-分機 14（於請書時間方有人接聽）。

敬告大陸讀者：

大陸讀者購書、索書捷徑（尚未在大陸出版的書籍，以下二個途徑都可以購得，電子書另包括結緣書籍）：

1.**廈門外國圖書公司**：廈門市思明區湖濱南路 809 號 廈門外圖書城 3F
　郵編：361004　電話：0592-5061658　網址：JKB118＠188.COM

2.**電子書**：正智出版社有限公司及正覺同修會在台灣印行的各種局版書、結緣書，已有『**正覺電子書**』陸續上線中，提供讀者於手機、平板電腦上購書、下載、閱讀正智出版社、正覺同修會及正覺教育基金會所出版之電子書，詳細訊息敬請參閱『正覺電子書』專頁：

http://books.enlighten.org.tw/ebook

關於平實導師的書訊，請上網查閱：

　成佛之道　http://www.a202.idv.tw

　正智出版社 書香園地　http://books.enlighten.org.tw/

中國網採訪佛教正覺同修會、正覺教育基金會訊息：

http://big5.china.com.cn/gate/big5/fangtan.china.com.cn/2014-06/19/content_32714638.htm

http://pinpai.china.com.cn/

★ 正智出版社有限公司售書之稅後盈餘，全部捐助財團法人正覺寺籌備處、佛教正覺同修會、正覺教育基金會，供作弘法及購建道場之用；懇請諸方大德支持，功德無量。

★ 聲　明 ★

本社於 2015/01/01 開始調整本目錄中部分書籍之售價，以因應各項成本的持續增加。

＊喇嘛教修外道雙身法、墮識陰境界，非佛教 ＊

＊弘揚如來藏他空見的覺囊派才是真正藏傳佛教 ＊

售後服務—換書啓事（免附回郵）　　2012/09/24

《楞嚴經講記》第 14 輯初版首刷本免費調換新書啓事：本講記第 14 輯出版前因 平實導師諸事繁忙，未將之重新閱讀而只改正校對時發現的錯別字，故未能發覺十年前所說法義有部分錯誤，於第 15 輯付印前重閱時才發覺第 14 輯中有部分錯誤尙未改正。今已重新審閱修改並已重印完成，煩請所有讀者將以前所購第 14 輯初版首刷本，寄回本社免費換新（初版二刷本無錯誤），本社將於寄回新書時同時附上您寄書回來換新時所付的郵資，並在此向所有讀者致上最誠懇的歉意。

《心經密意》初版書免費調換二版新書啓事：本書係演講錄音整理成書，講時因時間所限，省略部分段落未講。後於再版時補寫增加 13 頁，維持原價流通之。茲爲顧及初版讀者權益，自 2003/9/30 開始免費調換新書，原有初版一刷、二刷書籍，皆可寄來本來公司換書。

《宗門法眼》已經增寫改版爲 464 頁新書，2008 年 6 月中旬出版。讀者原有初版之第一刷、第二刷書本，都可以寄回本社免費調換改版新書。改版後之公案及錯悟事例維持不變，但將內容加以增說，較改版前更具有廣度與深度，將更能助益讀者參究實相。

換書者**免附回郵**，亦無截止期限；舊書請寄：111 台北郵政 73-151 號信箱 或 103 台北市承德路三段 267 號 10 樓 正智出版社有限公司。舊書若有塗鴨、殘缺、破損者，仍可換取新書；但缺頁之舊書至少應仍有五分之三頁數，方可換書。所有讀者不必顧念本公司是否有盈餘之問題，都請踴躍寄來換書；本公司成立之目的不是營利，只要能眞實利益學人，即已達到成立及運作之目的。若以郵寄方式換書者，免附回郵；並於寄回新書時，由本社附上您寄來書籍時耗用的郵資。造成您不便之處，再次致上萬分的歉意。

正智出版社有限公司 啓

國家圖書館出版品預行編目資料

楞嚴經講記／平實導師述. —初版—
臺北市：正智，2009.11— 〔民98— 〕
冊； 公分

ISBN 978-986-6431-04-3（第1輯：平裝）
ISBN 978-986-6431-05-0（第2輯：平裝）
ISBN 978-986-6431-06-7（第3輯：平裝）
ISBN 978-986-6431-08-1（第4輯：平裝）
ISBN 978-986-6431-09-8（第5輯：平裝）
ISBN 978-986-6431-10-4（第6輯：平裝）
ISBN 978-986-6431-11-1（第7輯：平裝）
ISBN 978-986-6431-13-5（第8輯：平裝）
ISBN 978-986-6431-15-9（第9輯：平裝）
ISBN 978-986-6431-16-6（第10輯：平裝）
ISBN 978-986-6431-17-3（第11輯：平裝）
ISBN 978-986-6431-22-7（第12輯：平裝）
ISBN 978-986-6431-23-4（第13輯：平裝）
ISBN 978-986-6431-25-8（第14輯：平裝）
ISBN 978-986-6431-28-9（第15輯：平裝）

1.秘密部
221.94 98019505

楞嚴經講記——第十四輯

著述者：平實導師
音文轉換：曾邱賢 劉惠莉
校對：章乃鈞 陳介源 蔡禮政 傅素嫻 王美伶
出版者：正智出版社有限公司
電話：〇二 28327495 28316727（白天）
傳眞：〇二 28344822
111台北郵政73-151號信箱
郵政劃撥帳號：一九〇六八二四一
正覺講堂：總機〇二 25957295（夜間）
總經銷：飛鴻國際行銷股份有限公司
231新北市新店區中正路501-9號2樓
電話：〇二 82186688（五線代表號）
傳眞：〇二 82186458 82186459
初版首刷：二〇一二年元月三十日 二千冊
初版六刷：二〇一六年十一月 二千冊
定價：三〇〇元

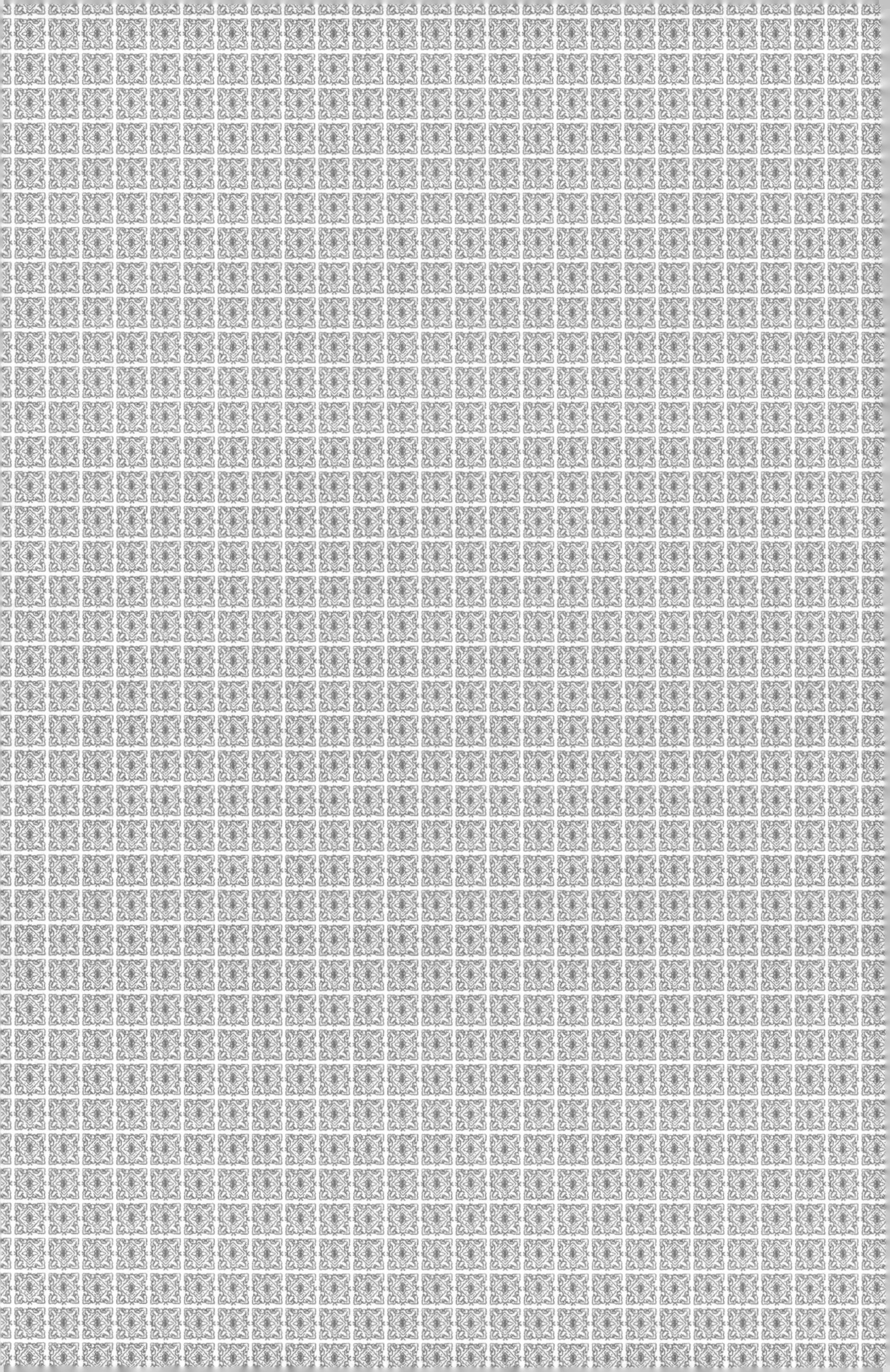